루이스와 톨킨의
판타지 문학클럽

The Oxford Inklings

Copyright © 2015 Colin Duriez.
Original edition published in English under the title
The Oxford Inklings by Lion Hudson Ltd., Oxford, England

Korean language edition © 2020 by YIDAB Co., Ltd.
Korean translation rights arranged through EntersKorea Co., Ltd., Seoul, Korea.

이 책의 한국어판 저작권은 (주)엔터스코리아를 통한 저작권자와의 독점 계약으로 (주)이답이 소유합니다.
저작권법에 의하여 한국 내에서 보호를 받는 저작물이므로 무단전재와 무단복제를 금합니다.

더 옥스퍼드
잉클링스

루이스와 톨킨의
판타지 문학클럽

The
Oxford
Inklings

콜린 듀리예즈 지음 | 박은영 옮김

이답

이 책에 쏟아진 찬사들

"멋지다! 20세기 최고의 판타지 문학의 뿌리가 된 문학클럽 '잉클링스'에 관해 읽은 책들 중 단연 최고다."

― 월터 후퍼Walter Hooper, C.S. 루이스의 문학 고문

"내게 잉클링스의 창조적 상호작용만큼 매혹적인 주제는 없다. 이 책은 클럽과 그 멤버들에 대한 거침없고 정직한 진술이며, 저자는 잉클링스와 더 큰 맥락에서 그들의 생각들이 어떻게 관련되어 있는지를 놓치지 않고 보여준다. 지금까지 나온 듀리에즈의 책 중 최고의 책이다. 이 새로운 이야기를 강력히 추천한다."

― 다이애나 파블락 글라이어Diana Pavlac Glyer, 《공동체 작가들로서의 C.S. 루이스와 J.R.R. 톨킨: 그들이 지켜냈던 교우The Company They Keep: C.S. Lewis and J.R.R. Tolkien as Writers in Community》 저자

"이 책은 C.S.루이스, 톨킨 등 잉클링스 멤버였던 작가들에 대해 알려지지 않은 한층 깊은 문학적 세계로 우리를 안내한다. 또한 그들의 연구

가 어떻게 상상력으로 이어졌는지 나아가 대중적 글쓰기로 탄생되었는지 보여준다. 듀리에즈의 세밀한 연구와 친밀한 이해방식을 바탕으로 쓰인 이 글을 읽고 있노라면 잉클링들과 함께 이글앤드차일드에서 밤을 새우고 아침에 막 나온 듀리에즈를 만난 듯한 느낌마저 받게 한다."

— 해리 리 포Harry Lee Poe, 《옥스퍼드의 잉클링스와 C.S. 루이스가 기억하는 것들The Inklings of Oxford and C.S. Lewis Remembered》 저자

"이 책은 잉클링스 입문자뿐 아니라 노련한 독자들까지 모두에게 적합한 귀한 자료다. 잉클링스에 대해 잘 모르는 이들도 이 책을 통해 루이스, 톨킨 그리고 그들 친구들의 삶과 작업에 대한 재미있고 균형 잡힌 개요를 이해할 수 있다. 듀리에즈는 상세하고 부지런한 조사를 하는 것으로 잘 알려져 있다. 이 책 또한 잉클링스에 대한 초기 연구에 익숙한 독자들에게조차 놀랍고 흥미로운 통찰을 제공한다."

— 데이빗 C. 다우닝David C. Downing, 《가장 내키지 않은 개종과 왕을 찾아서The Most Reluctant Convert and Looking for the King》 저자

"콜린 듀리에즈는 전작을 통해 루이스와 톨킨의 우정에 대해 다루어 영국 문학계를 놀라게 했다. 이 책은 그 책에서 더욱 확장해 서로를 지원했던 잉클링스 전체의 관계를 보여준다. 특히 클럽 멤버들의 우정과 창조성에 대한 연대기는 매우 유용하다. 이 책은 잉클링스 내부 관계에 대한 포괄적인 탐구 결과이며, 늘 그랬듯 듀리에즈의 깊이 있고 명료한 문체는 이 책을 읽는 즐거움을 한층 높여준다."

— 닥터 자넷 시어스 목사Revd Dr Jeanette Sears

"저자는 잉클링스라는 매혹적인 문학 클럽에 대해 흥미롭고도 진중한 시각을 선사한다. 험프리 카펜더, 다이애나 글라이어 등 여러 사람들이 이전에 연구했던 자료들을 바탕으로 듀리에즈는 잉클링스의 사상과 작품을 맥락화할 수 있는 새로운 통찰을 이끌어내면서 무엇이 그들을 뭉치게 했으며, 명백하게 규정하기 어렵지만 무엇이 서로의 작품에 지대한 영향을 주었는지 이해하는 데 도움을 준다. 이 책은 루이스와 톨킨 그리고 그들 친구들의 작품을 사랑하는 모든 독자들의 책장에 추가할 만한 가치가 있는 책이다."

— 마저리 램프 미드Marjorie Lamp Mead, 미국 일리노이 주 소재 위턴칼리지 부설 매리언 E. 웨이드센터The Marion E. Wade Center 부 책임자

"20세기를 대표하는 판타지 문학 작품을 써낸 작가들의 이야기《루이스와 톨킨의 문학 클럽》. 더 이상 이들에 대한 새로운 이야기가 없으리라 생각하던 차에 콜린 듀리에즈의 신선하고도 매력적인 견해를 만나게 되었다. 나는 내 소중한 애서들을 꽂아놓은 책장에 당당하게 이 책을 꽂았고, 이후로도 쭉 오랫동안 이 책을 기억하게 될 것이다."

— 캐롤린 커티스Carolyn Curtis,《여자들과 C.S. 루이스 – 그의 삶과 문학이 오늘날의 문화에서 드러나 보인 것들Women and C.S. Lewis – What his life and literature reveal for today's culture》저자, 편집자 겸 강연자

- Eagle and Child

옥스퍼드의 세인트가일스에 위치한 이글앤드차일드. 당시 잉클링스 멤버들이 'The Bird and Baby'라는 별명을 지어 부를 정도로 편하게 드나들었던 곳이다. 세월이 지났어도 이곳에 가면 여전히 잉클링들의 흔적을 느낄 수 있다.

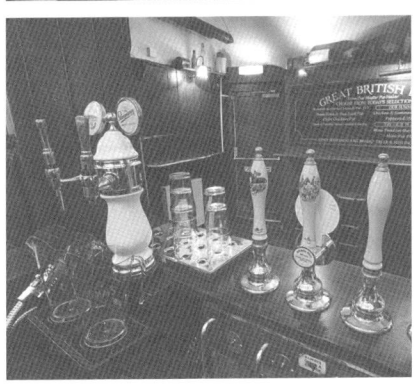

판타지 문학의 대가들을 낳은 옥스퍼드의 작은 펍. 펍 안으로 들어가면 잉클링스 클럽에 대한 안내문을 찾아볼 수 있으며, 곳곳에 루이스와 톨킨을 비롯한 클럽 멤버들의 사진도 발견할 수 있다.

TO LEICESTER WRITERS' CLUB
레이체스터 라이터스 클럽 제위께

차례
―

이 책에 쏟아진 찬사들 • 4

서문 • 14

들어가며   C.S. 루이스와 공룡들 • 20

Chapter 1 ―――――――――――――――――
사랑을 넘어: 수수께끼 같은 잉클링스 멤버, 찰스 윌리엄스 • 39

Chapter 2 ―――――――――――――――――
뿌리와 발아: 잉클링이 될 친구들 • 69
　　오웬 바필드 • 77
　　C.S. 루이스 • 83

Chapter 3 ―――――――――――――――――
1920년대의 옥스퍼드: 애석한 꿈 그리고 오웬 바필드와의 전쟁 • 97
　　프로이트의 영향 • 102
　　'뉴룩'과 올드룩 그리고 바필드의 인지학 • 104
　　'연대기적 속물근성' • 107
　　원초적 참여 • 110
　　J.R.R. 톨킨 • 115
　　야망의 시인들 • 126

Chapter 4

톨킨은 옥스퍼드로 귀환하고 루이스는 신을 만나다 • 135

    톨킨과 루이스, 만나다 • 145
    케이브 • 154
    잉글랜드를 통틀어 가장 마지못해 이루어진 개종 • 154

Chapter 5

잉클링스의 탄생 • 161

    성령의 도보 여행과 길 • 167
    '기묘한 일' • 171
    모터사이클 사이드카에서의 에피파니 • 175
    루이스의 서클이 합쳐지다 • 182
    잉클링스의 공통 요소, 그리스도교와 글쓰기 • 184

Chapter 6

1930년대: 읽고 싶은 책을 쓰다 • 195

    《베오울프》, 요정 이야기, 이세계(異世界)들 • 201
    루이스, 시 속에서 낭만적 사랑의 기원을 발견하다 • 209
    문학 논객 루이스의 《부흥》 • 221
    그리스도교의 작은 르네상스 • 230

Chapter 7

전쟁 기간과 잉클링스의 황금기 • 235

    전쟁 시기의 도보 여행 • 243
    잉클링스 모임 좀 더 들여다보기 • 247
    "잉클링스는 결코 전과 같지 않을 것이다" • 257

Chapter 8

황금기의 종결 • 263

    노션 클럽 • 269
    '아무도 나타나지 않다' • 271
    잉클링스, 대중과 만나다 • 275
    루이스의 노정은 그리스도교 신앙의 옹호를 위한 길이었을까? • 286

Chapter 9 ─────────────────────────

마지막 시기 • 293

  작은 방에서 • 304
  풍성한 책들 • 314

Chapter 10 ─────────────────────────

잉클링스 이후 • 321

Chapter 11 ─────────────────────────

단지 친구들의 그룹인가? • 333

  잉클링스와 '낭만적 종교' • 337
  잉클링스 공통의 목적? • 339
  충직한 나니아인들, 그리스도교 친구들 그리고 공유 • 343
  몇 가지 결론 • 348
  우정의 양상 • 349

권력이 왜 우정을 못마땅하게 여기는지 이해하기는 쉽다. 진실한 우정은 일종의 이탈, 심지어 모반이라 할 수 있기 때문이다… 그러므로 우리의 주인들이… 모두가 동행자이되 누구도 친구가 아닌 세상을 만드는 데 성공했더라면 이탈의 위험들은 사전에 제거되었을 것이며, 완전한 예속에 대항하는 가장 강력한 보호 장치를 우리에게서 앗아갔을 것이다.

-C.S. 루이스, 《네 가지 사랑》

서문
―

잉클링스Inklings는 호반시인Lake Poets(잉글랜드 북서부의 호수 지역에 거주했던 19세기 초 영국의 낭만파 시인들을 가리킴 – 역주) 혹은 블룸스버리그룹Bloomsbury Group(1906년부터 1930년경까지 런던과 케임브리지를 중심으로 활동한 영국의 지식인·예술가들의 모임. 그룹의 중심 인물들이 블룸스버리에 살았다 – 역주)과 유사한 영향력 있는 작가들의 그룹이었다. 옥스퍼드의 세인트가일스St Giles 술집에서 정기적인 모임을 열어 대화를 나누거나, 모들린칼리지Magdalen College에 마련된 루이스C.S. Lewis의 방 또는 머튼칼리지Merton College의 톨킨J.R.R. Tolkien의 방에서 자신들이 쓴 최신 글을 읽고 토론하며 더 폭넓은 대화를 이어나가는 것이 이 그룹의 활동이었다. 이 책은 이들의 삶과 작품, 사상 그리고 무엇보다 서로에게 끼친 영향을 탐구해 나간다. 이들은 우정에 대한 심오한 이해를 바탕으로 구성원들 각자가 지닌 다양성을 북돋아주면서 격식 없는 만남을 향유했다. 필자는 이 책에서 다방면으로 활동하던 이 그룹의 구성원들이 서로 친구가 되고, 어떤 격식도 의제도 의사록도 없이 아이디어를 구체화시키고, 모임에 주도적으로 참여한 사람들의 집필과 출간을 서로 뒷받침하게 된 과정의 미스터리를 설명해보려 한다.

루이스와 톨킨, 오웬 바필드Owen Barfield 그리고 찰스 윌리엄스Charles Williams와 같은 그룹의 핵심 멤버들이 쓴 유명한 책들을 읽어본 사람들이라면 잉클링스의 존재가 이 작가들에게 얼마나 큰 영향을 끼쳤는지를 어렵지 않게 알 수 있을 것이다. 그럼 자연스럽게 이런 의문들이 떠오른다. 이들 외에 잉클링스의 다른 구성원들은 어떤 인물들이었나? 오웬 바필드와 찰스 윌리엄스가 그렇게 중요한 인물로 꼽히는 이유는 뭘까? 제2차 세계대전이 이 그룹을 어떻게 변모시켰으며, 끝내 모임이 중단된 이유는 무엇일까? 이 책은 이처럼 그룹의 안과 밖에서 이루어진 복잡하고도 매혹적인 상호작용들을 탐구한다. 동시에 그룹의 성격을 형성하는 데 결정적인 영향을 미쳤던 구성원들의 그리스도교적 믿음―다양하며 때로 놀라운 맥락을 보여주었던―에도 깊은 관심을 두었다.

잉클링스는 문학을 하는 친구들끼리의 모임이기는 했지만 전적으로 학문적인 직업을 가진 이들만의 모임은 아니었으며, 의사에서부터 영국군대의 장교에 이르기까지 다양한 분야에서 활동하는 전문가들이 포함되어 있었다. 1930년대, 1940년대, 그리고

1950년대, 옥스퍼드의 격변기에 존속되다가 1963년 루이스의 죽음과 함께 점차 쇠퇴했다. 톨킨은 때때로 자신의 편지에 잉클링스에 대해 쓰곤 했는데, 한번은 이렇게 묘사한 적이 있다. '딱히 어떻다고 하기도 애매하고 누가 뽑은 것도 아닌데 친구들은 C.S. 루이스의 주변에 모여들어 모들린에 있던 그의 방에서 만났다. 우리는 모이기만 하면 다양한 종류의(그리고 다양한 길이의) 작문들을 큰 소리로 읽곤 했다.'

거의 30여 년 전에 톨킨은 출판업자였던 스탠리 언윈Stanley Unwin에게 편지를 쓰면서 루이스의 공상과학 소설 《침묵의 행성 밖으로Out of the Silent Planet》에 대해 이야기한 적이 있다. '우리의 작은 클럽에서 큰 소리로 낭독되었어요(이 클럽이 자기가 쓴 글들을 큰 소리로 읽는 모임이었어요). 들어보니 아주 재미있는 연재물이어서 큰 찬사를 받았지요. 물론 우리가 원래 비슷한 성향을 지니기는 했지만 말이에요.' 톨킨의 편지를 보면 그 역시도 《반지의 제왕The Lord of the Rings》을 쓰느라 악전고투를 하던 시기에 잉클링스의 친구들에게서 매우 귀중하고 현실적으로 도움이 되는 격려를 받았다는 것이 분명히 드러난다.

옥스퍼드의 고전 교수 콜린 하디Colin Hardie 역시 잉클링스의 일원이었다. 그는 잉클링스가 태동하고 약 50년이 흐른 1983년에 잉클링스의 문학적 특성에 대해 이런 글을 썼다. "옥스퍼드에서는 이들을 주로 작가 또는 '글쟁이'들 중 선택된 친구들끼리 모인 비공식 서클(포프Alexander Pope, 스위프트Jonathan Swift, 게이John Gay, 아버스노트John Arbuthnot가 모여 《마르티누스 스크리블레루스Martinus Scriblerus》 등을 공저한 18세기의 스크리블레루스 클럽과 유사한)로 여겼다."

잉클링스 구성원의 대부분은 루이스가 선택한 친구들이었다. 그래서 이 책의 내용은 루이스의 친구들을 다룬 필자의 책 《C.S. 루이스: 우정의 전기C.S. Lewis:A biography of friendship》와 일정 부분 겹칠 수밖에 없다. 그러나 루이스의 생애와 그룹으로서의 잉클링스의 발전 양면에서 중추적인 역할을 한 확실한 사건들을 위주로 하면서 나름대로는 겹치는 부분을 최소화하기 위해 최선을 다했다. 또한 C.S. 루이스의 전기에 있는 자료들 역시 완전히 다른 틀과 배경에서 사용하려 했다. 그래서 두 책의 구성은 매우 다르다. 전기에서는 루이스의 친구들에 대한 설명이 루이스를 조명하고 루이스의 인생을 형성하고 전개시킨 힘으로 드러났다면, 이 책에서는 잉클링스를 설명하면서 그룹 자체에 초점을 두어 그의 친구들이 이 그룹의 남다른 행보와 공동체로서의 상호작용에 어떤 기여를 했는가를 조명했다.

필자는 지금까지 거의 40년 넘게 잉클링스에 대해 조사하고 글을 써왔으며, 이 책은 그 결과물이다. 2000년에 지금은 고인이 된 친구 데이비드 포터David Porter와 함께 《잉클링스 편람The Inklings Handbook》(지금은 절판되었다)을 썼는데 이후 이 그룹에 대해 대대적으로 이루어진 새로운 조사를 가급적 담아내고자 했다.

필자의 잉클링스 연구는 점진적인 발견의 과정이었다. 학생 때 수업시간에 C.S. 루이스의 《순전한 기독교Mere Christianity》를 접하고 그가 쓴 책들을 눈에 띄는 대로 읽기 시작한 것이 시초였는데, 그때는 그의 저술들이 얼마만 한 크기와 범위를 지녔는지 제대로 알지 못했다. 그러나 어느 순간부터 톨킨, 찰스 윌리엄스, 오웬 바필드 그리고 잉클링스의 존재가 눈에 들어왔다. 이어 필자의 독서는 조지 맥도널드George MacDonald 등 이들에게 영향을 미친 더 앞선 작가들을 포함하게 되었다. 이들의 책을 읽으면서 필자 스스로의 독서 성향을 깨달을 수 있었다. 왜 자신이 다양한 분야의 공상과학 소설 및 판타지 소설 작가들을 좋아하는지, 그리고 처음에는 선호하는 장르와의 관련성이 덜 명확했던 윌리엄 골딩William Golding이나 존 파울즈John Fowles 같은 작가들을 왜 좋아하는지까지 알게 되었던 것이다. 이런 식으로 선호 목록에 오르게 된 작가들의 이름을 들자면 끝이 없을 정도다.

말했듯이 잉클링스에 대한 필자의 관심이 오래 이어져왔기 때문에 그 과정에서 불가피하게 이 책 역시 다른 사람들의 작업에서 영향을 받을 수밖에 없었다. 잉클링스에 대하여 상세한 글을 쓴 이들 중에서 다이애너 글리어Diana Glyer, 험프리 카펜터Humphrey Carpenter, 개러스 나이트Gareth Knight, 그리고 할 포Hal Poe 등이 그런 이들이다. 일리노이 주 위튼칼리지Wheaton College의 매리언 E. 웨이드센터The Marion E. Wade Center와 옥스퍼드대학 보들리도서관Bodleian Library의 특별열람실Special Collections Reading Room을 방문한 것 역시 큰 도움이 되었다. 오래전 일이기는 하지만 《잉클링스 편람》을 쓰면서 데이비드 포터와 (종종 밤늦게 전화로) 나누었던 대화를 빼놓을 수 없다. 그때 비로소 필자는 이 특별한 작가들의 그룹이 형성한 세계에 발을 들여놓을 수 있었다. 이처럼 잉클링스에 관한 글을 써온 사람들에게 빛을 진 것 외에도 이 책을 발행하는 데 직접적으로 관여했던 사람들에게도 감사하지 않을 수 없다. 이 책의 편집자인 앨리 헐Ali Hull, 마거릿 밀튼Margaret Milton, 헬런 버크벡Helen Birkbeck과 조너선 로버츠Jonathan Roberts, 레이사 누전트Leisa Nugent, 로다 하디Rhoda Hardie, 라이언 허드슨Lion Hudson 외 여러 분께 감사를 전한다.

들어가며

C.S. 루이스와 공룡들

1954년 C.S. 루이스는 인생의 전환점에 서 있었다. 옥스퍼드 모들린칼리지 영문학과의 명예교수이자 개인지도교수로 지낸 시간이 거의 30년에 이르고 있었다. 그는 대중의 사랑을 받는 강연자였으며, 1936년에 나온 《사랑의 알레고리The Allegory of Love》에서부터 1954년에 출간된 《16세기 영문학English Literature in the Sixteenth Century》에 이르기까지 획기적인 학문적 저작들로도 이름을 떨친 유명인이었지만 여러 차례 학과장직에서 낙선했다. 개인적인 삶에서는 어머니처럼 헌신적으로 돌보았던 제니 무어 부인이 세상을 떠난 지 3년이 넘어 자청해 맡았던 부양의 의무에서 해방된 상태였다. 그러나 형 워렌이 심각할 정도로 빈번히 알코올 중독으로 말미암은 문제를 일으키고 있었다.

저술 활동에서는 최근 그리스도교 신앙을 지적인 면에서 옹호하던 군건한 태도를 접고 누가 뭐라 하든 상관없이 자신의 창조적 에너지를 상상적인 산문과 소설의 창작으로 돌린 상황이었다. 그 결과로 《나니아 연대기The Chronicles of Narnia》와 자서전인 《예기치 못한 기쁨Surprised by Joy(홍성사 간)》(당시에 출간을 앞두고 있었다)이 탄생할 수 있었다. 《예기치 못한 기쁨》은 무신론자였던 루이스를 신에 대한 믿음으로 이끌어준 경험에 초점을 맞춘 책이었는데, 그는 그런 경험에 자신만의 의미를 부여해 '조이Joy'라고 불렀다.

그러다가 케임브리지대학에서 중세 및 르네상스 문학과를 신설하고 학과장직을 제안해왔다. 더구나 루이스는 여러 후보 중 한 명이 아니라 옥스퍼드 출신 두 명을 포함(이 중 한 명이 잉클링 친구인 J.R.R. 톨킨이었다)하여 훌륭한 인물들로 구성된 선정위원회에서 단독으로 후보에 올라 만장일치로 통과된 상황이었다. 처음에는 당시에 자신의 삶을 둘러싼 여러 문제들을 감안하여 강한 의구심을 보였던 루이스는 심사숙고 끝에 이 직위를 받아들였다. 톨킨이 그를 설득하는 데 결정적인 역할을 했다. 그때부터 그는 옥스퍼드의 칼리지 룸과 케임브리지에 마련된 숙소를 오가며 지냈다. 학기 중의 주중에는 주로 케임브리지에서 지냈는데, 그곳은 루이스의 귀중한 장서들을 다 수용할 수 있을 만큼 넓었다.

케임브리지 취임 강연을 한 1954년 11월 29일은 루이스의 56번째 생일이었다. 그동안 대중강연은 그가 톨킨과 함께 픽션과 논픽션을 막론하고 작품을 통해 지켜온 '올드 웨스턴Old Western' 또는 '옛 유럽Old European'의 가치를 위한 플랫폼이 되어주었다. 또한 두 사람이 잉클링스의 중심 멤버들이었으므로 이날 루이스가 한 강연의 주제는 두 사람이 함께한 잉클링스가 어떤 그룹이었는지에 대한 핵심을 찌르는 최초의 통찰을 제공한 셈이었다. 강연에서 드러난 잉클링스는 떠들썩한 모더니스트들의 청사진에 따라 형성되고 있던 새로운 세계의 흐름에 대항하던 반동분자들이었을까? 혹은 지난 시대의 미덕과 가치에 뿌리를 둔 또 다른 당대 세계를 논의할 수 있는 전략을 지닌 이들, 과거와의 단절이 아닌 연속성상에 놓인 현대 사회를 생각하는 이들이었나? 그는 교수답게 강연의 제목을 '드 데스크립톤 템포룸De Descriptione Temporum', 즉 '우리 시대의 묘사'로 정했다.

루이스의 친구 중에 유명한 탐정소설 작가인 도로시 세이어스Dorothy L. Sayers는 이 강의에 참석하고 싶어 했지만 갈 수 없어서 대신 재능 있는 친구 바버라 레이널즈Barbara Reynolds를 보내 강연 현장에 대해 보고해달라고 부탁했다. 바버라는 세이어스가 흡족해할 만한 보고문을 써 보내주었다. 세이어스는 이 글을 읽고 루이스가 대단히 자제하며 강연했구나 하고 생각했다. 그리고 이렇게 답장했다. '그가 최대한 삼가면서 행동—그는 때로 대단히 장난스럽고 도발적인 행동을 하거든—한 것 같네. 아마도 취임식이라서 장난스럽게 할 자리가 아니라고 생각한 모양이야.'

반면에 루이스의 또 다른 여성 친구인 조이 데이비드맨 그레셤

Joy Davidman Gresham은 그 자리에 참석해서 루이스에게 지지를 보냈다. 그녀는 루이스와의 우정을 진척시키기 위한 목적을 겸해서 영국으로 건너온 미국인 시인이자 소설가였다. 처음에는 그저 아주 흥미로운 펜팔 상태였지만 나중에 그의 아내가 되었다.

조이 데이비드먼은 1954년 12월 23일자로 미국의 친구 채드 월시Chad Walsh에게 보낸 편지에서 강연에 대해 이렇게 적었다.

> … 상상하신 것처럼 멋지고, 지적 흥분을 일으키며, 예상을 뛰어넘는 재미가 있었어요. … 홀은 가득 찼고, 앞줄에는 검정 모자와 가운을 입은 교수들이 잔뜩 앉아 있어서 까마귀 떼가 모여 앉은 것 같더라고요. 문화의 연속성이나 전통의 가치 등등에 대하여 보통 때 교수로서 강단에서 하는 식이 아니라 그가 '옛 서양 문화Old Western Culture'라고 부르는 것이 실제적으로는 죽었고, 단지 자신과 같은 몇몇의 생존자들만이 흩어져 있다고 선언하듯 말했어요. …

C.S. 루이스는 흔히 하는 식으로 중세―그는 중세가 오늘날의 삶이나 문화와 관련이 없는 것으로 치부되어 버려졌다고 생각했다―와 진보적인 르네상스를 가르는 잣대에 과감히 도전했다. 그러면서 보통 사람들이 이해하는 것과 같은 르네상스가 결코 일어나지 않았다고 믿는 자신이 과연 케임브리지 영문학과의 중세 및 르네상스 문학과장 자리를 맡아도 되는지 고민이라는 농담도 곁들

였다(그러나 사실 케임브리지대학에서는 C.S.루이스를 염두에 두고서 의도적으로 두 시기를 합친 학과를 신설한 것이었다). 루이스는 이 문제에 대한 대안으로 중세와 르네상스기 간의 차이보다 두 시기의 유사성이 훨씬 압도적으로 우세하다는 시각을 바탕으로 자신이 서양 문화의 진정한 구분이라고 생각하는 기준을 제시했다.

대략 우리의 선조들은 역사를 크게 두 시기로 구분했습니다. 그리스도교 이전 시대와 그리스도교 시대죠. 반면 우리는 좀 더 세분화해서 전前그리스도교 시대와 그리스도교 시대, 그리고 후後그리스도교 시대라고 부를 만한 시기까지 셋으로 가릅니다… 나는 이 구분이 단순히 문화적 변화에 따른 것이라고 생각해요. 그리고 두 번째 변화가 첫 번째 것보다 훨씬 더 근본적인 것이라고 여깁니다. 제인 오스틴Jane Austen과 우리 사이에는 있고, 그녀와 셰익스피어, 초서Chaucer, 알프레드 대왕Alfred, 베르길리우스Virgil, 호메로스Homer 혹은 파라오Pharaohs 사이에는 없는 것이 바로 기계의 탄생이죠… 이 변화는 선사와 역사 시대를 가르는 것만큼이나 커다란 변혁일 수 있어요. 마치 석기에서 청동기 시대로의 변화 혹은 수렵채집 경제로부터 농업 경제로 이행한 변화와 맞먹는 수준인 겁니다. 이런 변화는 자연에서 인간의 지위를 바꿉니다.

이런 관점에 비추어보면 동료 잉클링이었던 톨킨이야말로 루이스의 강연 주제를 작품 속에서 대단히 잘 구현해낸 인물이었다. 비록 톨킨이 좀처럼 시도하지 않는(적어도 공공연하게는) '규모의 일반화'를 루이스가 제시하기는 했지만 말이다. 톨킨의 '올스 웨스턴' 테마는 소유와 권력에 관련된 주제들을 탐색하는 방식에서 명확히 드러난다.《반지의 제왕》에서 고위 천사에 해당하는 존재 모르고스Morgoth가 신의 창조적인 힘을 소유하고자 갈망하는 것에서부터 많은 주인공들이 절대반지를 휘두르고 싶은 유혹에 직면하는 것에 이르기까지 '소유'는 그의 이야기에서 일관된 주제다. 톨킨은 잘못된 권력의 사용을 마법을 통해 특징적으로 표현하는데, 이것을 구체화시켜주는 것이 기계와 기술의 오남용이다. 모르고스, 사우론Sauron, 사루만Saruman은 공히 권력 확장의 야욕에 불타 기계와 기술의 어두운 측면을 수용하며, 유전자공학적인 실험을 통해 로봇과 비슷한 괴물 오크들을 창조하는가 하면 기술을 동원하여 만든 기계들을 이용하거나 이용하도록 고무한다. 절대반지 역시 사우론이 구사한 기술적 기법의 결과물로서 기계의 일종이다. 더 구체적으로 말하면 제작자가 지닌 권력의 대단히 많은 부분(달리 말하면 그의 영혼의 일부분)을 지니고 있는 인공지능의 구현물 또는 그 이상의 슈퍼머신이라고 할 수 있다.

톨킨은 이 사악한 마법과 예술을 대비시키는데, 예술은 다른 존재들을 지배하려는 욕망이 없는 요정들로 표상된다. 루이스 역시 이와 비슷한 생각을 작품을 통해 표현했다. 그는 기계중심주의적 태도, 혹은 테크노크러시technocracy를 마치 인간성을 파괴하는 것으로 판명되는 목적을 위해 자연을 소유하고 통제하고자 하는 마법의 현대적 형태로 보았다. 이런 주제가 잘 드러난 작품이 그의 마지막 공상과학 소설인《그 무시무시한 힘That Hideous Strength》이다.

취임 강연에서 루이스는 '올드 웨스턴'을 현대 세계와 대척점에 존재하는 것으로 정의했다. 그는 19세기 초반 어딘가에 대분수령 The Great Divide이 있다고 믿었는데, 대분수령이란 다름 아니라 사상과 믿음의 변화에 걸맞은 커다란 사회, 문화적 분계였다. 반면에 루이스는 그리스도교 이전의 이교도적 신앙과 관습은 긍정적으로 평가했다. 거기에 자신이 강력히 옹호하는 그리스도교적 가치관이 원시적인 형태로 깃들어 있다고 보았기 때문이다. 그에 따르면 이교도적 신앙과 관습은 중세에 앞서는 광대한 시기와의 연속성을 지니며, 그리스와 로마의 고전 시대도 여기에 속한다. 그는 이렇게 선언했다. "크리스천과 이교도는 크리스천과 포스트크리스천post-Christian(그리스도교의 신에 대해 비종교적인 시각을 견지하려는 사람 – 역주)보다 훨씬 더 많은 공통점을 지니고 있어요. 다양한 신들을 숭배하는 사람들과의 격차가 숭배하지 않는 사람들과의 격차만큼 크지 않다는 겁니다." 현대의 기계시대에 포스트크리스천은 '옛 크리스천'으로부터 분리되었으며 '옛 이교도'로부터도 분리되어 이중으로 단절되어 있다는 것이다.

루이스는 과거와 현재의 서구에 관한 소신과, 새로운 환경 속에서 '올드웨스턴맨Old Western Man(구식 서구인이라는 의미 - 역주)'으로 살아가는 자신의 지위에 관한 대단히 멋진 미사여구로 강연을 마무리했다.

올드웨스턴 문학을 올바로 읽기 위해서는 독서에 따르는 일체의 반응들을 유예해야 하며, 현대 문학을 읽으면서 습득한 대부분의 습관을 버려야 한다는 것이 제가 확신하는 바입니다. 그리고 이것이 원어민native(올드웨스턴에 관해 자신이 전문가라는 의미로 보임 - 역주)의 판단이기 때문에, 설령 이 신념을 뒷받침할 논리가 약하다고 해도 그 속에 담긴 사실은 여러분들이 대단히 중요하게 여겨야 할 역사적 자료입니다. 이런 식으로 하면 제가 비평가로서 실패할 수도 있겠지만 그럴 경우에도 저라는 사람이 표본으로서 값어치는 있을 거라고 생각합니다. 감히 한발 더 나아간다면 이런 말을 하고 싶습니다. 저뿐 아니라 혹시 다른 올드웨스턴맨을 만날 일이 있으면 무조건 표본으로 삼으시라는 겁니다. 남아 있는 공룡들이 많지는 않을 테니까요.

그뿐만 아니라 조이 데이비드맨이 채드 월시에게 보낸 편지에 따르면 루이스는 '과학의 시대로 변화해가는 것은 중세에서 르네상스로 혹은 고전시대에서 중세 암흑시대로 이행한 것보다 더 심대한 변화이며, 자신에게 문학을 배우는 것은 네안데르탈인이 네안데르탈인의 시대에 대해 강의하도록 하거나 살아있는 공룡에게서 고생물학을 배우는 것과 같을 것'이라고 덧붙였다고 한다.

도로시 세이어스는 여성이었기 때문에 잉클링스가 술집에서 주로 만나 대화했던 1950년대에도 이 그룹의 일원이 될 수는 없었다. 그러나 그녀가 쓴 편지들을 보면 사고방식의 측면에서 그녀와 루이스 사이에 대단히 큰 친밀감이 있었던 것은 분명하다. 케임브리지의 취임 강연이 있고 몇 달 후에 그녀가 '잭(가까운 사람들이 부르는 루이스의 애칭 - 역주)'에게 보낸 편지는 이렇게 끝맺고 있다. '감사의 인사를 보내며, 동료 공룡이'. 도로시가 루이스에게 품은 따뜻한 우정은 루이스의 케임브리지 칼리지, 모들린에 대해 장난스럽게 언급한 '물 Waters 위에 앉은 숙녀분이 당신에게 자비롭게 대해주기를 바랄게요.'라는 문장에서도 드러난다. 여기서 숙녀는 모들린이 막달라 마리아 Mary Magdalene를 의미하기 때문에 쓴 것이고, 물은 칼리지 바로 옆의 캠 강 River Cam을 가리킨 것이다.

루이스는 강연에 어떤 반응이 있을지 예견하고 있었다. 아니나 다를까 그가 예상한 대로 강연은 대학 내에서 영향력 있는 견해로 받아들여지지 않았다. 그들은 이 새로 온 교수를(심지어 새로운 학장을) 잃어버린 기독교 세계의 활기를 되살려보려고 막힌 배수의 침침하고 깊은 물 밖으로 나온 모사꾼쯤으로 여겼다. 심기가 불편해지자 그들은 번개처럼 빠르게 대응했다. 1955년 2월, 잡지 〈20세기 Twentieth Century〉는 케임브리지에서 전개되고 있는 재앙에 전체 지면을 할애했다. 다양한 분야의 기고자 12인은 '자유롭고 인도적인 탐구의 중요성에 대해 의견을 같이하고, 이것이 대학 공동체뿐만 아니라 문명화되었다고 주장하는 어떤 그룹에도 타당하다고 생각'한다는 데 동의했다. 노벨상 수상자인 포스터$^{E.M.\ Forster}$도 그들 중의 한 명이었다. 그는 종교가 인문주의를 공격하고 있다고 분개했다. 그러나 루이스의 눈에 그들의 인문주의는 실제로는 '정통 무신론'일 뿐이었다. 결국 E.M. 포스터는 '역사에서 인문주의의 성채라 할 르네상스가 존재하지 않았다고 주장하는 사람이 있다.'고 선전포고를 했다. 루이스는 진군의 나팔을 불었다. 인문주의의 담장은 약해질 터였다.

BBC는 이렇듯 소란스러운 반대 의견에 동조하지 않았다. 그들은 새로 온 교수의 취임 강연을 특별 방송하는 이례적인 조처를 했고, 1955년 4월, C.S. 루이스는 '대 분수령'이라는 제목으로 BBC의 마이크 앞에서 2회분으로 나눈 케임브리지 강연을 재연했다.

잉클링스의 멤버들이 공유한 친밀성 또는 유사성의 다른 예를 찾아보려면 루이스가 자신을 공룡 또는 올드웨스트의 가치 있는 유물이라고 선언한 케임브리지 취임 강연의 날로부터 거의 20년을 거슬러 올라가 볼 필요가 있다. 염두에 두어야 할 것은 그룹의 중심에 루이스가 있었음을 감안하여 그룹 전체가 공유한 정신 또는 세계관이 있었다고 하면, 적어도 그룹의 주요 멤버들 또한 공룡이거나 상실된 올드웨스턴 문화의 가치 있는 표본이었을 가능성이 높다는 점이다. 그렇다면 잉클링스의 궁극적인 관심사가 무엇이었는가에 대한 실마리를 찾을 수 있을 20년 전으로 가보자. 이 일에는 가까운 친구였던 루이스와 톨킨 단 두 사람만 관계되어 있지만, 그룹의 문학적 성과를 대표할 만한 중요한 순간을 들여다보기에는 부족함이 없을 것이다. 루이스가 케임브리지에 취임하기 20년 전, 두 사람은 인생의 위기에 직면해 있었다. 두 사람 모두 상당 기간 동안 학문적인 저작을 발표하지 못하고 있었던 것이다. 물론 루이스가 다년간 준비한 《사랑의 알레고리》가 출간을 앞두고 있었고, 톨킨의 《베오울프Beowulf》에 관한 기념비적인 에세이도 출간될 예정이기는 했다.

사건은 다름 아니라 1936년 봄에 이루어진 대화였다. 루이스와 톨킨은 목요일 저녁의 정기 잉클링스 모임뿐 아니라 월요일 아침 루이스의 칼리지룸 대담이 끝나면 인근의 이스트게이트 호텔로 편하게 자리를 옮기는 것이 관례였다. 톰 쉬피Tom Shippey(《J.R.R. 톨킨, 세기의 작가J.R.R. Tolkien. Author of the Century》의 저자 – 역주)에 따르면 그들은 출판이 여의치 않아서 근심에 싸여 있었고, 서로가 글을 계속해 쓸 수 있게 해주는 유일한 존재들이었다. 두 사람 모두 '엄청난 시간과 에너지를 시를 쓰는 데' 할애하고 있었지만 중요한 시인이 되겠다는 원대한 꿈이 어긋나고 있다는 좌절감에 빠져 있었다.

문제의 특별한 그 봄날에 평소처럼 두 사람이 만났을 때 루이스가 도전 과제 하나를 제시했다. 아마 그즈음 루이스가 읽은 찰스 윌리엄스의 소설《사자의 자리The Place of the Lion》의 영향이 있었을 것이다. 이 소설은 보기 드문 현대 그리스도교 판타지 작품으로서, 루이스가 가장 좋아하는 작가인 G.K. 체스터턴G.K. Chesterton의 소설에서 영감을 받은 측면이 있었다. 루이스는 그해 후반기에 친구인 레오 베이커Leo Baker에게 쓴 편지에서 찰스 윌리엄스의 소설《다차원Many Dimensions》도 읽었다고 하면서 그의 소설에 대해 이렇게 논평했다. "체스터턴이 발명한(내 생각에) '신학적 충격 소설'이라는 드문 장르에서 걸출한 작품들일세."

그러나 체스터턴이 윌리엄스의 소설을 새롭게 발견했음에도 루이스의 깊은 불만족은 해소되지 않았다. 아마 두 사람이 흰 패널을 댄 루이스의 방에서 커다란 안락의자에 자리를 잡은 직후가 아니었을까 싶다. 십중팔구는 파이프나 담배에서 새어 나오는 연기를 편안히 들이마시다가 루이스가 이런 말을 꺼냈을 것이다. "톨러스Tollers(통행요금징수원 또는 종 치는 사람이라는 의미. 루이스와 친구들이 톨킨을 부를 때 쓴 애칭 - 역주)도 아시다시피 요즘은 우리가 찾는 이야기들이 너무 없어요. 마땅한 게 없다면 우리가 직접 쓰는 건 어때요?" 그는 톨킨이 동의하리라는 것을 알고 있었다. 당연히 둘 중 한 사람의 입에서 윌리엄스의《사자의 자리》에 대한 이야기도 나왔을 것이다.

《사자의 자리》는 톨킨과 루이스 두 사람이 당대의 소설에서 어떤 부분을 좋아했는지에 대한 단서를 제공해준다. 이 책은 동료 잉클링이었던 네빌 코그힐Nevill Coghill이 그해 초에 루이스에게 빌려주었던 것인데, 루이스는 너무 깊은 감동을 받은 나머지 옥스퍼드대학출판부 런던지부에서 일하고 있던 책의 저자에게 편지까지 쓰게 되었다. 루이스는 플라톤과 성경 창세기를 기세 좋게 혼합한 데다, 창조의 날들이 플롯에서 중요한 역할을 하고 있는 것에 대단히 강한 인상을 받았다.

루이스는 이런 생각을 친한 친구인 아서 그리브스Arthur Greeves에게 편지로 써 보냈다. 이야기 자체는 '또 다른 세계(이데아를 가리킴-역주)'에 대한 플라톤의 사상(오랜 세월 동안 서양 사상의 많은 부분을 차지해왔던)에 기초하고 있다고 그는 설명했다. 이 다른 세계에 아름다움, 사랑, 고슴도치가 지닌 '고슴도치다움'과 같은 모든 지상적인 특질의 '원형' 또는 본질들이 존재한다는 것이다. 윌리엄스의 소설에서는 이 시원적인 원형들이 우리 세계에 있는 현실의 복사본들을 원래의 자리로 흡수하고 있다. 지상의 모든 나비가 원형적인 나비에게로 다시 날아가는 것이 이야기의 시작이다. 창조의 과정들이 태초의 상태로 거슬러 올라가기 시작하고, 결과적으로 이 세계 자체가 '무non-existence'로 변할 위협을 받는다. 루이스의 결론은 '이 소설은 요즘 흔히 볼 수 있는 그리스도교 판타지와는 다르다네.'라는 것이었다.

이야기 초반에 친구인 두 남자가 탈출한 암사자를 찾아다니는 장면이 나온다. 잠시 후 두 사람 앞에 다른 사자 한 마리가 더 나타난다. 그런데 누가 봐도 이 사자는 보통의 사자가 아니다.

완전히 자란 엄청나게 큰 사자가 머리를 한껏 쳐들고 아가리를 벌린 채로 몸체를 흔들고 있었다. 사자는 으르렁거리는 것을 멈추더니 몸을 낮추었다. 그건 두 젊은이가 동물원이나 서커스에서 보던 사자와는 완전히 달랐다. 두 사람의 홀린 듯한 눈에는 가뜩이나 거대한 몸체가 매 순간 더 커지는 것 같았다… 사자는 두려움을 불러일으키며 우뚝 서 있었다… 다음 순간 사자는 위풍당당한 태도로 움직였다… 그리고 두 사람이 여전히 못 박힌 듯이 서서 쳐다보고 있는 동안 어두운 나무 그늘 속으로 들어가 시야에서 사라졌다.

이것이 나니아를 이루는 요소의 원천 중 하나라는 증거는 없지만 여기 묘사된 사자에게 미래의 아슬란 Aslan의 모습이 깃들어 있는 것은 분명해 보인다. 다만 아슬란은 고맙고 선한 창조자인 데 반해 윌리엄스의 이야기에 나오는 사자의 원형은 창조의 힘을 가지고 인간에게 간섭하는 파괴적인 힘이 된다.

우연찮게도 찰스 윌리엄스는 루이스가 쓴《사랑의 알레고리》의 교정쇄를 접하게 되었다. 중세에 우아한 방식으로 표현되었던 사랑에 대해 정통한 사람의 필치로 세련되게 쓰인 글이었다. 그가 자기들이 출판하는 책을 읽고 그처럼 흥분하는 일은 좀처럼 없었다. 다소간 압도된 느낌으로 그가 저자인 루이스에게 편지를 쓰려고 할 때 반대로 루이스에게서 편지가 왔다. 내용은《사자의 자리》에 대한 찬사와 옥스퍼드에서 열리는 잉클링스 회합에 참석해달라는 초대였다. 이것이 루이스나 다른 멤버들에 의해 '잉클링스'라는 용어가 문서에 쓰인 최초의 사례였다. 또한 초창기부터 클럽의 본질이 어떠했는가에 대한 중요한 단서이기도 하다. 루이스의 편지는 자못 열광적이었다.

> 낯선 나라에서 길을 가다가 모국어를 듣는 것 같은 느낌을 주는 책이 있습니다… 제게는 조지 맥도널드, G.K. 체스터턴, 윌리엄 모리스^{Wm. Morris}를 처음 발견했을 때와 비견할 만한 인생의 중요한 문학적 사건입니다. … 엑세터칼리지의 코그힐이 주어서 당신의 책을 읽게 되었어요. 나는 톨킨(앵글로색슨학 교수이자 가톨릭신자입니다)과 형에게 읽어보라고 했고요. 결국 교수 셋과 군인 하나가 당신의 책에 소란스러운 열광과 존경을 보내고 있는 셈이에요. 우리는 잉클링스라 불리는 일종의 격식 없는 클럽을 하고 있습니다. 클럽의 성격은 (격식이 없는 점을 고려하시고) 글을 쓰고자 하는 경향 그리고 그리스도교입니다.

이처럼 편지에는 윌리엄스가 여름 학기 중에 저녁 모임에 방문해달라는 것과 루이스가 지내는 칼리지에 초대한다는 내용이 적혀 있었다. 윌리엄스는 옥스퍼드대학출판부 런던지부에서 일했으므로 업무차 옥스퍼드를 방문하는 일이 자주 있었다. 그해 7월에 옥스퍼드로 가서 젊은 시인 오든^W.H. Auden을 만난 것도 시선집을 기획하기 위한 중요한 업무의 일환이었다.

찰스 윌리엄스가 C.S. 루이스에게 회신한 편지를 보면 루이스의 사고방식에 대단히 친밀감을 느낀 것이 분명히 드러나고 있다. '나는 당신의 책이 단테를 제외하고 내가 만난 책 중에, 사랑과 종교적 의미의 매우 특별한 정체성에 대해 최소한이라도 이해를 보여주는 예로써 사실상 유일하지 않나 생각합니다.'

네빌 코그힐은 그와의 첫 만남을 이렇게 기억한다. '(루이스)가 그를 잉클링스에 소개하자… 모두 대단히 기뻐했다.' 앞서 말한 것처럼 《사자의 자리》를 우연히 접하고 난 뒤 플롯을 생생하게 이야기해주고, 이야기에 담긴 우주적인 시야를 전달함으로써 루이스에게 책을 소개한 것이 바로 코그힐이었다. 루이스의 뒤로는 그의 형 워렌과 톨킨, 그리고 아마 바필드까지 그 소설을 읽었을 테고, 그룹 내에 흥분의 웅성거림이 생긴 것은 당연한 일이었을 것이다.

나중에 톨킨은 문제의 봄날 아침, 두 사람이 여느 때처럼 만났을 때 루이스가 던진 도전, 즉 두 사람 모두가 좋아하는 종류의 이야기를 직접 써보자는 제안에 대한 이야기를 다섯 차례나 편지에 썼다. 그만큼 이 사건이 그에게 중요한 의미를 지녔다는 방증일 것이다. 심지어 그중의 한 편지에서 톨킨은 이 사건이야말로 《호빗^The Hobbit》의 후속편이라 할 《반지의 제왕》의 태동이라고까지 했다. 그날 루이스는 둘 중 한 사람은 공간, 나머지 한 사람은 시간 여행에 관한 글을 쓰자는 이야기도 했다. 그는 동전을 던져 누가 무엇을 쓸 건지 정했다. 그 결과 톨킨이 시간 이야기를 쓰고 루이스가 공간 이야기를 쓰게 되었다.

그때까지 그들은 시(성공적이지 못한)와 중세어문학에 관련된 학술서만 몇 가지 출간한 상태였으므로 이 일은 그야말로 도전이었다. 그런 상태에서 덜컥 다수의 독자를 끌어들일 만한 소설을 쓰겠다고 맹세해버린 것이었다. 물론 다른 글을 아예 쓰지 않은 것은 아니었다. 루이스는 17세기에 나온 소설 《천로역정The Pilgrim's Progress》에서 영감을 얻어서 《순례자의 귀향The Pilgrim's Regress》을 출간했지만 큰 반응을 얻지는 못했다. 톨킨의 경우에는 자신이 창조한 '가운데땅Middle-earth'을 중심으로 하여 특히 그 첫 번째 시대와 관련된 이야기들을 다양한 주제로 써오고 있었다. 이것들은 톨킨의 사후에야 《실마릴리온The Silmarillion》, 12권짜리 《가운데땅의 역사The History of Middle-earth》 등과 함께 책으로 만들어져 나왔다. 그러나 이런 것들은 두 사람이 생각하는 대중소설과는 또 달랐다. 그런 와중에 톨킨의 《호빗》이 출판사로 전달될 채비를 마치고 있었다.

C.S. 루이스가 공간 여행에 관해 쓴 책의 첫 결실은 《침묵의 행성 밖으로》였다. 그는 이 책을 잉클링스 모임에서 큰 소리로 낭독한 뒤에 책으로 펴냈다(1938년). 시간 여행에 관한 책을 쓰려고 한 톨킨의 첫 시도는 《잃어버린 길The Lost Road》이었는데, 마찬가지로 잉클링스 모임에서 낭독되었을 테지만 출판되지는 않았다. 그 대신

에 그는 인기를 끌었던《호빗》의 속편을, 이번에는 성인 독자를 대상으로 썼다.《반지의 제왕》이 두 권 정도 나온 뒤 독자의 편지에 답장을 하면서 톨킨은 또다시 루이스가 던진 도전의 이야기를 소개했다. 그리고 오랫동안 책을 쓰느라 고생한 일, 책이 나와서 보상과 격려를 받았다는 글도 썼다. 그날의 대화는 두 사람의 인생을 바꾼 사건이었다.

Chapter 1

사랑을 넘어:
수수께끼 같은 잉클링스 멤버, 찰스 윌리엄스

 The Oxford Inklings

찰스 윌리엄스가 C.S. 루이스를 만나고 이후 다른 잉클링들과도 만난 것은 그들과 열정적으로 서신을 교환한 직후로, 1936년 봄 혹은 이른 여름의 어느 때쯤이었다. 당시 나이 쉰을 바라보았던 윌리엄스는 이후로 대략 9년을 더 살면서 15권의 책을 출간한다(윌리엄스는 1886년에 출생하여 1945년에 사망했다 – 역주). 그 무렵에 이미 그에게는 루이스가 특별히 관심을 보일 만한 독특한 아이디어들이 있었다. 아서 왕에 관한 두 권짜리 시집이 출간을 기다리고 있었고, 소설 《음부로 내려가심Descent into Hell(원래는 성서에서 예수가 신성한 임무를 완수하고 천국으로 갈 사람들을 데려오기 위해 기꺼이 음부로 내려간 것을 가리키는 말이다 – 역주)》과 《만성절 전야All Hallows' Eve(핼러윈이라고도 한다 – 역주)》도 대기 중이었다. 또한 교회 내의 성령에 대해 쓴 유명한 역사서이자 시인 W. H. 오든이 기독교로 개종하는 데 일조한 《비둘기의 강림Descent of the Dove》도 미출간 상태였다. 그런데 정작 그가 C.S. 루이스와 톨킨을 비롯한 여러 잉클링과 정기적으로 만나게 된 것은 그보다 한참 뒤의 일로 하필 전쟁이 터졌을 때부터였다. 그즈음에 그의 남은 생애는 5년 반 남짓에 불과했다.

찰스 윌리엄스는 루이스, 톨킨 그리고 그룹의 다른 유력 멤버들에게 찬사를 들은 여러 작가 중 한 명이었다. 이는 윌리엄스가 잉클링들로부터 그룹의 정신을 대표하고 나아가 세계관을 공유하는 작가로 인정받았다는 의미로 볼 수 있다. 물론 그룹의 정신이라는 것이 대단히 모호(inkling이라는 그룹의 이름이 같은 의미를 지니고 있어서 강조 어법을 구사하고 있다 - 역주)하기는 했지만 말이다. 잉클링스의 작가들 중에는 조지 맥도널드^{George MacDonald}와 G. K. 체스터턴, 루돌프 슈타이너^{Rudolf Steiner} 등을 추종했던 오웬 바필드도 있었다. 알려진 대로 루돌프 슈타이너는 그리스도교(윤회에 대한 믿음이 포함된)와 과학, 문화를 비의秘意적으로 해석하는, 인지학이라고 불리는 종교 운동의 창시자다. 이들 외에도 나중에 합류해서 잉클링 멤버들에게 사상가 또는 작가로서 지지를 받은 도로시 L. 세이어즈^{Dorothy L. Sayers}, E.R. 에디슨^{E.R. Eddison} 같은 사람들이 있었다. 루이스나 톨킨 같은 중세 연구가들에게 시인과 사상가들이라고 하면 중세와 르네상스의 광대한 시기에 자신들에게 자양분과 영감을 준 에드먼드 스펜서, 단테, 위대한 고대 영시 베오울프의 작자라든지, 기독교 교부인 아나스타시우스와 아우구스티누스, 그리고 보에티우스처럼 당대에 영향을 끼친 인물들이었다. 심지어 콜린 하디 같은 고전학자나 대단한 박식가인 루이스처럼 그룹 내에서 고전에 해박한 사람들은 중세는 물론 훨씬 더 이전까지 거슬러 올라가 그리스도교 이전 및 토속신앙 시대의 그리스와 로마까지 관심 영역에 두었고, 이런 부분에서 서로의 관심사가 일치하는 것을 확인하곤 했다.

이처럼 잘 맞는 취향, 공유된 전망뿐 아니라 거의 무의식적으로 받아들인 세계관 같은 것들은 추상적이어서 일반화하여 어떻다고 하기가 힘들다. 분명한 것 한 가지는 만약 잉클링들이 단순히 루이스의 친구 그룹이 아니라 그 이상의 의미를 지닌 모임이었다면 찰스 윌리엄스의 생애가 그들이 지켜나가고자 한 취향이나 세계관에 영향을 미쳤으리라는 점이다. 즉 그의 삶에 영향을 받아 복잡 미묘한 가운데서도 모종의 방향성을 잡을 수 있었다는 것이다. 어찌 보면 찰스 윌리엄스라고 하는 수수께끼 같은 인물이 잉클링들의 심장부에 요술 거울을 놓아준 셈이다. 각계의 전문인들과 옥스퍼드의 유명인사들로 이루어진 이 정체가 모호한 그룹은 글을 쓰고자 하는 갈망과 더불어 주류에 속한 많은 이들에게는 시대에 뒤떨어진 것으로 치부되던 전통적인 그리스도교 신앙의 결합체였다. 이 그룹은 C.S. 루이스와 톨킨의 집필을 독려하고 지원하여 이들의 작품이 현재 전 세계에서 인기를 끌게 했고, 결과적으로 두 사람의 작품은 CGI(컴퓨터 합성 영상)를 이용한 영화 등의 현대적 매체로 형상화되어 전 세계적인 소구력을 구가하게 되었다. 옥스퍼드에서 당대 사람들 다수에게 전근대적인 기행으로 비쳤을 이들의 작품이 실제로는 깜짝 놀랄 만한 포스트모더니즘적인 매력을 지녔다는 사실은 1960년대에 루이스가 사망한 이후에야 밝혀진 셈이다.

찰스 윌리엄스는 어떤 사람이었던가? 윌리엄스가 제2차 세계대전 중 옥스퍼드에 있었을 때 학부생이었던 존 웨인John Wain은 그에 관해 이렇게 말했다. '얼마나 많은 사람이 이 특별한 남자를 묘사해 보려 애썼는지, 그리고 매번 그의 본질을 비껴갔는지!'

윌리엄스의 고향은 런던이었고, 그가 충정을 바친 것도 이 도시였다. 그는 런던 태생 특유의 억양을 구사했는데 그에 비해 다른 잉클링 멤버들과 옥스퍼드의 명사들 다수는 '세공 유리cut-glass tones'라는 의미를 지닌 상류층의 말씨를 구사했다.

그는 1886년 9월 20일, 하이버리Highbury와 할러웨이Holloway 사이, 할러웨이로드 인근의 스펜서로드Spencer Road(나중에 캐드먼로드Caedmon Road로 이름이 바뀌었다)에 줄지어 선 3층짜리 빅토리아풍 집 중 한 군데서 태어났으며, 세례명이 찰스 월터 스탠스비 윌리엄스Charles Walter Stansby Williams였다. 여동생인 이디스Edith는 1889년생이었다. 아버지 월터Walter 역시 런던 태생이었고, 무역회사에서 프랑스어와 독일어 통신 담당으로 일했다. 윌리엄스는 어린 시절을 되새길 때 다가닥거리는 말발굽 소리, 도시의 탈것들이 지나가면서 내는 덜컹거리는 쇠 바퀴 소리, 혼시로드Hornsey Road를 가로지르는 고가 인근에서 울리던 증기기차 소리 등도 함께 기억했다. 월터와 그 아내 메리Mary는 독실한 기독교 신자여서 가족 모두가 인근 세인트앤교회St Anne's Church의 일요 예배에(때로는 하루에 두 차례) 반드시 참석했다. 메리에 따르면 윌리엄스는 한결같은 태도로 '마치 교회가 자기 것이라도 되는 양' 씩씩하게 걸어가 즐겁게 찬송에 참여하는 아이였다.

이 가족이 런던에 산 것은 윌리엄스가 8살, 이디스가 5살이 될 때까지였다. 그때쯤 월터의 눈이 잘 보이지 않게 된 데다 일하던 회사 상황이 쇠퇴기에 접어들었다. 의사는 그나마 남은 시력을 잃지 않으려면 시골에서 지내는 길밖에 없다고 충고했다. 이 일은 윌리엄스에게도 충격이었지만 대도시의 삶에 단단히 뿌리내리고 살아온 월터에게도 큰 타격이었다. 이들은 어쩔 수 없이 수도에서 북쪽으로 약 20마일 떨어진 곳에 자리한 세인트올번스$^{St\ Albans}$로 이사했다. 로마에서 이주해와 정착한 이주민으로서 최초의 기독교 순교자였던 올번스의 이름을 딴 이 도시는 워틀링스트리트$^{Watling\ Street}$의 옛 로마 거리에 있었다.

월터와 메리는 세인트올번스에 '아트디팟$^{The\ Art\ Depot}$'이라는 상점을 내고, 화구와 문방구를 팔았다. 상점에는 튼튼한 창문이 두 개 있었는데, 창의적이었던 메리는 커튼만으로 깔끔하게 창을 꾸몄다. 나중에 윌리엄스의 아내 플로렌스^{Florence}가 '나는 그 상점과 집, 뜰을 사랑했다'고 표현한 그곳이었다. 플로렌스는 특히나 '빅토리아풍의 세련미를 갖추었으면서도 빅토리아풍 특유의 요란함은 배제한 수수한 가구'가 놓인 건물의 거주 공간에 매료되었다. 플로렌스는 윌리엄스의 어머니를 활기찬 여인으로 묘사했다. 메리 윌리엄스는 아들보다 거의 3년을 더 산 뒤 아흔두 살에 세상을 떠났다. 그녀는 가난과 힘겹게 싸우면서도 삶의 기쁨을 누릴 줄 아는 훌륭한 인생의 동반자였다.

월터는 눈이 심하게 나빠지기 전까지 폭넓은 독서를 계속했으며, 여러 정기간행물에 운문과 산문들을 기고했다. 특히 그가 관심을 쏟은 것은 탁월한 재능을 지닌 아들을 지도하고 독려하는 일이었다. 이렇게 부자간에 애정과 유익함이 넘치는 유대관계를 맺은 모습을 보면 이보다 훨씬 앞선 19세기에 스코틀랜드 북부 하이랜드Highlands에 살았던 조지 맥도널드(잉클링스의 어느 젊은 멤버가 이 그룹의 '문학의 터줏대감' 중 한 명이라고 한)와 그 아버지를 연상하게 된다(조지 맥도널드는 잉클링스 멤버 전원이 존경하고 사랑한 이전 세대의 대표적 판타지 작가로서 《북풍의 등에서》, 《공주와 고블린》 등을 쓴 유명한 작가다 – 역주). 반면 C.S. 루이스가 혼자가 된 아버지와 맺은 유대관계는 이와는 매우 대조적이었다. 루이스와 그의 아버지는 수시로 서로를 걱정하고 근심했기에 그다지 행복한 유대관계를 이루지 못했다. 여하튼 윌리엄스는 종종 아버지와 함께 하트퍼드셔의 시골길을 오래 산책하곤 했으며, 자신의 세 번째 시집을 '나의 아버지와 다른 은사들'께 헌정했다.

런던을 떠났을 무렵 찰스 윌리엄스는 여덟 살이었다. 그는 세인트올번스 수도원학교St Albans Abbey School에서 정규 교육을 받기 시작했으며, 4년 후 자치단체의회County Council의 장학생으로 세인트올번스 스쿨에 진학할 수 있었다. J.R.R. 톨킨을 제외한 대부분의 잉클링스 친구들과 달리, 그는 엘리트 코스라 할 수 있는 기숙 퍼블릭스쿨public school(사립 중등학교)이 아닌 그래머스쿨grammar school(공립 중등학교)을 나왔다. 그래머스쿨은 원래 고전어(처음에는 라틴어)에 역점을 두었는데, 나중에는 인문학을 중심으로 점점 커리큘럼을 넓혀갔다.

이 학교에서 윌리엄스는 조지 로빈슨George Robinson이라는 소년과 오랜 우정을 시작했다. 조지는 윌리엄스와 같은 시선으로 사물을 보았고, 같은 취미, 좋아하는 책, 습작을 공유했다. 때때로 윌리엄스와 이디스는 로빈슨과 함께 집안사람들 앞에서 연극을 해 보이곤 했다. 이때 한 연극 중 하나―헨리 워즈워스 롱펠로Henry Wadsworth Longfellow의 《황금 전설The Golden Legend》―의 첫 대사들은 당시 윌리엄스가 지녔던 관심이 이후에도 계속 이어졌음을 보여준다. 그것은 바로 선과 악의 힘겨룸이다. 《황금 전설》의 첫 대사는 이러했다. '스트라스부르대성당Strasbourg Cathedral의 첨탑. 밤. 폭풍우가 치고 있다. 루시퍼가 바람의 힘으로 십자가를 부수려 하고 있다.'

로빈슨은 윌리엄스의 판타지 구성이 꽤 희극적이었던 것으로 기억했다. 그러나 사실 진지하고 수줍기도 했던 이 청소년의 내면은 보이는 것보다 더 깊었다. 그는 종종 자신과 친구가 신화와 제의에 참여하는 모습을 상상했으며, 이런 식으로 일상생활을 종교의식이나 환상, 신화에 빗대어 보는 버릇은 평생을 갔다. 그가 1920년대에 OUPOxford University Press(옥스퍼드대학출판부 - 역주)의 동료 직원들을 위해 쓴 가면극 역시 이러한 기벽의 연장선이었다. 이 가면극은 그의 동료들이 직접 역할을 맡아 연기하도록 쓰인 것이었다. 심지어 런던 지부장인 자신의 고용주마저 윌리엄스의 머릿속에서는 아서왕 서사시 속의 인물인 '비잔티움의 황제'였다.

1901년 가을에 윌리엄스와 조지 로빈슨은 나란히 런던의 유니버시티칼리지University College에 입학하여 대영박물관 근처의 가워스트리트Gower Street에서 학업을 시작했다. 이들의 나이 열다섯이었다. 당시의 라틴어 교수는 시인 A.E. 하우스먼A.E. Housman이었는데, 윌리엄스의 글 어디에서도 그의 가르침에 영향을 받았다는 언급은 없었다. 윌리엄스가 이수한 과목은 수학, 문학, 역사, 언어였다.

불행히도 그즈음 월터는 거의 눈이 보이지 않는 시각 장애인이 되어 빛나는 재능을 지닌 아들이 유니버시티칼리지 과정 3년을 마칠 수 있게 뒷받침해줄 수가 없었다. 윌리엄스는 2년 후 대학을 그만두고 하급 서기직 공무원 시험을 쳤지만 낙방했다. 점점 더 앞날이 어두워지는 듯했다. 그러던 중에 친하게 지내던 앨리스 이모가 런던 메서디스트북룸Methodist Bookroom(감리교 서재라는 뜻 - 역주)에서 임시직 직원을 뽑는다는 광고를 윌리엄스에게 보냈고, 1904년부터 윌리엄스는 이 서점에서 일하게 됐다. 몇 년 후 이디스는 이때를 이렇게 회고했다. '오빠는 거기서 주로 포장 일을 했다. 일을 하면서도 오빠는 근로자대학Working Men's College(런던 소재)의 수업을 들었다. 그 수업에서 프레드 페이지Fred Page를 만났는데, 그가 옥스퍼드대학출판부에 오빠를 소개했다.'

그 시절 윌리엄스와 조지 로빈슨은 세인트올번스의 자칭 '신학적 흡연자들'이라는 토론 그룹에 가입했다. 로빈슨의 회고에 따르면 그들은 '파이프와 담배, 커피, 케이크 너머로 우주를 탐험하고, 비동조non-conformity(규칙이나 관습에 순응하지 않음 - 역주)에 대해 유감을 표하고, 교회의 수장에게 경의와 경계의 상반되는 시선을 보내곤 했다.' 로빈슨은 자신과 윌리엄스가 토론 도중 자주 태도를 바꾸는 바람에 토론 자체가 더 흥미진진해졌었다고 말한 적이 있다. 그렇게 함으로써 '반대편의 것들을 볼 수 있었기 때문이다!' 찰스 윌리엄스는 평생 의견이 활발히 오가는 토론을 즐겼으며, 잉클링스 회합의 토론이야말로 그 정점이었다.

또한 그는 캐드먼타운 크라운데일로드Crowndale Road의 야간 근로자대학에서 만난 두 사람과 가까운 친구가 되었다. 해럴드 에버스Harold Eyers와 언스트 노팅엄Ernest Nottingham이 그 친구들이었다. 그러나 윌리엄스는 두 사람을 제1차 세계대전에서 모두 잃었다. 에버스는 1915년 5월에, 노팅엄은 1917년에 전사했다. 윌리엄스는 어릴 적에 심한 홍역을 앓아서인지 꽤 심한 신경장애가 있어서 손을 떨거나 흔드는 증세 때문에 입대하지 못했다.

근로자대학에서의 친분은 옥스퍼드대학출판부의 프레드 페이지와의 인연으로 이어졌다. 페이지는 곧 출간할 윌리엄 새커리William Thackeray[영국의 소설가(1811~1863). 대표작으로 《허영의 시장》이 있다 - 역주] 전집의 교정보는 일을 도와줄 사람이 필요했다. 페이지의 추천으로 윌리엄스는 이 출판사에 취직하여 세상을 떠날 때까지 그곳의 직원으로 일했다. 30년 후쯤 제2차 세계대전 동안 사무실 자체가 옥스퍼드의 임시 시설로 옮긴 일이 있었지만, 윌리엄스는 OUP의 런던 사무실과 떼려야 뗄 수 없을 운명이었던지, 옥스퍼드에 옮긴 임시 사무실을 모두 '런던 사무실'로 불렀다.

취직하고 처음 몇 년 동안 윌리엄스는 시티오브런던City of London

(금융의 중심이다)의 세인트폴 St Paul 근처에 있던 OUP 건물에서 전에 없이 행복한 삶을 누렸다. 나중에 그곳에서 일하게 된 앨리스 해드필드 Alice Hadfield는 윌리엄스의 전기를 쓰면서 특히나 그 시절의 분위기를 애정 어린 시선으로 묘사했다. 계단을 올라가다가도 중간에 멈춰 선 채로 형이상학적인 논쟁이 벌어지곤 했다든지, 도서관이 윌리엄스가 쓴 가면극의 무대가 되어버리곤 했다든지 하는 에피소드가 그런 예다. 또한 시리아어 명사에 관한 도서(물론 OUP가 출간한)를 읽는 사람들이 너무 없다고 다 같이 애석해하던 일도 빼놓을 수 없는 풍경 중 하나였다고 한다.

이 무렵에 윌리엄스는 연인이었던 플로렌스 콘웨이 Florence Conway와 결혼한다. 그는 세인트올번스 출신의 아내를 주님 앞에서 춤을 춘 남편을 조롱한 다윗왕 아내의 이름을 따서 미첼 Michal(성경에서는 미갈이라고 부른다 - 역주)이라고 불렀다. 미첼은 키가 컸고, 표정이 풍부한 어두운 색의 눈을 가졌으며, 확고한 태도를 지닌 활기찬 사람이었다. 두 사람은 교구의 어린이들을 위한 크리스마스 파티 준비를 돕다가 만났다. 당시 스물한 살이었던 윌리엄스는 처음으로 찾아온 낭만적인 사랑으로 자신의 중심이 흔들리는 경험을 한다. 그는 사랑에 빠진 감정을 담아 일련의 소네트를 써내기 시작했는데 이때 쓴 시들이 첫 시집인 《은 계단 The Silver Stair》으로 묶여 나왔다.

1912년에 출간된 이 시집의 발행인은 시인 앨리스 메이넬 Alice Meynell의 남편이었다. 메이넬 부부는 윌리엄스의 재능을 눈여겨보고 지원과 격려를 아끼지 않았다. 이 부부와의 만남은 윌리엄스가 자신의 저술로 다른 저자들과 관계를 맺은 첫 사례였다. 윌프리드Wilfrid와 앨리스 메이넬은 이전에도 이런 식으로 뒤를 밀어주어 프랜시스 톰슨Francis Thompson의 시집도 출간한 일이 있었다.

윌리엄스와 플로렌스는 윌리엄스가 서른 살이 되고, 플로렌스 역시 그 나이에 가까워진 1917년 4월이 되어서야 결혼했다. 이들이 신혼집을 가족들이 사는 세인트올번스가 아니라 꽤 멀리 떨어진 런던에 마련한 것은 무슨 까닭이었을까? 아무튼 그들의 첫 아파트는 햄스테드Hampstead 인근의 NW3, 파크힐로드Parkhill Road 18번지였다. 그리고 1922년이 되어서야 마이클 윌리엄스Michael Williams가 태어났다. 마이클은 두 사람의 유일한 자녀였다. 사실 윌리엄스는 평소에 어린아이란 소통하기가 (불가능하지는 않지만) 대단히 어려운 이방인이나 마찬가지라고 생각했다. 그런 그도 마이클이 태어나고 아이가 가져다주는 일상의 혼란을 피해갈 수는 없었으며 그럴 생각도 없었다. 그는 기꺼이 혼란을 감내하고 육아에 동참했다.

그 변화의 해 가을에 윌리엄스는 정기적인 일거리 하나를 더 맡아서 하기 시작했다. 런던 문학연구소City Literary Institute와 몇몇 곳에서 런던시의회London County Council(이하 LCC로 표기됨 - 역주)가 여는 성인 대상의 저녁 문학교실에서 강의를 하는 것이었다. 그로서는 상당한 수입을 얻을 수 있는 좋은 기회였다. 윌리엄스는 일주일에 두 시간 수업을 진행했으며, 수업을 마치면 바로 귀가해서 책을 쓰곤 했다. 플로렌스는 이렇게 회고했다. '윌리엄스가 프랜시스 베이컨 경에 대한 글을 쓰고 있었을 때, 나는 새벽 한 시쯤에 일어나 그 위대한 남자의 죽음에 관한 글을 쓰는 미세한 소리에 귀를 기울였다. 《대승리The Greater Trumps》의 마지막 두 장章을 쓰는 소리를 들은 시각은 세 시였다.'

LCC의 저녁 강의는 한 시간 강의와 한 시간의 질문 시간으로 이루어졌다. 몇 년 후 무명 시절의 딜런 토머스Dylan Thomas(1914~1953, 1930년대를 대표하는 영국 시인 - 역주)가 이 강의를 들으러 온 일이 있었다. 윌리엄스는 형편이 안 좋았던 그에게 이런저런 신경을 써주었던 것으로 알려져 있다. 딜런 토머스는 당시 윌리엄스의 강의에 관해 이런 감탄의 평을 남겼다. '왜 당신은 아무렇지도 않게 강의실로 걸어 들어와서는 키츠와 블레이크가 살아 있는 사람인 것처럼 착각하게 하시는 겁니까!'

윌리엄스는 제2차 세계대전 동안 옥스퍼드 강의에도 이 교수법을 적용했다. 당시 학부생들의 반응을 보면 그의 강의 분위기가 어땠을지 짐작해볼 수 있다. 나중에 잉클링스의 멤버가 된 존 웨인의 회고록에는 이렇게 쓰여 있었다. '그는 고함을 지르는 것처럼 큰 소리로 말했으며, 고개를 뒤로 젖히기도 했다… 또 교단을 발로 쾅쾅 구르기도 했지만, 그가 그러는 것은 자신이 대단한 인물이라는 인상을 주기 위해서가 아니라 다루는 주제의 중요성을 부각시키기 위해서라는 것을 모두가 느낄 수 있었다. 그의 '타오르는 열정'이식을 날은 영원히 오지 않을 것만 같았다. 위대한 시가 열중과 희열의 대상이 되어야 마땅하다면 윌리엄스가 그곳, 우리 눈앞에서 열중하고 기뻐함으로써 그걸 몸소 보여주었다. 시를 인용하거나 외운 구절들을 암송할 때, 그는 마치 오페라의 테너가 장렬하게 아리아를 부를 때처럼 자신이 낼 수 있는 가장 높은 목소리를 냈다. … 그 소리는 차라리 웅장했다.'

윌리엄스의 독특한 스타일, 즉 별난 성정이 드러나는 강연 방식은 1930년대에 어느 여학교에서 한 대중 강연에서도 그대로 드러났다. 윌리엄스가 이 학교의 교장인 올리브 윌리스Olive Willis 양과 친구여서 성사된 강연이었다. 당시 학생 중 한 명이 윌리엄스(학생들은 윌리엄스를 '차스빌Chas. Bill'이라는 애정 어린 애칭으로 불렀다)에 대한 인상을 자신의 사촌인 로이스 랭-심스Lois Lang-Sims에게 전해준 일이 있었다. 이 학생은 시극詩劇 형식을 빌려 연기까지 해 보이면서 윌리엄스에 관해 설명해주었으며, 이 인연으로 훗날 로이스는 나중에 윌리엄스와 가까운 지인이 된다.

어떤 전문 광대라도 그의 퍼포먼스를 이길 수는 없을 것 같았다. 내 사촌은 그의 익살을 생생히 따라 하느라 가공의 무대를 성큼성큼 오르내렸고, 정신 나간 원숭이처럼 인상을 찌푸리기도 하고, 두 팔로 자신을 꽉 껴안고서는 단상의 커튼 하나를 양팔을 활짝 벌려 끌어안는 그의 버릇을 흉내 내기도 했다. 그러는 동안 학교 전체가 숨을 멈추고 바라보고 있었다고 했다. '그분이 그럴 때마다 우리는 늘 커튼이 그분의 머리 위로 떨어져 내릴 거라고 생각했지만, 그런 일은 없었어―아직은.'

찰스 윌리엄스는 살아가는 내내 마술과 오컬트에 대한 관심을 이어나갔다. 그는 로시크루션스 Rosicrucians(장미십자회. 신비주의적 비밀 결사―역주)의 광범위한 변형 단체 중 한 지회와 인연을 맺었다. 알레이스터 크롤리 Aleister Crowley(1875~1947. 역사상 가장 악명 높은 마법사로 알려져 있다―역주)와 시인 W.B. 예이츠 W.B. Yeats도 그곳의 회원이었다. 이런 단체들은 모두 비밀리에 활동했으므로 내부적인 활동에 대한 정보 역시 분명치는 않다. 윌리엄스는 A.E. 웨이트 A.E. Waite(1857~1942. 신비주의 관련 서적을 집필한 문필가이며, 웨이트 판 타로의 창설자이기도 하다―역주)가 창설한 장미십자우애단 Fellowship of the Rosy Cross이라고 하는 분파에 소속되었다. 장미십자우애단은 마법은 다루지 않고 비밀스러운 종교의식을 하는 곳이었다. 윌리엄스는 4년에서 10년 정도 이 단체의 회원으로서 활발히 활동했으며, 1920년대에 쓴 소설들에 이때의 영향에 따른 비의적인 요소들이 남아 있다. 소설 《대 승리》가 타로 카드를 중심으로 전개되는 것이 그런 예이다. 다만 타로 카드는 어디까지나 신앙과 무관한 스토리의 장치일 뿐이며 이 소설이 표방하는 것은 사도신경에서 포착한 정통 기독교 신앙이다. 아무튼 C.S. 루이스가 1921년에 W.B. 예이츠를 만났을 때 이 아일랜드 시인은 옥스퍼드에서 살면서 온통 로시크루셔니즘으로 치장하고 있었다. 어쩌면 루이스의 소설《그 무시무시한 힘》에 나오는 마법사 멀린은 이 시기의 예이츠의 모습을 묘사한 것일 수 있다. 윌리엄스도 이따금 예이츠를 만났다. 두 사람이 양복 차림으로 중절모를 쓰고 자세를 취하고 있는 사진이 한 장 남아 있는데, 예이츠의 편안한 표정이 인상적이다.

20세기 초반 작가들과 이블린 언더힐Evelyn Underhill, 오웬 바필드처럼 다양한 음영과 색조로 기독교를 연구하는 사람들 사이에서는 영적이고 신비한 오컬트가 유행이었다. 1920년대에 바필드는 인지학의 신비로운 교리가 다른 종교도 마찬가지지만 특히 20세기 그리스도교 신앙에서 매우 중요한 표현이 될 수 있다고 확신하게 되었다. 인지학의 심원하고 대단히 비정통적인 해석이 인간 의식의 발전을 옳은 방향으로 이끌어줄 수 있다고 믿은 것이다. 이블린 언더힐 역시 이러한 경향이 있어서 신비주의와 그리스도교의 영성에 관해《회색 세상The Grey World》을 포함한 세 권의 소설을 썼다.[1]

윌리엄스는 장미십자우애단과 어울리면서 연금술의 상징성이나

---

[1] 노년에 루이스는 이블린 언더힐과 친분을 나누었는데 이 시기에 그녀가 보낸 편지 중 야생동물에 관한 내용이 나니아 이야기의 아슬란을 창조해내는 데 영향을 끼쳤을 가능성이 있다. 콜린 뒤리에즈,《J.R.R. 톨킨과 C.S. 루이스: 우정의 이야기J.R.R. Tolkien and C.S. Lewis: The Story of Friendship》, 글로스터셔 주 스트라우드, 서튼 퍼블리싱Sutton Publishing, 2005, 138~139쪽 참조.

유대의 카발라Kabbalah(유대교의 밀교적인 부분 – 역주)를 기독교적인 저술 속에 담아냈다. 물론 이것들이 그리스도교의 핵심 교리를 대체했던 것은 아니며 신비로운 이미지의 양상으로 나타난 정도였다. 그는 집필해나가면서 점점 비밀 결사의 어두운 측면이 지닌 강력한 특성을 경계하게 되었다. 그는 그 어둡고 강력한 특성을 오남용하는 것이 위험하다는 것을 깊이 인식하게 되었으며, 스스로 그런 유혹에 빠지지 않기 위해 노력했다.

찰스 윌리엄스는 강한 카리스마를 지녔는데 특히 야간 수업에서의 교수방식은 그의 몇몇 저술이 그렇듯이 강한 힘으로 사람들을 사로잡았다. 그 결과 그를 추종하는 사람들이 생겨났고, 개중에는 그가 자신들을 이끌어주기를 바라는 그룹이나 종교적 결사단체도 있었다. 그는 대중적인 신학을 우회적인 방식으로 여러 소설 속에 담아냈다. 그가 쓴 신학적인 소설에는 《그분이 강림하셨다He Came Down From Heaven》(1938), 《비둘기의 강림》(1939), 《죄의 용서The Forgiveness of Sins》(1942) 같은 것들이 있었고, 아서 왕에 관한 시들에서도 대중적 신학을 담아냈다. 또한 단테의 시에 관해 쓴 《베아트리체의 모습The Figure of Beatrice》(1943) 같은 책은 그가 문학 연구에서도 로맨틱한 사랑의 신학적 함의를 검토했다는 증거다. 그는 평생 영국 국교회에 헌신한 종교적인 사람이었지만 사람들이 종교적인 그룹을 만들라고 압력을 넣자 처음에는 완강하게 거부했다. 그러나 결국에는 영국 국교회의 찬양과 예배의 관행을 따르는 종교적 결사단체 같은 것을 만들기에 이르렀다. 윌리엄스는 이곳에서 '상호내재Coinherence(그리스도교의 삼위일체를 설명하는 교리로서, 성부·성자·성신의 세 위격이 본질에 있어서 동시 존재하시며 상호 내재한다는 뜻 - 역주)'를 중심으로 한 교우관계를 만들어나갔는데, 잉클링스에 관한 책을 쓴 데이비드 포터는 윌리엄스가 주장한 상호내재의 개념을 이렇게 설명하고 있다.

'모든 생명은 서로 주고받는 것에 의해 결정된다. 이 주고받음은 궁극적으로 삼위일체에서 비롯되며 그리스도의 십자가 위에서 가장 강력하게 발휘된다.' 그는 자신의 모든 작품에 이런 사상을 담았는데… 찰스 윌리엄스는 '사랑에 빠지는' 경험을 하게 되면 상호의존과 상호연관성을 한층 높이 인식하게 되는 것처럼 상호내재도 이처럼 순수하게 이해하면 된다고 했다. 1938년에 찰스 윌리엄스는 《비둘기의 강림》에 부록으로 '상호내재 훈작사단(훈작사는 기사단의 최하급 기사를 이름 - 역주)'에게 헌정하는 계획을 발표함으로써 종교 결사의 결성을 인정했다. 여기에 실린 7개의 성명은 상호내재가 그리스도교인들에게 자연적이면서도 초자연적임을 선언하고 있다. 여기에서 그는 '내가 아우를 지키는 자이니까? Am I my brother's keeper?(성경에서 카인이 질투로 동생 아벨을 죽인 후, 하나님이 '네 아우 아벨이 어디 있느냐?' 하고 묻자 카인이 '내가 알지 못하나이다. 내가 내 아우를 지키는 자이니까?'라고 답한 부분이다. 지금은 이 말이 '내 알 바 아니다.'

라는 말로 널리 쓰인다 – 역주)'라든지 '너희가 서로의 짐을 져주어라' 같은 성경의 가르침을 인용하면서 '모든 것의 근원'인 죄의 갚음을 호소했다.

그가 여성 추종자들을 포함해 많은 사람에게 강한 카리스마적 지배력을 행사하게 되자 자연히 힘을 오남용하는 일도 생기기 시작했다. 추종자들에게 엄격한 수행을 강요하거나 윌리엄스 자신이 다양한 방식으로 고통스러운 속죄의식을 하는 것이 그런 예였다. 윌리엄스는 시를 마구 베껴 쓰거나, 구석에 서 있거나, 양 발목을 끈으로 묶기도 하고, 자를 가지고 스스로 때리기도 했으며, 심지어 장미십자우애단 시절에 쓰던 나무 검으로 이상한 의식을 거행하기도 했다. 그러나 그는 나중에 잉클링들 앞에서 한 회 분량씩 읽어주기도 했던 마지막 소설 《만성절 전야》(1945)에서 마술의 실행과 그 힘이 지닌 자기본위성에 명백히 반기를 들었다. 이 책의 중심인물로서 악인인 사이먼 더 클러크Simon the Clerk는 당시 악명을 떨친 알레이스터 크롤리가 모델이 아니었을까 싶다.

이처럼 별난 면이 많았지만, 윌리엄스는 가장 헌신적인 추종자들과 그를 칭찬하는 동료 작가들(T.S. 엘리어트, W.H. 오든, C.S. 루이스 등) 모두에게 일상적인 영역과 신비적인 영역 양쪽에 정통한 신앙심 깊은 사람이라는 이미지로 남았다. 윌리엄스의 전기 작가이며 추종자이기도 했던 앨리스 메리 해드필드는 전기에 윌리엄스가 사람들에게 지시한 고행에 대해 숨김없이 묘사하면서 다음과 같은 결론을 내렸다.

> C. W.는 한 시간 내내 당신을 붙들고 이야기할 것이다. 차를 마시자고 불러낼 것이며, 당신에게 편지를 쓰고, 전화를 걸 것이다. 당신은 시를 읽고, 특도特禱(영국 국교회의 기도 방식 - 역주)를 익히고, 일주일에 한 번은 화를 참아가며 C. W.에 관한 에세이를 쓰게 될 것이다. 그러나 한 달만 지나면 당신의 온 신경은(관심은) 성령이나 밀턴Milton(1608~1674.《실낙원》을 쓴 영국의 시인 - 역주)이 아니라 C. W.에게 쏠리게 될 것이다.

앞서 이야기한 것처럼 1936년에 C.S. 루이스와 찰스 윌리엄스가 처음 만났을 때 윌리엄스는 5권의 소설을 출간하고 6권을 더 준비하고 있었다. 그의 시는 꽤 난해했고 문학적 주제나 대중 신학에 관한 산문 역시 어려웠다. 그런 그도 소설만은 어쩔 수 없이 읽기 쉽게 썼다. 또한 소설에서 고도의 상상적 사고에 관한 중심 테마를 펼쳐 보였다. 그렇기에 윌리엄스의 소설을 읽으면 그가 이야기하는 주제를 파악할 수 있으며, 그의 작품 중 가장 핵심이라 할 아서 왕에 관한 시들(1938년부터 아서 왕 전설을 바탕으로 쓰기 시작한 일련의 시들)을 이해하는 데도 도움이 되었다.

윌리엄스의 첫 소설이자 가장 짧은 소설인 《엑스터시의 그림자

Shadow of Ecstasy》는 7년 정도는 세상에 드러나지 않았다. 처음에는 그의 소설을 출간해줄 곳이 없어서였다. 이 소설은 1933년에야 비로소 출간되었는데, 단박에 대학교수인 로저 잉그램Roger Ingram을 사로잡았다. 잉그램은 소설에 나타난 시적 정서와 등장인물 중에서 대단한 카리스마를 지니고 죽음을 정복한 것처럼 보이는 인물 니겔 컨시다인Nigel Considine에게도 매료됐다. 컨시다인은 아프리카에서 유럽의 백인들에 대항하는 대규모 봉기를 이끄는 인물로 그려졌다.

《천국의 전쟁War in Heaven》(1930)은 가장 먼저 출간된 윌리엄스의 소설이었다. 이 책에서 그는 인간의 천국 또는 지옥행, 선과 악의 본질 등이 이야기를 이루는 가장 매혹적인 테마라는 생각을 유감없이 펼쳐 보이고 있다. 이야기는 어느 출판업자의 사무실에 정체 모를 시체가 누워 있다는, 평범한 탐정물처럼 시작된다. 이 소설에서 중요한 테마는 (다른 소설들에서도 공통으로 다루고 있는) 권력의 남용이다. 은퇴한 중견 출판업자가 전설적인 성배Holy Graal(윌리엄스가 즐겨 쓴 Holy Grail의 철자법)를 찾아내 다른 사람들은 물론 죽음까지 제어하려 한다는 이야기다.

다음 소설《다차원》(1931)에서는 고대 솔로몬 왕의 귀중한 돌을 사용해 자신들의 목적을 이루려는 사람들의 모습을 폭로한다. 그 목적은 정치적이거나 경제적인 것, 단순한 이기심에 따른 것, 심지어 건강에 관한 것들도 있다. 선한 기운에 싸인 사람들은 그 돌을 함부로 사용하고 싶어 하는 욕망을 누르고 단념해야 한다는 것을 알게 되는데, 이 내용은 나중에 톨킨의 《반지의 제왕》에서 '절대 반지'에 관한 내용과 평행을 이룬다.

《사자의 자리》(1931)는 찰스 윌리엄스가 C.S. 루이스와 우정을 나누는 계기가 된 소설이다. 앞서 말했듯이 루이스는 이 작품에서 '창세기와 플라톤 철학'이 절묘하게 어울리는 것을 보고 깊이 감명받았다. 아닌 게 아니라 윌리엄스는 플라톤적인 관념—영적인 힘—에 무시무시한 현실감을 불어넣었다. 이야기의 중심은 사람들의 평범한 결정과 행동들에 배경이 되는 지옥의 모습이다. 악은 일부 사람들을 말 그대로 짐승으로 변화시키며, 짐승이 된 사람들은 자신들을 변모시킨 힘에 휘둘린다. 이들을 구원할 수 있는 것은 창조의 궁극적인 힘을 지닌 신성한 남자, 즉 새로운 아담이 되는 것이다.

《대 승리》(1932)에서는 헨리 리^{Henry Lee}와 그의 할아버지가 최초의 타로 카드를 소유하게 되면서, 마법으로 삶의 문제를 지어내고 조정하는 운명의 힘을 차지하고 싶어 한다. 그러나 어느 순간 카드를 잘못 써서 거대한 눈보라가 소환되고, 통제 불가능한 상황이 되면서 끔찍한 결과를 부르게 된다. 결국 헨리는 약혼녀인 낸시 커닝스바이^{Nancy Coningsby}의 헌신적인 사랑으로 파멸에서 구원된다.

《음부로 내려가심》(1937)은 루이스와 찰스 윌리엄스가 처음 만났을 무렵에 준비하고 있던 작품이다. 주인공인 폴린 안스트루서Pauline Anstruther가 '대속의 사랑'이라고 하는 그리스도의 교훈을 발견하는 이야기로, 주인공은 다른 이의 짐을 나눠서 지라고 말했던 그리스도의 명을 문자 그대로의 의미로 받아들인다. 윌리엄스가 쓴 작품들의 기본 테마인 이 대속의 개념은 C.S. 루이스에게 깊은 영향을 미쳤는데 그로 말미암아 루이스는 훗날 아내가 죽어갈 때 그녀의 고통 중 일부를 자신이 짊어져야 한다고 믿기에 이른다. 이 소설은 찰스 윌리엄스가 쓴 최고의 소설 중 하나로 꼽힌다.

이상 소개한 일련의 소설에서 아서 왕에 관한 중요한 시들을 이해할 수 있는 비밀을 찾아내려면 소설 전체를 꼼꼼히 읽어야 한다. 그럼에도 이런 식으로 짧은 개관을 해놓은 것은 그가 잉클링스를 알고 그룹에 참여하기 전부터 이 그룹과 잘 맞는 사람이었다는 것을 짚어주기 위해서다.

1933년에 C.S. 루이스는 첫 소설인 《순례자의 역정The Pilgrim's Regress》을 출간했다. 이 책을 낸 의도는 부제목인 '그리스도교, 이성, 낭만주의에 대한 알레고리적 옹호서An Allegorical Apology for Christianity, Reason and Romanticism'에 더 잘 나타나 있다. 찰스 윌리엄스의 생각과 글쓰기에서 중심을 이루는 세 가지 테마를 루이스가 강조해 정리한 셈이다. 바로 그리스도교와 이성, 낭만주의이다.

루이스와 교우를 시작할 무렵에는 윌리엄스도 루이스처럼 영국 국교회 신도였다. 물론 루이스와 달리 뚜렷한 고교회파High

Anglican(교회의 성사성과 그 권위를 '높이' 평가하는 성공회의 교파. 저교회는 반대로 교회의 성사성과 권위보다는 개인의 회심, 성서의 최우위성, 복음 설교를 강조했다 – 역주)이기는 했지만 말이다(루이스는 고교회 또는 저교회를 모두 거부하고 강력한 청교도 경향을 견지했다).[2]

신학적으로 윌리엄스는 루이스와 독실한 로마가톨릭 신자인 J.R.R. 톨킨의 중간쯤에 자리 잡고 있었다. 그는 어린 시절부터 죽을 때까지 영국 국교회에 충실했다. 친구인 도로시 L. 세이어스도 그랬지만 그의 신앙은 교회의 역사적 교리에 바탕을 두고 있었다. 또한 도로시가 신학이론서를 출간하면서 신학이론 저자의 길을 걸은 것처럼 그도 1938년에 《그분이 강림하셨다》를 출간하면서부터 평신도신학이론 저자의 길을 걸었다. 곧 그는 평신도신학 운동을 대표하고 있던 G.K. 체스터턴, T.S. 엘리어트 등에 이어 도로시 L. 세이어스, C.S. 루이스 같은 작가들과 어깨를 나란히 하는 평신도 신학자로 떠올랐다. 찰스 윌리엄스가 엘리어트를 처음 만난 것은 1931년 오톨라인 모렐 부인Lady Ottoline Morrell의 유명한 문학 모임에서였다. 오톨라인 모렐 부인은 당시 런던의 블룸스버리Bloomsbury 지역 모임을 주최하는 인물이었다. 두 사람 모두 그녀의 초대 손님

---

2   루이스는 삶의 끝 무렵, '가톨릭' 성향의 영국 국교회로 다소 기우는 듯한 모습을 보였다. 아마 옥스퍼드의 신학자인 오스틴 패러Austin Farrer의 영향이었을 것이다. 뿐만 아니라 그는 평생토록 버리지 못한 복음주의적 성향도 지니고 있었다. 그러나 책과 에세이, 사적인 편지 등에서는 여전히 '단순한 기독교'를 설파했다.

명단에 으레 이름이 오르는 사람이었다.

시인이자 비평가인 존 히스-스터브스John Heath-Stubbs는 '찰스 윌리엄스의 사고는 추상적인 전제가 아니라 관계—개별적이든 사회 내에서든 인간이 신과 맺는 사적인 유대관계 그리고 동료 피조물들과 맺는—에서 겪는 경험에서 비롯된다.'고 했다. 그가 추상적인 관념보다 실제 삶에서 얻은 경험을 가장 중요시한다는 것이었다. 이는 분명한 사실이었지만 윌리엄스는 동시에 높은 이성을 고수했다. 시인 앤 리들러Anne Ridler는 그 점에 대해 이렇게 표현했다. '찰스 윌리엄스의 우주에는 우리와는 다른 아주 가혹한 정의관과 그걸 뒷받침하는 명쾌한 논리가 있다. 그러나 그의 정의는 가혹하면서도 인간에 대한 사랑을 기반으로 한다.'

윌리엄스는 진심으로, 모든 인간이 무결성과 영적인 건강함을 지니기 위해 이성의 요구에 따라야 한다고 생각했다. 또한 실재와 이론은 다르며, 반드시 이론을 따라야 한다고 생각하지 않았다. 이것이 그가 19세기 덴마크의 그리스도교 철학자인 쇠렌 키르케고르Søren Kierkegaard의 저작들을 발견하고 깊이 매료된 이유였다. 키르케고르는 실제 인간 존재를 광대한 철학적, 과학적 체계에서 비롯된 인류에 관한 관념들보다 앞에 놓았다. 키르케고르의 관점은 그때도 유럽 대륙 전역에 엄청난 영향을 미치고 있었는데 찰스 윌리엄스는 OUP의 수석 편집자라고 하는 자신의 영향력을 통해 다시 한 번 그를 영어권 세계에 소개했다.《현 시대The Present Age》(1940)는 그렇게 번역 출판된 수많은 키르케고르의 저술들 중 첫 번째 책으로 윌리엄스가 서론을 썼다.

이렇듯 윌리엄스는 인간 삶의 경험을 중요시했는데 이러한 경향이 가장 두드러지게 나타난 것이 낭만주의에 대한 열렬한 헌신이었다. 낭만주의에 대한 윌리엄스의 애착은 그가 '이미지(또는 표상)'라고 부른 것들의 중심부에 주로 나타나 있다. 즉 그는 낭만적 사랑의 경험과 인간의 사랑에 담긴 신학적 함의, 즉 사랑의 이미지에 천착했다. C.S. 루이스가 《찰스 윌리엄스에게 소개하는 에세이들 Essays Presented to Charles Williams》의 서문에 쓴 것이 바로 이런 내용이었다.

그래서일까, 결혼 생활 중에 윌리엄스는 두 번째 사랑을 하게 되었다. OUP에서 사서로 일한 필리스 존스Phyllis Jones가 그 상대였는데, 그는 낭만주의자의 감성으로 이 감정에 진지하게 임했다. 당연히 그의 결혼생활은 타격을 입었고 파국으로 치달을 뻔했다. 비록 결혼생활의 마지막 몇 년을 플로렌스와 처음의 행복했던 시절로 되돌아간 듯한 성숙한 회귀로 마무리하기는 했지만, 그가 전시 중에 필리스에게 보낸 어마어마한 양의 편지들은 흔적처럼 남아 있다. 그는 다른 젊은 여성 추종자들과는 주종 또는 사제 간 형태의 관계를 맺었는데, 작가 로이스 랭 심스(그녀는 자신이 더 진지한 감정이었다고 믿었다)가 그런 예였다.

그는 결코 플로렌스에 대한 의무를 저버리지는 않았지만 문학에서 낭만적 사랑을 탐색하고 창작성을 드높이는 힘을 얻게 한 것은 존스에 대한 사랑이었다. 그는 단테의 《라 비타 노바 La Vita Nova(새로운 인생)》(1292년 경)나 1307년 무렵에 쓰기 시작한 《신곡 The Divine Comedy》에 담긴 시들의 온갖 신학적 함의에서 낭만적 사랑을 찾았다. 또한 이 이탈리아 시인이 13세기 플로렌스의 거리에서 운명적으로 마주친 여인 베아트리체에게 보낸 사랑에 관해 많은 글을 썼으며, 나중에는 시와 소설에서 낭만적 사랑을 탐색했다. 그러니 C.S. 루이스가 《사랑의 알레고리》에서 중세의 우아한 사랑을 연구한 것을 보고 그가 대단히 기뻐한 것은 놀랄 일이 아니다. 《사랑의 알레고리》는 1936년에 OUP에서 출간되었으며 윌리엄스는 이를 보고 루이스에게 팬레터까지 썼다.

오류를 저지르기 쉬운 보통사람이면서 열광적인 천재 그리스도교 신비주의자이기도 했던 윌리엄스는 잉클링스가 그룹으로서 존속할 수 있게 했던 비밀의 일단을 보여주는 인물이다. 잉클링스가 정말 루이스의 친구들 모임 이상이었다면 말이다. 세상 너머를 향해 나아가는 인간의 경험에 집중하는 그들의 공통된 관심이 실제로는 낭만주의 운동의 역사에서 그 시대를 대표하는 흐름의 한 부분이었던 것일까? 그렇다면 그들은 윌리엄 워즈워스, 새뮤얼 테일러 콜리지, 키츠, 셸리 같은 이들의 승계자들이었던 것일까? 한 가지 분명한 것은 찰스 윌리엄스가 C.S. 루이스의 사고와 글 모두에 어마어마한 영향을 미치게 된다는 것이다. 윌리엄스가 전쟁이 발발한 시점에 옥스퍼드에서 이 그룹에 참여하면서 그곳의 친구들에게 어떻게 영향을 미쳤는지는 이후의 장에서 다루기로 하겠다.

Chapter 2

뿌리와 발아:
잉클링이 될 친구들

 The Oxford Inklings

제1차 세계대전에서 살아남은 이들은 군대 해산 후 하나둘씩 옥스퍼드로 복귀해 나이가 어려 입대에서 제외되었던 학생들 사이로 섞여 들어갔다. 그들 중 노련한 축에 속하는 몇몇은 임관하기 전에 미리 옥스퍼드의 장학금을 받아두기도 했는데, C.S. 루이스, 오웬 바필드, 네빌 코그힐이 그러했다. 공교롭게도 이들 모두 나중에 잉클링스의 멤버가 되었다. 루이스와 바필드는 1916년 12월에 옥스퍼드 장학생 자격시험을 쳤으며, 각각 유니버시티칼리지와 와드햄칼리지Wadham College의 장학생으로 선발되어 있었다.

1930년대, 그룹이 생성된 초기 시절에 목요일마다 회동했던 잉클링들 대다수는 1890년대 또는 20세기의 아주 이른 초반에 태어난 사람들이었다. 이른바 전시 세대였다. 미래의 잉클링들 중 일부는 학부 재학생일 때 친구가 되었지만 톨킨은 좀 달랐다. 그는 일찌감치 옥스퍼드 학위를 받았고―1915년―전쟁이 끝나고 옥스퍼드로 귀환해서 한동안 《옥스퍼드 영어사전Oxford English Dictionary》(당시에는 《새 영어사전New English Dictionary》이라고 불렸다) 편찬 작업을 이끌다가 다소 늦은 나이에 잉클링스에 합류했다. 그래서 그는 잉클링들 대다수보다 나이가 많았다.

전시 중에 옥스퍼드에는 심각할 만큼 학생이 없었다. 그나마 학교에 남은 학생들 가운데서도 많은 수가 프랑스나 벨기에로 갈 준비를 하느라 장교 훈련을 받고 있었다. C.S. 루이스도 1917년 4월에서 9월까지 군사 훈련을 받은 학생 중 하나였다. 루이스가 옥스퍼드에서 훈련을 받을 당시 학교에 남은 학생은 315명에 불과했으며, 그나마도 그중 120명이 장교 훈련대대원이었다. 그해 11월 29일, 열아홉 번째 생일에 루이스는 서부전선에 보내져 보병으로서 막 참호전에 투입될 뻔했으나 전쟁이 종결되면서 1919년에 옥스퍼드로 귀환했다.

1919년을 지나 1920년대 초반으로 접어들면서 옥스퍼드의 분위기는 크게 달라졌다. 목숨을 잃은 친구들을 추모하며 새로운 우정에 가치를 두게 된 것이다. 실제로 루이스와 함께 훈련을 받은 여섯 명 중에서도 네 명의 장교가 전투 중에 사망했고, 루이스와 나머지 한 명은 부상을 당했는데 특히 루이스의 부상이 심각했다. 네빌 코그힐은 당시 루이스와의 새로운 우정을 이렇게 되새겼다.

> 우리는 작업을 하면서 무한한 에너지가 뒷받침해주는 느낌을 받았고 거리낌없이 즐거워했다.
> 즐거워해서는 안 될 이유가 없었다. 우리 둘은 '전쟁을 영원히 종식시켜버린(그때는 그렇게 믿었다) 전쟁'에서 안전하게 막 벗어난 참이었다. 우리는 참호에서 살아남았고 악몽은 끝났다. 우리가 있는 곳은 옥스퍼드였고 나이는 스물 남짓이었다. 구체제는 영원히 사라졌고, 모든 것이 새롭게 시작되고 있었다. 우리 앞에는 아이디어를 탐색하고 나눌 삶과 예술이 펼쳐져 있었다. 마치 긴 황혼(북

유럽신화에서 신들과 거인들의 전쟁으로 세상이 멸망하는 일을 가리킴. 이후 새로운 세상이 시작된다 – 역주)이 지나 오딘과 뭇 신들이 귀환한 후 어떤 일이 일어날지를 지켜보는 기분이었다. 마치 신들이 잔디 위에 앉아서 버려두었던 황금 체스 말을 찾아 게임을 계속하는 광경을 보는 기분이라고나 할까.

코그힐과 루이스는 1년 만에 졸업하는 영어 우등 학위 과정을 이수하던 중에 조지 고든George Gordon 교수가 운영하는 수준 높은 토론 수업에서 만났다. 코그힐은 엑세터Exeter칼리지에 다니고 있었다. 코그힐은 루이스와 마찬가지로 아일랜드인이었지만, 섬의 남부 출신이었다. 루이스는 꾸준히 쓰고 있던 일기에 코그힐의 첫인상을 '열정적이며 센스 있는 사람, 허튼소리를 않는 신사'로 묘사해놓았다. 그러나 당시의 루이스는 냉철한 무신론자였기 때문에 정중한 코그힐에게 끌리면서도, 지적이며 '대단히 박식한' 토론 수업의 멤버가 크리스천이라는 것을 알게 된 뒤로는 좀 불편하게 여겼다.

문학 평론가 존 캐리John Carey는 《옥스퍼드 인명사전Oxford Dictionary of National Biography》의 내용을 빌려 코그힐에 대해 이렇게 말했다.

그는 뱃놀이, 고기잡이, 사냥, 사격, 회화 등의 신사다운 도락을 누리는 남부 아일랜드의 고풍스러운 분위기에서 성장했다… 옥스퍼드에서 그는 당당한 이목구비에 훤칠한 용모를 지녔으며, 매력적이고 활달한 화법을 구사하는 고상한 기호를 가진 인물로 알려졌다.

코그힐과 루이스는 영어 학위 과정 2학기에 처음으로 함께 산책하게 되었다. 그것은 앞으로 함께하게 될 숱한 산책의 시작이었다. 루이스는 걷기를 대단히 좋아해서 정기적으로 '걷는 휴일'을 보냈는데 덕분에 그의 친구들 중 다수가 여러 해 동안 그와 함께했다. 또한 루이스는 백악(백색 연토질 석회암 - 역주)으로 이루어진 사우스 돈스South Downs(잉글랜드 남동부의 구릉지대 - 역주)를 트램핑tramping(도보 여행 - 역주)하는 취미가 있어서 친구 하나는 이 걷는 무리를 가리켜 '백악기의 순회자들'이라고 부르기도 했다.

당시에 코그힐과 루이스가 옥스퍼드 교외를 산책하면서 나누었던 대화는 나중에 잉클링스 그룹 사이에서 이루어질 대화의 전형을 가늠하게 한다. 코그힐은 두 사람이 도시 근교 힌크시Hinksey 언덕의 기슭을 따라 걸으면서 문학과 인생에 관해 열띤 이야기를 주고받았다고 추억했다. 두 사람은 지도교수에게 과제로 받은 독서에 대해 이야기를 나누었으며, 초기 영국 시를 발굴해내 함께 즐겼다. 코그힐은 '루이스는 갑자기 [옛 영국] 시의 한 단락을 고함치듯이 외우곤 했다. … 낭송하는 커다란 목소리가 고급 포도주를 맛보는 것 같은 기쁨으로 충만했다.'고 회상했다.

네빌 코그힐의 학부 재학생 친구 하나도 마찬가지로 엑세터 학생이었는데, 열정적이며 기지가 넘치는 이 사람이 바로 '휴고'라는 이름으로 미래의 잉클링들에게 알려지게 될 H.V.D. 다이슨^{Dyson}이었다(옥스퍼드에서는 이름 대신 닉네임을 성 앞에 붙이는 것이 일반적이었다. 이는 아마도 당대의 학생들과 교직원들 대부분이 다녔던 사립학교의 풍속이 지속적으로 영향을 미쳤기 때문일 것이다). 다이슨은 샌드허스트^{Sandhurst}의 왕립 군사학교^{Royal Military Academy}에서 훈련을 마친 후 전장에 떠밀려 들어가 솜과 파스샹달 전투^{Battles of the Somme and Passchendaele}에서 싸웠다(파스샹달에서 그는 극심한 상처를 입어 유체이탈 경험을 하기도 했다).

다이슨과 코그힐은 칼리지에 하나뿐이었던 '에세이 클럽^{Essay Club}' 멤버였는데 거기서 또 다른 미래의 잉클링스 멤버인 J.R.R. 톨킨과 조우했다. 톨킨은 몇 해 전 엑세터칼리지에서 수학할 때 이 클럽의 멤버였다. 그러다가 옥스퍼드 귀환 후 《새 영어사전》 작업을 하고 교수로서도 몇몇 강의를 진행하게 되면서 칼리지는 물론 클럽과도 다시 연결되었던 것이다. 1920년 3월 10일, 톨킨은 이 클럽의 모임에서 자신이 구상한 신화에 바탕을 둔 어떤 이야기, 즉 '곤돌린의 몰락^{The Fall of Gondolin}'의 요약본을 읽었는데 반응이 자못 열렬했다. 클럽의 회의록에 이날 모임의 즐거운 분위기가 잘 드러나 있다.

새로운 신화적 배경을 발견해냈다는 면에서 톨킨 씨의 작품은 대단히 계시적이며, 그에게서는 윌리엄 모리스^{William Morris}, 조지 맥도널드, 데 라 모테 푸케de la Motte Fouqué 등등의 표상적인 전기소설傳奇小說(초현실이나 비현실적인 문제를 다루는 소설 - 역주)의 방식을 실제로 채용하는 전통 계승자로서의 건실한 면모가 뚜렷이 보였다. … 각기 곤도슬림Gondothlim과 멜코Melko의 하수인들로 대표되는 선과 악의 두 대립적인 세력 간 전투가, 다수의 등장인물과 세밀한 묘사의 결합으로 생생하고도 놀랍게 표현되어 지극히 흥미로웠다…

'곤돌린의 몰락'은 톨킨이 창조한 가운데땅(middle-earth는 천국과 지옥의 중간에 존재하는 세상, 이승을 가리키지만 여기서는 고유명사화되어 사용됨 - 역주)의 이야기로, 톨킨은 솜 전투에서 가장 가까운 친구 둘을 잃은 자신의 경험을 바탕으로 이야기에 생생한 생명력을 불어넣었다. 그것은 톨킨의 남은 인생 내내 작업하게 될 소설을 처음으로 일반 사람들에게 선보인(어떻게 될지 매우 불확실하기는 했지만) 순간이었다. 이렇게 다이슨과 코그힐은 에세이 클럽 모임을 통해 이 연장자와 교유하게 되었고, 나중에는 친구가 되어 떠들썩하게 잉클링스에 합류하게 되었다.

C.S. 루이스는 1925년부터 모들린칼리지Magdalen College 영문과 명예교수 및 교수로서 옥스퍼드에서 종신 재직하기 시작했으며, 톨킨 및 휴고 다이슨과 인연을 맺어 친구가 된 것은 그로부터 몇 년 후의 일이었다.

오웬 바필드

전쟁이 끝난 직후 루이스가 사귀던 친구들 중에는 네비 코그힐 외에도 나중에 잉클링스의 핵심 인물이 된 오웬 바필드가 있었다.

바필드도 찰스 윌리엄스와 마찬가지로 (억양을 제외하고) 런던 사람이었다. 그는 C.S 루이스가 태어나기 몇 주일 전인 1898년 11월 9일, 북부 런던의 머스웰힐Muswell Hill에서 태어나 예닐곱 살이 될 때까지 그로스베너가든스Grosvenor Gardens 6번지에서 살았다. 그 뒤로는 대런던greater London(1965년 주변 지역을 병합시킨 후의 현재와 같은 런던 - 역주) 북부 인근의 부유한 지역인 바넷Barnet 자치구의 웨트스톤Whetstone으로 이사했다. 바필드는 형제자매 중 막내로 위로 누나 둘과 형이 하나 있었다.

바필드의 집안은 평안하고 세속적이었으며 책과 음악이 늘 함께했다. 이모나 고모, 삼촌, 많은 사촌들(부모가 모두 대가족 출신이었다)이 자주 바필드 일가를 찾아왔다. 바필드는 스스로를 '고만고만한 회의론자'인 부모의 결과물이라고 표현했다. 바필드 내외는 본래 비국교도 내지 회중교회(영국 국교회의 교리나 예배의식을 따르기를 거부한 개신교 집단 - 역주)의 신도로 성장했으나 나중에는 교회 자체를 삶에서 배제했다. 바필드는 자신의 부모가 예수를 한 인간으로서 존경했을 뿐 집안 전체에 흐르는 분위기는 종교에 대해 회의적이었던 것으로 기억했다.

바필드의 어머니 리지Lizzie는 음악을 좋아했으며 천부적인 재능을 지닌 피아니스트였다. 아버지 아서Arthur는 적절한 학교 교육을 받지 못했는데도 능력이 출중하여 런던 중앙부 구시가지City of London의 법무관이라는 지위를 얻었다. 리지 바필드는 여성 참정권 론자였으며, 풀뿌리 페미니스트 정치단체에서 활동하면서 런던의 하이드파크Hyde Park에서 열리는 야외 집회의 운영에도 참여했다. 하지만 어느 날 야외 집회에서 술 취한 남자의 야유를 듣고는 충격을 받게 된다. 평소 남편은 아내의 신념에 동조해주었지만, 이 일을 계기로 그녀는 적극적인 행동주의를 자제하게 되었다. 자기 때문에 시 법무관인 남편의 평판에 해를 끼칠 수 있겠다고 생각했기 때문이다. 그 영향인지 후에 바필드는 환경 보호나 낙태 반대 등의 사회적 이슈에 적극적인 관심을 보였다.

여덟 살이 되기 직전에 바필드는 하이게이트Highgate에 있는 남자 초등학교에 다니게 되었다. 이 사립학교는 머스웰힐에 살 때는 근처에 있었지만, 이사 간 뒤로는 거리가 멀어져서 그는 계절 승차권을 끊어 웨트스톤에서 기차로 통학을 해야 했다. 빨강 코트와 빨강 모자 차림으로 말이다. 그는 입학하자마자 구구단 표를 기계적으로 외우는 한편 라틴어와 프랑스어 공부도 시작했다. 열두 살 무렵 바필드가 상급학교에 진학할 준비를 하고 있을 때, 시인인 새뮤얼 테일러 콜리지Samuel Taylor Coleridge가 세상을 떠났다. 시인은 학교 예배당 근처의 제대로 관리되지 않아 방치되다시피 한 지하 납골당에 묻혔는데(시인의 유골은 1961년 인근의 교구 교회로 이장되었다) 어린 바필드에게는 충격적인 광경이었다. 이후 그는 콜리지의 사상에 경도된다. 또한 그는 체조를 썩 잘하는 학생이었으며 그래서인지 춤도 무척 좋아했다.

그런데 상급학교로 진학한 후부터 말더듬이 증상이 바필드를 괴롭히기 시작했다. 고전 과목 교사 중 한 명이 그에게 눈에 띄게 신경질을 부리는 바람에 증상은 더욱 악화되었다. 급기야 그리스어나 라틴어를 할 때만 말을 더듬는 것이 아니라 아예 말을 할 수 없는 경우도 더러 생겼다. 상황이 이렇게 되자 그는 밤에 잠자리에 들면서 다음 날 깨지 않는 편이 낫겠다고 생각하기에 이르렀다. 비록 말더듬이 증상이 내내 그를 괴롭힌 것은 아니었지만, 그는 이것이 일생의 그늘이 되리란 것을 예감했다. 노래를 하거나 시를 암송할 때, 또는 연극을 할 때는 아무런 어려움이 없었고 따라서 학업에는 아무런 영향을 미치지 않았지만 사교 생활에 장애가 되었던 것이다.

바필드는 이 시기에 만난 세실 하우드Cecil Harwood와의 우정을 소중히 여겨 그와 평생지기가 되었다. 하우드도 바필드처럼 영문학에 심취했다. 또 한 명의 고전 과목 교사인 도튼 씨Mr Doughton는 문학작품을 자유 토론할 수 있게 정기적인 시간을 할애해주었는데, 두 사람 모두 이 시간을 만끽하곤 했다.

한편 대규모 군대가 프랑스에서 격돌하면서 전쟁의 그림자가 짙어지자 학교에서 진행하는 장교 훈련대의 활동도 그 어느 때보다 치열해졌다. 카키색 제복을 갖춰 입고 긴 행렬을 이루어 도보 행군과 훈련을 하느라 가뜩이나 먼 바필드의 하굣길은 더 더뎌졌다. 바필드는 그때를 이렇게 회상했다. '일주일에 하루나 이틀은 학교에서 꼬박 온종일을 보낸 후에 또다시 도보 행군을 해야 했다. … 할 때까지는… 온갖 군대 훈련을 마친 후에 집까지 기차를 타고 가려면 무척 고달팠다. 그때는 그런 식으로 무리할 수밖에 없었다'. 뿐만 아니라 그는 교회 퍼레이드에도 참여해야 했다. '참 당황스러웠던 것은 한 번도 교회에 가본 적이 없었기 때문에 언제 자리에서 일어나고 앉아야 하는지 알 수 없었다는 것이다.' 장교 훈련대에 전적으로 얽매이는 것은 애국심을 다소 허위적이며 맹목적인 것으로 여기는 집안에서 자란 소년에게는 적잖이 괴로운 일이었다. 어두운 시기였고 어둠은 더 짙어져 갔다. 전장으로 떠난 소년들의 전사 소식이 자주 학교에 전해졌다.

바필드는 1917년 봄에 징집되었다. 그의 나이 열여덟 살이었다. 그는 보병이 되는 일만은 어떻든지 피하고 싶어 했다. '1916년에서 1917년에 입대하는 젊은 보병 장교의 평균 기대수명이 전장 배치 이후 3주 정도에 불과했기 때문이다'. 궁리 끝에 그는 영국 육군 공병대Royal Engineers에 자원 복무했다.

앞서 톨킨이 그랬던 것처럼 그도 통신병과에 배치되었다. 통신병은 무선 통신과 전기 이론을 익혀야 했는데 형에게 모스 부호를 미리 배워둔 것이 큰 도움이 되었다. 그런데 그가 군사 훈련을 받는 사이에 때는 1918년 후반으로 접어들었고 휴전협정이 성사되었다.

그 덕분에 바필드는 운 좋게도 전방에서 전투에 참여하는 경험을 겪지 않았다. 대신 그는 벨기에로 배속되어 전후戰後 활동을 맡게 되었다. 거기서는 할 일이 많지 않았다. 애초에 무선 통신을 이용하는 일 자체가 많지 않았던 것이다. 실상 그때까지만 해도 여전히 비둘기가 메신저로 이용되고 있었다. 그렇다고 바필드가 비둘기들과 가까워질 정도로 무선 통신이 안 쓰인 것은 아니었지만 말이다.

제대를 기다리는 동안 바필드에게 교육에 관한 일을 할 기회가 주어졌다. 덕분에 그는 영시에 관해 더 많은 공부를 했으며, 자신의 시도 써볼 수 있었다. 이미 옥스퍼드에서 공부할 장학금을 획득해 놓은 그에게 이제 남은 것은 기다리는 일뿐이었다.

1919년 10월 옥스퍼드 역, 바필드가 막 기차에서 내리려 하고 있었다. 그가 다닐 칼리지는 블랙웰Blackwell서점과 보들리도서관Bodleian Library 가까이에 자리한 와드햄이었다. 칼리지 생활 초기에 그는 주로 고전들을 읽었지만 이내 영어에 심취하게 된다[그의 학창 시절 친구인 세실 하우드는 크라이스트처치Christ Church (옥스퍼드에 있는 대학 겸 성당 – 역주)칼리지에서 이미 학업을 시작한 후였다]. 이 학부 시절에 바필드는 레오 베이커의 소개로 C.S. 루이스를 만나게 되는데 이때부터 자신에게 어마어마한 영향력을 행사한 루이스와 평생에 걸친 우정을 쌓아 나가게 된다. 또한 이 관계로 말미암아 바필드는 훗날 잉클링스의 가장 중요한 멤버가 되었다.

이 시기에 그의 인생에는 중요한 사건 하나가 일어난다. 거의

80년 후 《뉴욕 타임스The New York Times》에 실린 바필드의 사망 기사에 통찰력 있게 표현되어 있는 지적 에피파니epiphany(평범한 사건이나 경험을 통하여 직관적으로 진실의 전모를 파악하는 일 – 역주)의 경험이 그 것이다. 이 경험은 학과 공부를 하느라 윌리엄 워즈워스, 새뮤얼 테일러 콜리지, 존 키츠 등 낭만파 시인들의 시를 읽던 중에 갑작스레 일어났는데, 이 때문에 바필드는 남은 생애 동안 낭만주의 운동Romantic Movement에 대한 호감을 이어 나갔다. 바필드는 이때의 경험을 아주 선명하게 기억하고 있었다.

> 특히 인상적이었던 것은 시 전체라고 하기는 뭣한 몇몇 단어의 특별한 조합들이 내 마음을 움직였다는 점이다. 마치 시 안에 마술이 깃든 것 같았다. 그것들은 내게 기쁨을 주는 데서 그치지 않고 연관된 개별 단어들과 반응하며 의미를 확장해나갔다.

이 경험으로 바필드는 언어에 사람의 의식을 변화시키는 독보적인 힘이 있다는 것을 알게 되었다. 또한 시간이 지남에 따라 의식 안에서 일어나는 변화가 무엇인지를 깨달았다. 그는 이 깨달음을 확장하여 자신의 저서 《영단어의 역사History in English Words》(1926)에서 언어의 고고학이라 할 만한 내용을 펼쳐 보이기에 이른다.

세상을 보는 시각에서 시가 차지하는 중요성이야말로 바필드와 C.S. 루이스의 우정을 이루는 강력한 요소였다. 두 사람이 만났을 당시에는 루이스가 바필드보다 더 폭넓게 시를 읽고 있었다. 바필드 역시 루이스처럼 책이 가득 쌓인 집에서 성장했지만, 책에 몰두하는 성향은 루이스가 훨씬 더 강했던 것이다. 루이스의 생각이 모든 것에 두루 미쳤다고 하면, 바필드는 생애 내내 언어의 본질, 특히 시적 언어와 인간 언어의 역사적 맥락에 관해 몇몇 두드러진 통찰을 하고 그것에 집중하는 편이었다. 그의 통찰은 나중에 잉클링스로 묶이게 될 사람들, 특히 C.S 루이스 및 톨킨을 위주로 한 대화나 글쓰기에서 두드러지게 나타났다. 다만 바필드가 톨킨을 만나고 이 연장자의 생각에 일대 전환을 일으키게 되는 것은 그가 졸업하고도 몇 년이 지난 후의 일이었다.

C.S. 루이스

C.S. 루이스의 삶은, 활기찬 산업 노동자들로 북적거렸지만 국가주의적인 정치 문제로 분열되어 폭력 사태가 우려되는 위험천만한 나라의 어느 도시에서 시작됐다. 그의 집은 온갖 유형과 성격의 책들로 터져나갈 것 같았는데, 거기서 그는 장차 누구도 쉽사리 무시할 수 없게 좌중의 의견을 끌어가는 사람으로 성장하게 된다. 그에 대한 사람들의 반응은 대개 한쪽으로 치우쳐 있었다. 호의 또는 적의로 말이다. 그는 쾌활하고 후덕한 농부의 외모를 하고서 철학자처럼 말하는 사람이었다. 그는 논쟁 중에 가끔 불량해 보이는 태도

를 취하기도 했지만 톨킨이 '새로운 호빗(후에《반지의 제왕》으로 알려진 작품)'에서 특별히 감동적인 부분을 발췌해 읽는 걸 들었을 때처럼 쉽사리 눈물을 흘리기도 했다.

　루이스는 1898년 11월 29일 아일랜드 북부 벨파스트의 부유한 동부지역에서 태어났다. 오웬 바필드와 마찬가지로 그의 아버지 앨버트Albert는 법무관이었다. 그리고 어머니는 종교인 가정 출신으로 주변을 환하게 만드는 사람이었다. 엔지니어였던 친할아버지 리처드 루이스Richard Lewis는 복음주의 신앙을 지닌 사람으로 아일랜드에 가정을 일구었다. 꼬마 루이스가 살던 곳 근처에는 한창 성업 중인 부두가 있었는데 거기에 매클웨인, 루이스앤드컴퍼니McIlwaine, Lewis and Co.가 있었다. 바로 루이스의 할아버지가 동업자로 있는 조선회사였다. 루이스의 어머니 플로렌스Florence(또는 플로라 Flora)는 남부 지방인 카운티콕County Cork의 교양 있는 집안 여식이었다. 루이스에게는 워렌Warren이라는 형이 있었는데 가족들은 그를 '와니Warnie'라고 불렀다. 루이스는 자기도 클라이브 스테이플스 루이스Clive Staples Lewis라는 풀네임을 줄여서 '잭시Jacksie'라고 불러달라고 요구했다. 이 이름이 '잭스Jacks'가 되었다가 나중에는 '잭Jack'이 되었다. 그가 이 이름으로 불러야 대답을 하겠다고 고집을 부리는 바람에 가족들은 어쩔 도리가 없었다. 이후로도 루이스는 생애 내내 가까운 사람들에게 늘 잭으로 불렸다. 잭과 와니는 평생 한결같이 형제로서도 친구로서도 쌍둥이처럼 친밀했다. 와니는 최초의 잉클링스 중 한 명이기도 했다.

1898년에서 20세기로 접어들 무렵의 벨파스트는 팽창 일로를 걷는 산업 도시로서 맹렬히 생동하고 있었다. 이곳의 조선소에서 당시에는 세계에서 가장 큰 선박이었던 오세아닉Oceanic이 진수되었고, 그 뒤에는 더 컸지만 생명은 더 짧았던 타이타닉Titanic도 태어났다(오세아닉은 1914년에 난파되었다). 벨파스트의 경제는 아일랜드의 번영을 견인했다. 1905년에 루이스 일가는 더 넓지만 설계는 엉터리인 집을 지어 이사했다. 나중에 루이스는 '내 이야기들에서 주요한 캐릭터의 대부분은 리틀리Little Lea(루이스 일가의 집에 붙여진 이름. 작은 풀밭이라는 의미 - 역주)에서 비롯된 것'이라고 쓴 적이 있었다. 이 집은 앨버트와 플로라의 게걸스러운 독서와 서적 수집벽이 반영되어 온통 책으로 채워져 있었다. 어린 루이스는 아무런 제약도 받지 않고 집 곳곳을 뒤져 자신이 읽기에 알맞은 책뿐만 아니라 적절하지 못한 책도 찾아내곤 했다.

얼마 지나지 않아 그는 자신이 특별히 선호하는 책이 어떤 종류인지 발견하게 되었다. 그것들은 경계가 다소 불분명하기는 했지만, 주로 다른 세상을 다룬 것들이었다. 즉 그는 G.K. 체스터턴이 말한 '엘프랜드elfland(작은 요정의 나라라는 뜻 - 역주)의 뿔 나팔'—루이스와 잉클링스 친구들이 '전기소설'이라고 부르게 되는 이야기와 시—소리를 포착해냈던 것이다(환상적인 전기소설에 끌리는 이들에게 작은 요정 나라의 뿔 나팔 소리가 들린다고 비유한 것 - 역주). 여기에는 보모인

리지 엔디고트Lizzie Endicott가 루이스에게 먼 곳 또는 다른 세상의 이야기를 담은 민담을 자주 들려준 것도 한몫했다. 리지가 들려준 이야기들은 루이스의 고향 카운티county(아일랜드에서 도에 해당하는 행정구역 - 역주)인 카운티다운CountyDown에서 구전되던 것들이었는데, 이것들이 후에 나니아Narnia에 대한 영감을 불러일으키는 원천이 되었다. 어린 소년은 그렇게 요정과 머나먼 영원의 땅 이야기에 넋을 빼앗겼던 것이다. 루이스와 그의 형은 평생 갑작스러운 날씨 변화나 사라진 기차, 기막힌 운명적 사건들을 조종하는 소인Little People에 관한 이야기를 하며 지냈다.

앨버트와 플로라가 리틀리를 선택한 이유였던 풍경 역시 루이스가 평생에 걸쳐 그리워한 추억이 되었다. 루이스와 와니가 '그린힐스the Green Hills'라고 부른 곳도 그런 풍경의 일부였다.

놀이방 창문으로 내다보였던 캐슬레이힐스Castlereagh Hills의 낮은 산등선. 그것들은 실제로는 그리 멀지 않았는데도 어린아이들에게는 도저히 가 닿을 수 없는 곳으로 느껴졌다. 그것들이 내게 그리움을 가르쳐주었다 - 젠즈흐트sehnsucht('그리움'의 독일어 - 역주)…

이 동경(독일 낭만주의의 젠즈흐트)에 대해 루이스가 붙인 명칭은 조이(Joy: 기쁨, 환희, 만족의 의미 - 역주)였다. 인간이 경험하지 못하는 사랑, 아름다움, 예술, 혹은 문학을 통해서만 만족되는 '달콤한 욕망'

을 가리키는 말이었다. 바로 이 그리움이 그의 작품의 주요 테마가 되었다.

좀 더 나이가 들자 형제는 자전거를 타고 녹색의 구릉들 사이를 헤치고 다닐 수 있게 되었다. 구릉의 마루에 서면 남쪽으로 카운티 다운의 숲과 목초지가 내려다보였다. 멀리로 몬Mourne 산맥의 푸른 산들이, 왼쪽으로는 스트랭퍼드 호수Strangford Lough가 눈에 들어왔다. 마치 나니아를 남쪽으로 굽어볼 때 왼편으로 이스턴오션Eastern Ocean이 보이고 그 수평선에 아첸랜드Archenland의 산맥이 보이는 것과 마찬가지였다.

리틀리에서 행복하고 안전한 몇 해를 보내는 동안 어린 루이스는 '기사도를 따르는 쥐와 토끼들이 거인이 아닌 고양이들을 죽이기 위해 쇠사슬 갑옷을 갖추어 입고 출정한다'는 내용으로 삽화를 곁들인 이야기를 구상하기 시작했다. 그는 그 무렵에 읽고 있던 책에서 제일 좋아하는 요소들, 이를테면 무장한 기사나 옷을 입은 동물 같은 캐릭터들을 자신의 이야기에 결합시켰다. 이 이야기들은 와니와의 합동 작업을 통해 점점 더 다듬어졌다. 형제가 창조해낸 것은 지리와 역사가 풍부하게 담긴 '동물 세상Animal-land', 박슨Boxen이었다. 대담하게도 루이스 형제는 박슨의 이야기들에 당시 벨파스트 사회의 역사적 흔적을 담아냈다. 이는 어린 루이스가 스스로를 '홈 룰러Home-Ruler'—영국으로부터 아일랜드의 분리 독립을 지지하는 사람—이라고 선언한 것과 무관하지 않을 것이다.

안타깝게도 와니와 함께한 이 목가적인 시간은 길지 않았다. 리틀리로 이사하고서 얼마 지나지 않아 와니는 잉글랜드의 기숙학교로 보내졌다. 앨버트는 두 아들을 가장 좋은 학교에 보내기 위해 열심히 찾아보았지만(계획에 따르면 잭도 나이가 차면 형의 뒤를 따라야 했다), 결국 택하게 된 곳은 학교를 다스리는 교장이 서서히 정신이상 증세를 보여서 기울어 가고 있는 학교였다. 학교가 그런 상황이다 보니 학생들은 학기 사이의 방학을 최대한 이용해야 했다. 와니는 부모에게 학교의 가혹한 환경에 대해 아무 말도 하지 않았다. 그는 견디는 법을 익혀 살아남았다.

아홉 살이 된 어느 날, 조숙한 어린 작가는 그때까지 쓴 자신의 문학작품 목록을 이렇게 정리했다.

산책길의 건물 Building of the Promenade (이야기)

사람 대 사람 Man Against Man (소설)

마을 Town (에세이)

머리의 위로 Relief of Murry (역사)

토끼 Bunny (보고서)

아일랜드 자치 Home Rule (에세이)

나의 인생 My Life (기록문)

아일랜드의 날씨도 루이스의 작품에 적지 않은 영향을 미쳤다.

비가 자주 온다 싶으면 부모들은 아이들이 최대한 습기가 제거된 환경에서 지낼 수 있도록 애썼다. 어린아이들이 결핵으로 자주 목숨을 잃던 시절이었기 때문이다. 임기응변이 좋은 이 형제는 비가 오면 읽을 책을 찾아내거나 연필 또는 그림붓을 끄집어내곤 했다. 루이스보다 세 살 위 사촌인 클레어 클래퍼턴Claire Clapperton이 리틀리를 방문해 머무른 적이 있었는데 클레어는 훗날 그 무렵 비 오는 날에 했던 의미 있는 놀이 활동 하나를 회상했다. 바로 리틀리에 있던 커다란 참나무 옷장에 관한 것이었다. 이 옷장은 할아버지 리처드 루이스가 직접 만들고 손으로 무늬를 조각해 넣은 것이었다. 아이들은 동굴 같은 옷장 안으로 기어 올라가 어둠 속에서 조용히 '잭스가 들려주는 모험 이야기에' 귀를 기울이곤 했다. 조지 맥도널드와 네스빗E. Nesbit의 작품에서처럼 루이스에게는 이 옷장이 다른 세상으로 가는 입구가 되었다. 그는 이 옷장을 새롭게 발견하여 색을 입힌 후 커크 교수의 옷장으로 변화시켰다. 바로 나니아로 들어가는 관문이었다.

    루이스 일가는 아일랜드교회Church of Ireland(영국 국교회)를 믿었으며 인근의 던딜라Dundela에 있던 성마가St Mark's교회에 다녔다. 루이스가 유아 세례를 받은 곳도 그곳이었다. 플로라 루이스의 아버지 토머스 해밀턴Thomas Hamilton 목사는 설교하면서 자주 눈물을 보이는 사람이었다. 그는 현명하고 품위 있는 아내와 함께 고양이들의 냄새가 밴, 정돈이 잘 안 된 목사관에서 살았다. 다만 메리 해밀턴

Mary Hamilton은 남편과 종교가 달랐고 생각도 달랐다. 그녀는 로마가톨릭 신앙을 지니고 있었으며, 아일랜드의 분리 독립을 지지했다.

어린 루이스는 교회에 다니면서 《기도서 The Book of Common Prayer》와 《찬송가 Hymns Ancient and Modern》 책을 들고 영국 국교회의 예배의식에 참석했으며, 금세 이 의식에 친숙해졌다. 어머니가 암으로 위독해졌을 때, 루이스는 자연스럽게 몸에 밴 대로 어머니의 회복을 위해 기도했다. 심지어 1908년 어머니가 사망한 직후에도 멈추지 않고 기적을 간구했지만, 가족에게 떠밀려서 억지로 어머니의 시체를 보게 된 후 희망은 사라졌다. 어머니의 임종 과정을 보고 그는 출구 없는 두려움 속에서 헤매게 되었다.

앨버트 루이스는 다소 비극적인 인생을 산 인물이었다. 그는 아내의 최후와 죽음을 감당할 수 없어 했다. 그는 짙은 감정에 사로잡혀 자신이 아들들마저 잃고 있다는 사실을 알아채지 못 했다. 루이스는 이에 대해 저서 《예기치 못한 기쁨》에 이렇게 적었다. '형과 나, 우리는 점점 더 전적으로 서로에게 의지하게 되었다. 그것만이 삶을 견딜 수 있는 힘이었다. 오로지 서로에게서만 자신감을 얻고 … 집을 가정으로 만들어주었던 모든 것들이 우리를 버렸다. 서로를 제외한 모든 것들이. 우리는 날마다 더 가까워졌다(이것이 좋은 결과가 되었다)—겁먹은 두 사내아이들이 황량한 세상에서 온기를 찾아 단단히 묶인 셈이었다.'

어머니의 사후 몇 주가 흐른 9월 어느 날 저녁, 사륜 합승마차 한 대가 형제를 싣고 벨파스트 부두로 가는 길을 덜컹거리며 나아갔다. 이어 두 사내아이는 불편한 학교 교복 차림으로 페리선에 몸을 싣고 벨파스트 호수 Belfast Lough의 둑 위로 흐르는 홀리우드 Holywood와 뱅거 Bangor의 불빛을 바라보았다. 그런 뒤 기차로 랭커셔의 플리트우드 Fleetwood에서 런던의 유스턴 Euston 역까지 가서 왓퍼드 Watford 행으로 갈아탔다. 거기서 둘은 나중에 루이스가 악명 높은 나치 수용소의 이름을 따서 '벨젠 Belsen'이라고 부르게 되는 학교에 들어가 가혹한 운영 방식을 함께 견뎌냈다. 그 경험은 일생 그를 따라다녔는데, 제1차 세계대전의 전선에서 겪은 전쟁보다 더 그의 뇌리를 떠나지 않았다고 한다. 그나마 워렌에게는 오래전부터 익혀온 다양한 생존 기술들이 있었다. 아침마다 학생들이 거짓말의 결과에 대한 두려움을 안은 채로 산수 문제를 몇 개 풀었는지 밝히는 시간이 있었는데, 워렌은 당당하게 자신이 다섯 문제를 풀었다고 발표하곤 했다. 그는 정직했다. 그것들이 매일 똑같은 다섯 문제였다는 사실을 끝까지 들키지 않았을 뿐.

 1910년에 학교가 문을 닫자 루이스는 벨파스트로 옮겨가 리틀리 인근의 캠벨 칼리지 Campbell College를 반 학기 다녔으며, 그 다음에는 우스터셔 Worcestershire 맬번 Malvern 소재의 예비학교인 셔버그하우스 Cherbourg House로 옮겨갔다. 셔버그하우스 시절 그는 색채나 마음을 끄는 멜로디, 특별한 장소나 분위기 같은 독특한 특성들이 궁극적으로 공허한 현실에 불과하다는 관점인 유물론을 받아들이면서 어린 시절부터 지녀왔던 기독교 신앙을 버렸다. 대신에 이후 몇 년간 그는 상상의 삶 속에서 위안을 찾았다. 기억, 경험, 문학적 발견들이 대리 종교의 역할을 했다. 마치 유물론이 그가 유지해오던 지적知的인 삶에 겨울을 부르는 주문을 건 것 같았다. 그 무렵 워렌은 맬번 칼리지에서 수학하며 동생과 가까운 곳에 있었다. 두 사람은 대단히 추웠던 어느 겨울 얼어붙은 개울에서 함께 스케이트를 탔다.

1913년 9월에 루이스는 고전학 장학생으로 '콜Col(C.S. 루이스 재단의 인터넷 사이트에 게재된 연보에, 1913년 9월 루이스가 맬번 칼리지에 입학했다고 되어 있으므로, Col이 맬번 칼리지의 다른 이름일 것으로 보인다 - 역주)'에 입학했다. 이 시기 내내 그는 열렬히 작품들을 써 내려갔는데, '로키 바운드Loki Bound(쇠사슬에 묶인 로키라는 뜻 - 역주)'라는 제목으로 평소 애호하던 고대 스칸디나비아의 신들에 관한 시적인 비극을 쓴 것도 이때였다. 초창기 그의 야망은 위대한 시인이 되는 것에 있었다. 1914년 4월 부활절 휴가에 집에 머무는 동안 루이스는 가까운 이웃 하나를 알게 된다. 바로 영혼의 동반자라 할 아서 그리브스Arthur Greeves였다. 루이스는 이후의 전 생애에 걸쳐 아서와 온갖 영역을 넘나드는 편지를 주고받았다. 아서에게 쓰는 편지들은 루이스의 삶에 풍부한 영감을 불어넣었으며, 사상과 상상의 발전을 북돋았다. 어느 의미로 그들은 다른 어떤 것보다 더, 심지어《예기치 못한 기쁨》보다 더 완벽한 자서전을 함께 써낸 셈이었다. 이 우정의 토대는 '기쁨'에 대해 두 사람이 공유하는 통찰이었으며, 이러한 통찰과 '기쁨'에 대한 갈망은 루이스의 생애와 글쓰기의 변함없는 주요 테마였다.

루이스가 비로소 만족한 수업을 하게 된 것은 아버지가 자신을 서리Surrey 주의 북엄Bookham으로 보내, 개인교사 윌리엄 T. 커크패트릭William T. Kirkpatrick에게 사사를 받게 하면서부터였다. 루이스는 그를 '위대한 노크 소리The Great Knock'라고 불렀는데, 그의 지적인 엄정함이 내리꽂히는 듯이 강력했기 때문이다. 커크패트릭은 흡연과 여러 '못된 장난'-지나고 보면 어머니를 여읜 남자아이의 행동치고는 심하지 않은 것들이었다-으로 맬번에서 쫓겨난 와니 역시 성공적으로 지도하여 샌드허스트의 왕립육군사관학교에 입학시켰다. 워렌은 동생의 개인 교습에 대해 이렇게 평했다. '사실 그 아이는 공립학교에 다녀야 할 필요가 전혀 없었다. 14살에 이미 동생의 지력智力은 중학생이 아니라 학부에 더 잘 맞는 수준에 이르러 있었다. 게다가 그 아이의 기질 자체도 집단적이며 규격화된 공립학교 체제에서는 뭔가 어긋나고, 이단적이며, 볼썽사나운 것으로 보이기가 십상이었다.'

잭의 개인 스쿨링은 1914년 9월에 시작되어 1917년 3월까지 계속되었다. 이때가 그의 생애에서 가장 행복했던 시기에 속했다. 나중에 그는 나니아에 등장하는 디고리 커크Digory Kirke 교수의 이름을 자신의 스승의 이름을 따서 짓고, 이 교수의 캐릭터에 커크패트릭 특유의 치열한 논리성도 부여했다. 이 선생의 훌륭한 논법 덕분에 루이스의 학업은 일취월장했으며, 금세 뒤처진 몇 해를 벌충할 수 있었다.

늘 산책을 했던 루이스는 자신이 잉글랜드 교외의 정취를 즐긴다는 걸 알게 되었다. 북엄은 100여 년 전 제인 오스틴에게 기쁨을 주었던 때와 마찬가지로 숲이 있는 경치에 둘러싸여 있었다. 어느 순간 그는 잉글랜드가 카운티다운에 비해 힘든 곳이라는 생각을 하지 않게 되었다. 그 무렵 그는 윌리엄 모리스 등 더 많은 판타지 작가들을 알게 되었으며, 레더헤드Leatherhead 역 근처에서 조지 맥도널드의 꿈 이야기인 《판타스티스Phantastes》 한 권을 찾아내, 이 발견을 아서 그리브스와 공유하기도 했다. 나중에 그는 《예기치 못한 기쁨》에 이 책에 대해 이렇게 썼다. '이 위대한 기독교 판타지 작품이, 예수 그리스도가 하나님의 아드님이라는 것을 믿게 되기 15년도 더 전에 나의 상상력에 세례를 베풀었다.' 그가 눈 덮인 숲에서 꾸러미를 든 파우누스(로마 신화의 목신. 남자의 얼굴에 뿔이 있고, 염소 다리를 하고 있다 - 역주)가 걸어가는 모습을 상상해보게 된 것은 《판타스티스》를 읽은 그 무렵, 아마 어느 눈이 많이 내리던 날 북엄 근처에서 솔숲을 발견한 후였을 것이다. 이때 떠오른 심상心象이 30여 년 후 《사자, 마녀 그리고 옷장》이라는 제하의 나니아 이야기의 시작이었다.

북엄에서의 나날은 대단히 행복했지만, 프랑스에서 격전 중인 전쟁의 그림자는 자못 암울했다. 루이스가 와니를 볼 수 있는 시간도 와니가 휴가를 나왔을 때로 지극히 제한적이 되었다. 루이스는 와니보다 한참 늦은 1917년에야 징집 대상에 해당되었으며, 그해 11월 20일에 열아홉 번째 생일을 전선에서 맞이했다. 그리고 뒤이은 1918년 봄, 소위 아군의 포격이라고 불리는 작전에서 부상을 당해 상이병으로서 잉글랜드로 귀환했다. 와중에도 그는 꾸준히 시를 썼으며, 그것들을 모아 《구속된 영혼 Spirits in Bondage》라는 제목으로 출판할 준비를 하고 있었다.

와니는 비교적 무사히 전쟁을 치르고 있었다. 그는 왕립육군군사학교에서 훈련을 마친 후 왕립육군정비부대에 배속되었다. 이것은 그의 직무가 병력, 말, 장비 등을 포함한 영국 군대의 하부구조에 관련되어 있다는 의미였다. 따라서 그는 한 번도 전투에 직접 투입된 적이 없었다. 그렇기는 해도 때때로 적 전투기의 기총소사나 폭탄 투하가 지척에서 이뤄지는 일은 있었다. 아무튼 와니는 전투 병력이 아니었기 때문에 1918년 4월 15일, 잭이 부상당했다는 소식을 아버지로부터 전해 듣자 곧바로 동생을 방문할 수 있는 허가를 받을 수 있었다. 그는 모터사이클을 빌려 타고 기지로부터 50마일을 달려 잭이 치료 중인 에타플 Etaples(영국 군대에서는 사과를 먹는다는 의미의 '잇애플스 Eatapples'로 바꿔 불렀다)의 야전병원으로 달려갔다. 다행히도 동생의 부상은, 물론 심하기는 했지만 아버지가 공황상태에 빠져 상상했던 것만큼 심각하지는 않았다.

C.S. 루이스는 긴 회복 기간 중에 전시의 현역 복무를 마감했다. 중부 런던 인근의 병원에서 외출하는 것이 가능한 정도로 회복된 후 잉글랜드의 육군 주둔지로 옮겨졌다가 1918년 12월, 휴전협정이 조인된 다음 달에 바로 소집해제가 된 것이다. 그는 리틀리에서 와니, 아버지와 함께 짧은 휴가를 보낸 후 힐러리 (봄)학기Hilary (Spring) term(옥스퍼드에서 2학기를 부르는 명칭 – 역주)로 되돌아가 유니버시티 칼리지에서 수학하기 위한 준비를 시작했다.

한편 와니는 순번제로 맡게 되는 평화시의 군 임무를 수행했다. 처음에는 벨기에에, 그 다음에는 잉글랜드의 올더숏 군 수비대Aldershot Military Garrison에 배속되었는데, 덕분에 시시때때로 50마일가량 떨어진 옥스퍼드로 가서 칼리지에 다니는 동생을 만날 수가 있었다. 이후 1921년에는 서아프리카의 시에라리온으로 1년 동안 파견되었다가, 잉글랜드에서 6개월간의 휴가를 즐긴 후 콜체스터Colchester와 울위치Woolwich에서 복무했다. 1922년, 휴가 기간에 그는 옥스퍼드의 헤딩턴Headington에 있는 루이스의 집을 방문해 무어 부인Mrs Moore과 그 딸인 모린Maureen을 처음으로 만나게 된다. 그것은 이후 이어진 수많은 방문의 시작이었다.

Chapter 3

1920년대의 옥스퍼드:
애석한 꿈 그리고 오웬 바필드와의 전쟁

 The Oxford Inklings

서부전선에서 C.S. 루이스는 나이는 물론 생일까지 비슷한 군대 친구 '패디' 무어'Paddy' Moore를 잃었다. 패디가 전사하기 전에 루이스는 이 친구에게 무슨 일이 생기면 그 어머니와 여동생을 보살피겠다고 약속했다. 이 약속으로 루이스는 학부 시절의 생활 전반에 변화를 가져온 복잡한 문제를 떠안게 되었는데, 실은 학부 시절뿐 아니라 1950년대 초반까지 평생을 그렇게 지냈다고 해야 할 것이다. 루이스는 제니 '민토' 무어 부인Mrs Janie 'Minto' Moore이 세상을 떠날 때까지 보살폈으며 그 딸인 모린도 여러 해 동안 돌보았다. 제니 무어는 그가 처음으로 자기희생적인 도움을 베푼 사람이었다. 한참 후에 그가 두 번째로 희생을 감수한 상대는 영국 시민권을 필요로 하는 여성이었는데, 그녀와는 결혼을 했다. 그리고 얼마 되지 않아 그의 아내 조이 데이비드맨Joy Davidman은 말기 암으로 쓰러졌다. 어린 나이에 어머니를 잃으면서 간절한 기도도 소용이 없다는 걸 경험한 그는 절박한 처지에 놓인 여성들을 보면 차마 외면하지 못했다. 저술로 세상에 알려지게 된 후 이런저런 어려움에 처해 조언을 구하는 여성들로부터 잦은 편지를 받고 그에 성실하고 조심스럽게 응답한 것 역시 그의 이런 성정을 뚜렷이 엿볼 수 있는 부분이다.

두 여자와 새로운 가족을 구성하게 된 루이스는 학창 시절 내내 그리고 1925년에 모들린칼리지에서 일자리를 얻기 전까지 아버지가 부쳐준 생활비로 세 사람의 생계를 이어나갔다. 그는 학업을 시작하자마자 아버지나 대학당국에 알리지 않고 무어 부인과 모린의 집으로 이사했다. 오웬 바필드를 포함한 친구 몇몇만이 알고 거들었다. 당연히 어려움이 많았다. '가족'이 되고서 처음 몇 년 동안 임대 숙박시설을 수없이 이리저리 옮겨다닌 것은 그러한 어려움 중 일부에 불과했다.

영어 과목의 3학기 기말시험을 앞두고는 대단히 힘든 이사를 강행하기도 했다. 실내장식을 다 바꿔야 했기 때문이다. 엎친 데 덮친 격으로, 정신이상 때문에 24시간 돌봄이 필요해져서 함께 지내고 있던 무어 부인의 오빠 존 애스킨스 박사Dr John Askins가 급작스럽게 사망하는 일도 일어났다. 뿐만 아니라 무어 가족과 지내면서 루이스는 늘, 심지어 학업이나 저술, 폭넓은 독서 등 자신의 시급한 과제들이 쌓여 있을 때조차도 설거지를 하고 가사 문제를 처리하고 심부름까지 도맡아 했다. 그러면서도 1922년부터 5년가량 그는 엄청난 양의 일기를 썼다. 그리고 더러 무어 부인에게 자기 일기를 읽어주기도 했다(내용을 가려가면서).

이렇게 시간과 에너지가 꽤나 요구되는 상황에서도 루이스는 많은 이들과 친교를 이어나갔다. 그중에서도 1920년대를 통틀어 가장 의미심장한 관계를 꼽으라고 하면 두말할 것 없이 오웬 바필드와의 친교일 것이다. 1921년에 바필드가 영문학과를 졸업하고서 옥스퍼드대학원 문학사 학위 과정에 들어갔을 때부터가 교우 관계의 전성기였다. 바필드의 명저 《시적 어법Poetic Diction》의 토대가 마련된 것이 이때였다. 바필드는 시, 상상력, 지식 사이의 관계성을 연구 주제로 택하여 당시 영문학과 교수진에게 지도를 신청했는데 대학 측이 주제에 알맞은 지도교수를 찾아주는 데 실패하는 바람에 결국 지도교수 없이 문학사 학위를 이수하게 되었다. 정작 그가 이런 주제로 자유자재의 토론을 할 수 있었던 사람은 C.S. 루이스였다.

두 친구는 모두 시인이 되고 싶다는 열망이 있었고, 이 이슈가 이끄는 대로 얼마든지 깊이 들어갈 준비도 되어 있었다. 그들은 철학적 사고를 하는 것에 대단히 능숙했으며 영어와 고전운문에 해박한 지식을 갖춘 사람들이었다. 둘의 토론은 문학, 상상력, 인간 언어의 본질을 이해하고자 했던 각자의 탐구에서 중요한 역할을 했다. 두 사람 모두 토론의 결과를 제각기 시와 소설은 물론 논의를 다루는 글들, 이를테면 에세이, 문학비평, 사상사思想史 등에 대폭 반영했다. 또한 그의 산문들은 중요한 철학적 문제로까지 지평을 넓혀 나갔다. 이런 식으로 바필드는 미래의 잉클링스 멤버인 톨킨과 루이스 둘 모두에게 영향을 미치게 된다.

특히 C.S. 루이스에게는 톨킨이 등장하기 훨씬 전부터 지대한 영향을 미쳤는데, 이 부분을 제대로 알아보기 위해서는 두 사람이 학생이던 시절의 옥스퍼드 주변에 흐르던 지배적인 생각들이 어떤 것이었는지 살펴보지 않을 수가 없다.

프로이트의 영향

  1920년대의 옥스퍼드를 가로지른 가장 급진적인 조류는 루이스와 그 친구들이 '새 심리학the new psychology'이라고 부른 것이었다. 새 심리학의 많은 부분은 지그문트 프로이트의 식견에서 비롯되었다. 그로부터 몇 년 후에 루이스는 이런 말을 했다. '그 시절의 새 심리학은 내가 옥스퍼드에서 자주 참석했던 모임에서 막 거론되기 시작하는 단계였다. 그러나 아직 시작 단계에 불과했지만 당시 청년기의 환상에서 막 벗어나고 있다고 여겼던 우리의 생각과 맞아떨어지는 부분이 있었다. 우리는 새로운 심리학을 통해 공상이나 희망적 관측이 지닌 문제를 직시하는 훈련을 하게 된 셈이다.' 새 심리학이 떠오르면서 판타지가 현실도피적인 성격을 띤 허구의 문학이라는 인식이 퍼져나갔다.

  케임브리지대학교의 I.A. 리처즈I.A. Richards를 중심으로 형성된 문학 비평의 새로운 유형 역시 이 새 심리학의 접근법에 크게 의존하고 있었다. 리처즈는 저서인 《문학 비평의 원리Principles of Literary Criticism》(1924)와 《실전 비평. 문학 판단의 연구Practical Criticism. A Study of Literary Judgment》(1929)에서 개선된 문학 평가 방법을 제시한 사람이었다. 그는 문학 연구의 전통적인 접근 방식에는 별 관심이 없었다. 그에 따르면 기존의 문학비평은 이러했다. '몇 가지 가설과 충고거리, 다수의 예리한 격리 관찰, 몇몇 빛나는 추측, 풍부한 미사여구와 시구절의 응용, 끝도 없는 모호함, 넘치는 신조, 적잖은 편견, 엉뚱함과 변덕, 신비론 유포, 약간의 진지한 사색, 잡다하고 엇나간 영감들, 의미심장한 힌트들과 무작위의 착상들. 과장하지 않고 말하건대 이런 것들이 현존하는 비평 이론을 구성하고 있다.'

리처즈는 인간 심리의 유물론적 접근법에서 영향을 받았다. 그는 철학의 새로운 경향들을 문학 비평에 적용했는데, 미덕이라든가 아름다움, 사랑 등을 인간의 내적 상태가 자연의 물질세계('진짜' 세계라고 하는)에 투영된 것이라고 보았다. 또한 문학의 가치는 실제로 독자의 감정과 욕망을 만족시키고 형성하며 개선시키는 것이라고 믿었다. 즉 문학은 독자들이 충돌하는 정서들 사이의 균형을 찾을 수 있게 도와줌으로써 온전성과 내적 조화로 이끌어주는 역할을 한다는 것이다. 이런 관점에서 보면 문학적 의미는 산문보다 시에서 더 분명하고 두드러진다. 또한 시의 의미는 시의 사회적 맥락이나 지은이 같은 외부 요소들에 의존할 것이 아니라 실제적이며 정확한 텍스트 자체를 조밀하게 읽으면 더 분명하게 포착될 수 있다는 견해다. 문학의 의미는 세상에 관한 지식과는 무관한 주관적인 것이며 독자의 정서나 철학의 문제이다. 리처즈는 이런 식으로 문학 작업에 대한 독자의 반응을 강조했다. 또한 그는 문학 작업이 어떻게 의미를 생성하는지에 관해 일반적인 수준 이상의 엄밀한 논의를 촉구했다. 이 새로운 비평의 영향으로 문학 연구는 전기, 일기, 서간문 같은 논픽션과 철학, 신학, 역사, 기타 학문에 관한 잘 짜인 글들이 배제되고 시와 소설에 국한되는 경향을 띠게 되었다.

자서전인 《예기치 않은 기쁨》에서 루이스는 프로이트 심리학의 영향으로 자신이 '뉴룩New Look(사회적인 지각 – 역주)'을 받아들이게 되었다고 밝힌 바 있다. 그는 뉴룩의 관점을 받아들이면서 해방감을 느꼈고, 생활의 일상성을 유지해 나갈 수 있었다고 했다.

더 이상 비관이나 자기연민에 빠질 일도, 초자연적인 생각으로 시시덕거릴 일도, 낭만에 현혹될 일도 없을 것이었다. … 당시의 내게 분별력이란 그때까지 내 인생의 최대 관심사였던 낭만주의에 관련된 모든 것들로부터의 후퇴―거의 공황 상태로 달아나는 형국으로―를 의미했다.

'뉴룩'과 올드룩 그리고 바필드의 인지학

놀랍고 당황스럽게도 루이스는 절친한 친구 오웬 바필드가 자신과 정확히 반대의 입장을 견지한다는 사실을 알게 되었다. 세속적인 가정에서 자란 세속적인 청년이었던 바필드가 오히려 올드룩Old Look을 지지하고 있었던 것이다. 바필드와 루이스 사이의 '대전Great War(그 무렵에 일어난 제1차 세계대전에서 빌려와 루이스가 붙인 이름)'이 시작된 것은 1922년으로 거슬러 올라간다. 물론 이것이 두 사람의 우정에 어떤 식으로든 위협이 되지는 않았다. 나중에 바필드는 '반대하는 것이 진정한 우정'이라는 격언을 곁들여 자신의 책《시적 어법》을 루이스에게 헌정했을 정도였다. 두 사람의 '전쟁'은 주로 편지로 치러졌으며, 간혹 함께 있을 때는 고도의 철학적인 수준에 달한 무시무시한 지식전을 거침없이 펼치곤 했다.

우호적이면서도 때로는 격렬했던 이 논쟁은 바필드가 1920년대 초반 인지학을 받아들이면서 시작됐다. 인지학은 루돌프 슈타이너(1861~1925)가 신지학과 기독교 사상을 합성하여 창시한 '영적 과학'이며, 수학과 과학을 바탕으로 한 '영성' 연구를 보통 이상의 지각 능력을 지닌 슈타이너 자신의 경험에 적용한 것이었다. 루이스와 바필드 모두의 친구였던 세실 하우드 역시 슈타이너의 시각에 경도되어 인지학 운동의 중요 인물이 되었다. 존 캐리에 따르면 인지학은 '교육, 대체의학, 유기농법, 예술과 건축을 포함해 삶의 많은 영역에 지속적인 영향을 끼쳤다.'

바필드는 세속적인 관점을 버린 후 곧이어 몇 살 연상의 직업 무용수인 모드 두이Maud Douie와 결혼했다. 그가 졸업하고 얼마 지나지 않아서였다. 바필드가 춤에 관심이 많았고 실제로 노련한 댄스 실력의 소유자여서 맺어진 인연이었다. 20대 시절 바필드는 자유기고가로 많은 시간을 보냈으므로 두 사람은 옥스퍼드에서 멀지 않은 롱크렌든Long Crendon의 버킹엄셔Buckinghamshire 마을에 살면서 때때로 가까운 사이인 루이스와 무어 부인을 방문하곤 했다.

하지만 모드는 독실한 기독교인이었기에 바필드가 슈타이너의 영향을 받아 낯설고 비의적인 요소, 이를테면 윤회를 믿는 것 등을 알게 되자 점차 불만이 쌓여갔다. 그리스도교에서도 1세기 팔레스타인에서 일어난 예수 그리스도의 역사적 현현을 강조했지만 모드는 그것과는 다르다고 생각했다. 그녀는 사실 무신론자였던 루이스와 인지학에 대항하는 동맹을 맺게 되었고, 이것이 루이스와 바필드가 '대전'을 일으켜 충돌하게 되는 하나의 계기가 되었다. 루이스는 당시 쓰고 있던 일기에 모드가 헤딩턴의 웨스턴로드에 있는 루이스와 무어 일가의 집 '힐스보로Hillsboro'를 찾아왔던 날에 했던 대화를 묘사하면서 '자못 흥금 없는 대화'라는 표현을 썼다. 이때 무어 부인은 그리스도교 신앙을 포기했다.

루이스는 재니 무어가 이런 말을 했다고 기록하고 있다. '모드 바필드는 바필드의 인지학을 싫어하고, 싫어하고, 또 싫어하며, 결혼 전에 그가 자기에게 그 이야기를 했어야 한다고 말해요. 예감이 안 좋아요. 그녀는 이미 '불경스럽다'며 인지학 팸플릿을 태워버린 적이 있는데, 나라면 용납할 수 없는 일이에요. 그러나 나는 정말로 (무어 부인도 마찬가지) 두 사람이 대다수의 부부들보다 더 (아주) 잘 지내고 있다고 생각해요. 바필드 부인은 내가 '저런 생각들 중 어느 것도' 지니고 있지 않다는 이유로 바필드가 나를 만나러 오는 걸 언제든지 환영해준답니다.' 그러나 사실 바필드의 인지학적 믿음들 때문에 결혼생활 내내 긴장 상태가 계속되었으며 이 때문에 바필드는 몹시 힘들어했다.

'연대기적 속물근성'

쉴 새 없는 '대전'에서 바필드는 뉴룩을 옹호하는 루이스의 주장을 논파해 나갔다. 루이스는 그의 영향으로 진보가 당대의 지배적인 통념에 지나지 않는다는 것을 알게 되었다. 바야흐로 변화가 최상의 가치로 군림하는 시대였다. 바필드를 만나기 전까지는 루이스 역시 이 통념에 유혹당해 있었다. 적어도 지적인 면에서는 그랬다. 이것이 그가 '뉴룩'을 받아들이게 된 핵심적인 이유였다. 그러나 곧 그는 '뉴룩'이 과거를 가려버리는 작용을 한다는 것을 알아차렸다. 그 결과는 당대에 무엇이 옳고 그른지를 판단할 능력을 상실하는 것으로 나타났다. 그는 《예기치 않은 기쁨》에서 이렇게 설명했다. '바필드는… 내가 '연대기적 속물근성'이라고 부른 것, 즉 우리 시대의 보편적인 지적 풍조를 무비판적으로 받아들이고 오래된 것들은 무조건 믿을 수 없다고 평가 절하했던 나의 태도를 단숨에 눌러버렸다.'

바필드와의 논쟁에 떠밀린 것이기는 했지만, 루이스는 시간의 흐름과 진실 여부가 아무 상관이 없을 수도 있다는 점을 간파했다. 그리고 이런 통찰을 통해 자신이 처한 상황과 '뉴룩'이 과거에 그랬듯이 그저 지나가는 현상일 뿐이라는 사실을 알게 됐다. 늘 그랬던 것처럼 그 자신은 또다시 당대의 분위기를 나타내는 환상과 전제들에 포위되어 있었던 것이다. 어떤 시대든 그 시대 특유의 환상이 있기 마련이며 이러한 환상들은 대단히 친숙한 대상에 깃들어 해당 시대를 관통하는 광범위한 전제들 속에 숨어 있다. 그렇기에 이러한 환상을 공격할 생각도 할 수 없고, 옹호할 필요성도 느끼지 못하는 것이다.

바필드와의 '전쟁'으로 루이스는 연대기적인 속물근성을 비판하게 되었으며 유물론이 사실상 지식을 획득할 수 없는 것으로 만들었다는 점을 인정했다. 특히 1924년에는 아서 밸푸어Arthur Balfour(1848~1930년. 영국 총리를 역임한 보수당 정치인 – 역주)의 《유신론과 휴머니즘Theism and Humanism》를 읽고 그 견해에 고양되어 스스로에 대해 더 격렬한 자기 반박을 하기도 했다. 물론 완전히 유물론을 벗어버리지 못한 상태였기 때문에 책의 그리스도교적인 결말은 마음에 들지 않아 했지만 말이다. 두 사람의 '전쟁'이 종결되고 나서 바필드는 유쾌한 어조로 소감을 밝혔다. '루이스는 나에게 어떻게 생각할지를 가르쳐주었고, 나는 루이스에게 무엇을 생각할지 가르쳐주었다.' 그의 말대로 루이스는 '위대한 노크', 즉 W.T. 커크패트릭에게 사사하던 시절에 배운 논리적 추론의 기술을 바필드에게 전수했다. 또한 지나고 보니 바필드가 이 상호 학습에서 가장 크게 기여한 것은 루이스가 상상력과 이성을 이해하기 쉽게 결합하도록 도와주었다는 점이었다. 이 영향으로 루이스는 장차 그리스도교의 옹호자가 된다. 그래서인지 훗날 이 길었던 '대전'을 회고하면서 바필드는 전쟁 대신 '슬로 비즈니스'라는 표현을 썼다.

그러나 결과적으로 보았을 때 생각의 중심 영역에서 벌어진 이

전투에서 바필드는 유물론자인 친구의 태도를 바꾸는 데는 실패했다. 바필드는 인간 의식은 진화하며, 거기에 상상력이 필요 불가결한 역할을 한다고 믿었다. 반면에 루이스는 이 '진화'를 절대로 받아들이지 않았다. 그는 진화가 어떤 인간이라도, 심지어 전 인류도 파악할 수 없을 만큼 거대한 역사를 억지로 패턴에 꿰맞추는 것이라고 여겼다(그는 이런 시도를 '역사주의'라고 불렀다). 반면 바필드는 인간 의식의 발달은 언어와 지각 모두의 변화에서 포착되며, 원래는 의식의 단일체가 있었는데 세월이 흐르면서 파편화되었다고 여겼다. 또한 미래의 인류는 영혼과 자연의 화합에 의해 더 대단하고 풍부한 의식을 획득하게 될 것이라고 믿었다.

인간 의식의 원초적 단일체original unity에 관한 바필드의 개념은 진화론적인 관점에서 본 언어의 역사 일체를 회의적인 시각으로 보았던 루이스까지 크게 매혹시켰다. 뿐만 아니라 톨킨의 사상과 소설에도 큰 영향을 미쳤다. 바필드는 언어의 기원에 관한 범상치 않은 식견을 시적 언어 그 자체의 해석으로 변형시키는 데 천부적 재능을 보였다. 그에 따라 루이스도 점차 진화라고 할 수는 없지만 시대에 따라 인간 의식의 변화가 있었다는 생각은 받아들였다. 바필드의 획기적인 식견은 '시적 언어의 본질 및 단어 속에 태고의 단일한 지각이 구현되는 방법'에 관한 이론을 다룬 저서《시적 어법》에 나타나 있다.《시적 어법》은 인간이 지식을 획득하는 방법에 대해 논하면서 시가 그 중심 역할을 한다는 생각을 담고 있다. 바필드의 생각은 '개별적인 상상은 높은 곳을 향하는 지각에서 비롯된 모든 지식의 매개이다.'라는 주장으로 요약될 수 있다. 그에게 시를 짓는 것은 개별적인 인간으로서 지닌 자유의 표현이었다. 그는 지식을 권력화하는 것은 심각한 실수라고 믿었다. 통제에 대한 욕망을 부추기기 때문이었다. 그에게 지식은 통제하는 것이 아니라 '존재What is'에 참여하는 것을 의미했다.

《시적 어법》에 나타난 바필드의 가장 흥미로운 생각 중 하나는 적절한 상상이 추상적인 사고보다 더 실체적이라는 것이다. 새뮤얼 테일러 콜리지처럼 바필드 역시 상상을 '유사한 것의 지각, 단일에의 요구'로 보았다. 그의 결론—후에 루이스의 중심 신념이 되는—은 '모든 의미 있는 언어는 최소한 일부라도 시적이다.'라는 것이었다. 바필드는 이러한 주장을 하면서 당대에 인기를 끌던, 과학적 진술이 진정한 지식의 유일한 의미라는 대중적 관점을 논파해 나갔다. 나아가 그는 과학적 진술이 은유와 양식을 채용한 상상의 요소를 지니고 있다고까지 했다. 이 요소가 없이는 과학적 진술이 의미를 잃게 된다는 것이다.

원초적 참여

바필드가 주장한 '원초적 참여'에 대한 생각은 그의 식견 가운데 가장 중요한 부분으로서 친구와 치른 다년간의 '대전'에서도 대단히 큰 비중을 차지했다. 루이스뿐 아니라 나중에는 톨킨도 이 아이디어에 깊이 매료되었다. 앞서 보았듯이 바필드는 우리가 태고의 단일체를 잃어버렸고, 지금은 이 단일체가 지각과 언어에서 부분적으로 나타나고 있다고 주장했다. 또한 지금의 우리가 이 단일체에 다가갈 수 있는 유일한 방법은 '원초적 참여'라고 하는 감각을 통하는 것인데 이는 주로 꿈이나 시, 신화를 통해 감지할 수 있다고 했다. 그는 이 원시적인 감각이 '논리 선행적'이며 '신화 선행적'이라고 믿었다.[3]

그는 인간이 '원시 상태에서는 손가락이 신체의 일부이듯 자신이 일정한 기능을 담당하는 자연세계의 일부라고 생각한다.'라고 설명했다. 즉 고대에는 인간이 사고하는 것 자체가 세계에 참여하는 것이나 마찬가지였다는 것이다. 따라서 사람들이 현실을 경험하는 방식이 그 당시의 언어에 온전히 반영되었으며, 사고 자체도 비추상적, 비유적이었으므로 완벽하게 시적이었다는 것이다. 그는 《시적 어법》에 이렇게 적었다. '그것은 이를 테면 지각하는 사고이다. 그림을 그리듯이 생각하는 것이다. 비유적으로 또는 상상을 통해 의식하는 이러한 지각은 오늘날에는 주로 시적 심상과 비슷한

---

[3] 오웬 바필드, 《현상계의 구제Saving the Appearances》, 1957, 42쪽. 오웬 바필드는 원초적 참여를 '현상의 뒤에 서는 것, 또는 현상의 반대편에 서는 것. 기계적이거나 우연에 의한 것이 아니라 정신적, 자발적인 것으로서 나의 본성인 자연, 즉 통찰적 자아와 동일한 자연임을' 믿는 것이라고 규정했다.

형태로 포착된다. 혹은 좀 더 확장하여 자기가 꾸는 꿈에서 감지할 수 있는 정도다.'

루이스는 과학소설《그 무시무시한 힘》에서 동물의 의식이 어떤 식으로 이 원초적인 인간 참여의 작은 단서가 되는지를 보여주었다. 그가 따뜻한 시선으로 그려낸 작중인물 벌티튜드 씨Mr Bultitude는 곰으로서, 그의 형 와니가 윕스네이드 동물원Whipsnade Zoo에서 제일 좋아했던 동물이다.

> 벌티튜드 씨는 몸뿐만 아니라 마음도 털북숭이에 비인간적이었다. … 사실 그는 자기가 존재한다는 것도 몰랐다. 그의 마음에는 '나', '나에게', '당신Thou' 등의 단어로 표현되는 모든 것이 결여되어 있었다. 일요일 아침마다 메그스 부인이 그에게 당밀을 한 통 주었지만 그는 주는 사람과 받는 사람을 인지하지 못했다. 그저 즐거운 기분으로 당밀을 맛볼 뿐이었다. 그것으로 끝이었다. … 그의 삶에는 산문이 없었다. 인간들이, 아이들의 타산적인 애정쯤으로 치부하여 하찮게 여기는 본능적 욕구들이 그에게는 전율이며 황홀한 갈구였다. 마치 비극이 닥치기 전의 낙원에서처럼 그는 온몸으로 본능적 욕구를 갈망했다. 우리 인간들도 때때로 유아기에 겪었던 형용할 수 없는 기쁨이나 공포의 기억을 문득 떠올리지 않는가. 그것들은 기쁨이나 두려움의 대상으로 말미암아 일어나는 것이 아니며 명사의 세상에서 떠다니는 강력한 형용사처럼 순

수한 성질을 지녔다.

윌리엄 골딩의 소설 《상속자들The Inheritors》에 등장하는 네안데르탈인의 모습에도 이와 비슷하지만 더 높은 의식의 유형이 잘 표현되어 있다. 이 원인原人들은 초기 인류가 지녔던 단일화된 의식의 수준까지 진보하지는 않았지만, 골딩이 묘사한 것처럼 의식을 어렴풋이 감지하고 있었다. 소설 속의 네안데르탈인은 추상적인 관념을 사용하지 않고 묵상 속에서 상상했다. 작중 네안데르탈인 로크Lok는 물가에 도착해서 혼란스러워한다. 오래된 나무줄기를 다리 삼아 개울을 건너려고 했는데 예상과 달리 나무가 거기 없었기 때문이다.

그는 눈을 감고 통나무를 떠올리며 인상을 썼다. 회색빛을 띤 썩어 들어가는 나무는 물 이쪽에서 저쪽까지 걸쳐져 있었다. 중간 부분을 밟기라도 하면 사람의 어깨까지 닿을 만큼 깊고 무시무시한 물이 쓸고 지나가는 것을 느낄 수 있을 정도였다. 이 물은 강이나 폭포처럼 깨어 있는 것이 아니라 잠들어 있었다. 넓게 퍼져 흐르다 강에서 모이면 깨어나는 것이다… 그는 사람들이 늘 이용했던 통나무가 나타나리라 믿으며 다시 눈을 떴다. 꿈에서 깨어날 때처럼 미소까지 떠올렸다. 그러나 통나무는 사라지고 없었다.

골딩이 런던 스트리섬Streatham에 소재한 슈타이너스쿨(루돌프 슈타이너Rudolf Steiner의 교육철학을 바탕으로 하는 학교 – 역주)의 마이클홀Michael Hall에서 학생들을 가르치던 시기에 루이스와 바필드의 친구 세실 하우드가 이곳에서 인지학에 한층 가까워진 것이 단지 우연의 일치일까? 당시 학부 재학생이었던 골딩은 평생지기가 된 학우 애덤 비틀스턴Adam Bittleston에게서 슈타이너의 사상을 소개받았다. 골딩은 루돌프 슈타이너가 엮은 에세이집을 읽고 '우리들 대부분이 이 다리가 존재한다는 암묵적 믿음을 지니고 있다.'고 하면서 영적 세계와 자연과학 사이의 다리를 찾아낸 슈타이너의 탐구를 높이 평가했다. 존 캐리 역시 골딩의 전기에서 그가 슈타이너의 영향을 받았다는 점을 지적했다. 골딩이 슈타이너의 관점을 받아들인 것은 아니지만 친구 비틀스턴의 사상이 '골딩의 신념에 영구적인 흔적을 남겼다'는 것이다.

C.S. 루이스는 1931년에 그리스도교로 개종하면서 바필드와의 '대전'을 철회했고, 자연스럽게 루돌프 슈타이너의 인지학을 반대하는 입장에 머무르기는 했지만 바필드의 영향은 루이스의 사상과 저술에 고스란히 반영되었다. 루이스는 그 부분에서 자신이 친구에게 빚을 졌다는 것을 숨기지 않았다. 바필드에게서 깊은 영향을 받은 것은 톨킨 역시 마찬가지였다. 톨킨은 1920년대에 루이스와 만나 친구가 되면서 점차 바필드와 그의 작품을 접하게 되었다.

J.R.R. 톨킨

톨킨이 1920년에 엑세터칼리지 에세이 클럽에서 '곤돌린의 몰락'을 읽을 당시만 해도 네빌 코그힐이나 휴고 다이슨 등과의 친분은 깊지 않았다. 물론 톨킨이 걸어서 작업실을 오갔으므로 중앙 옥스퍼드 부근에서 마주칠 기회가 없지는 않았을 것이다. 톨킨의 작업실은 옥스퍼드 경내의 랜드 마크인 셸도니언 극장Sheldonian Theatre 옆, 애슈몰린 박물관Ashmolean Museum 앞에 있었다. 그는 여기서 《새 영어 사전》을 편찬하고, 대학 강단에도 섰다.

그러다 그가 옥스퍼드에서 북쪽으로 170마일 떨어진 리즈대학교Leeds University에서 '영문학 독자Reader in English Literature'와의 챌린지포스트challenging post(일정 기간 관리 업무를 담당시킨 후 적부를 판단하는 제도 - 역주) 교수를 맡으면서 모든 것이 달라졌다. 이 일이 아니었다면 톨킨이 옥스퍼드로 되돌아가 루이스와 친구들의 서클에 합류하고 잉클링이 되는 것이 몇 년은 앞당겨졌을 것이다.

존 로널드 루엘 톨킨John Ronald Reuel Tolkien은 1892년 1월 3일에 남아프리카의 블룸폰테인Bloemfontein에서 태어났다. 톨킨의 아버지는 그곳에서 은행업을 했다. 아버지 아서 루엘Arthur Reuel과 어머니 메이벨Mabel(서프필드Suffield 출생)은 잉글랜드 버밍엄 출신이었다. 1896년에 아서가 예기치 않게 세상을 떠나자 톨킨의 어머니는 건강이 좋지 못했던 로널드를 온난한 기후에서 지내게 할 겸 두 아들(톨킨과 힐러리Hilary)을 데리고 잉글랜드로 돌아가 친척 집에 머물렀다. 그 후에는 버밍엄 교외 워릭셔Warwickshire의 세어홀Sarehole에 셋집을 얻었다. 세어홀에는 굴뚝이 높은 오래된 방앗간이 하나 있었다. 당시는 산업혁명이 최고조에 이르러 방앗간도 증기기관으로 가동하던 시대였지만, 방앗간의 거대한 바퀴 아래로는 여전히 개울물이 흐르고 있었다. 이 방앗간은 톨킨 가의 두 소년에게 유년 시절의 상징이자 살아 움직이는 마음의 초상이 되었다. 《반지의 제왕》에 나오는 호비튼Hobbiton의 깊은 물가에도 방앗간이 있는데, 이것이 새 벽돌 건물로 바뀌면서 시골의 정취가 사라졌다는 이야기가 나온다.

톨킨은 자신의 어머니를 '크나큰 아름다움과 위트를 지닌 축복받은 숙녀'로 애틋하게 기억했다. 사람들에게 쓴 편지에서 그는 어머니가 '신이 내린 슬픔과 고난으로 고통 받았으며, 신앙심의 박해를 받아 젊은 나이(서른네 살)에 쫓기듯이 병마에 스러지셨다.'고 했는데 사실이 그랬다. 그녀의 가족은 비국교파 신도여서 로마가톨릭으로 개종하는 것에 반대했으나 1900년, 그녀는 개종을 단행했다. 톨킨은 정식 교육을 받기 전 수 년 동안 그를 가르친 것이 바로 어머니였다고 했다. '철학 특히 게르만 민족의 언어와 로맨스에 대한 취미를 기르게 된 것은 어머니 덕분이다.' 이 단출한 가족은 톨킨의 교육을 위해 도시 근교로 이사하게 된다.

프랜시스 사비에르 모건Francis Xavier Morgan 신부는 존 헨리 뉴먼John Henry Newman이 창설한 버밍엄 오라토리오(수도회 – 역주)에서 봉사하던 사제였다. 그는 이 한 부모 가정에 우정과 조언을 아끼지 않았다. 절반은 스페인인이었던 모건 신부는 활달한 성품에 걸맞게 톨킨 가족을 열성적으로 도왔다. 메이벨 톨킨이 어찌해 볼 수 없을 만큼 심각한 당뇨병으로 쓰러지자 그녀를 오라토리오의 피정 시설과 가까운 레드널Rednal로 옮기게 하고, 두 아이를 1904년 여름 동안 친척들 집에 있게 주선해준 것도 그였다. 세 모자에게는 마치 세어홀 시절로 되돌아간 듯한 나날이었다. 메이벨 톨킨이 그 해 늦게 세상을 떠나자 모건 신부는 두 아이의 후견인이 되었다. 그는 경제적인 지원을 해준 것은 물론 오라토리오에서 가까운 버밍엄의 애지배스턴Edgbaston에 하숙방을 구해주고, 휴일에는 바닷가에도 데려가 주었다.

1908년에는 버밍엄의 더치스로드Duchess Road에 더 나은 하숙방이 생겼다. 물론 모건 신부가 구해준 것이었다. 톨킨은 이곳에서 이웃방의 하숙생인 이디스 브랫Edith Bratt과 사랑에 빠졌다. 그녀는 그보다 연상이었지만 작은 몸집에 매력적이었으며 단정한 자태와 매혹적인 회색 눈이 돋보였다. 그러나 모건 신부(톨킨의 베렌과 루시엔 Beren and Lúthien 이야기에 나오는 싱골 왕King Thingol처럼)는 이 사랑에 찬성하지 않았다. 톨킨의 학업에 지장이 생길까 봐 우려해서였다. 그는 톨킨에게 스물한 살까지는 그녀를 만나지 말라고 했다. 이는 긴 이별을 의미했지만, 톨킨은 은인에게 충직하고자 했다. 모건 신부는 그의 인생에서 진정한 의미로 유일한 아버지였던 것이다. 모건 신부 역시 나중에 톨킨이 그녀와 약혼한다는 편지를 썼을 때는 별말 없이 받아들여 주었다. 두 사람은 톨킨이 스물두 살이 되었을 때 이디스가 로마가톨릭을 받아들이면서 약혼했다.

킹에드워즈스쿨King Edward's School 재학 시절 톨킨은 몇몇 친구들과 클럽을 하나 결성했다. G.B. 스미스G.B. Smith, R.Q. 롭 길슨R.Q. 'Rob' Gilson, 크리스토퍼 와이즈먼Christopher Wiseman이 주축 멤버였다. 그러나 이들 중 제1차 세계대전 후에 살아남은 사람은 와이즈먼과 톨킨뿐이었다. 이 모임은 처음에는 차를 마시는 모임이라는 의미로 티클럽Tea Club, TC이라고 불렸다가 나중에는 배로비언소사이어티Barrovian Society, BS로 이름이 바뀌었는데, 이는 버밍엄의 코퍼레이션스트리트Corporation Street에 있던 배로우즈스토어즈Barrow's Stores 찻집의 이름을 딴 것이었다. 그곳이 이 소년들이 가장 좋아했던 모임 장소였기 때문이다. 결국 이 모임의 최종 이름은 티클럽과 배로비언소사이어티의 머리글자를 다 모은 T.C.B.S.가 되었다.

길슨은 킹에드워즈스쿨 교장의 아들이었고, G.B. 스미스는 천부적인 시인이었는데 둘 다 톨킨의 절친한 친구들이었다. 스미스는 톨킨이 쓴 초기 시들, 이를테면 에렌딜Eärendil(그때는 '에렌델Earendel'이었다)의 최초 버전을 듣고 논평을 해준 사람이었다. 후에 롭 길슨은 1916년 7월 1일 솜 전투의 첫날에 전사했고 스미스는 부상을 입었는데, 그 탓에 전투가 끝난 직후인 그 가을에 세상을 떠났다. 그는 죽기 몇 달 전에 톨킨에게 편지를 써서 T.C.B.S.의 불멸의 4인—그는 자신들을 이렇게 불렀다—이 앞으로 어떻게 살 것인지에 대해 이야기하면서 그날 밤 당장 자기가 죽을 수도 있다는 이야기를 덧붙인 적이 있었다. 그날 그가 쓴 편지는 이렇게 끝맺고 있다. '신의 축복을, 내 사랑하는 존 로널드. 내가 세상에 존재하지 않게 되면 훗날에 내가 말하고 싶었던 것들을 자네가 이야기할 수 있게 되기를. 그거면 됐네.' 스미스가 세상을 떠나기 얼마 전 톨킨 역시 참호열에 걸려 잉글랜드로 후송되었다. 솜 전투의 경험은 가장 가까운 친구 둘을 잃은 슬픔까지 더해져 톨킨에게 깊고 지속적인 영향을 미쳤다. 참호열은 호전되었다가 악화되기를 반복했고 결국 그는 다시 전장으로 돌아가지 못했다.

와이즈먼은 독실한 감리교도였지만 자기가 로마가톨릭 신자인 톨킨과 공통점이 많다고 생각했다. 라틴과 희랍에 대한 관심이라든가 럭비를 좋아하는 것, 대화를 좋아하는 것 등이 그러했다. 둘이 친교를 맺으면서 와이즈먼은 이집트 상형문자에 대해 귀담아들어줄 친구를 얻었고, 톨킨은 언어의 발명에 관한 경험을 와이즈먼과 공유할 수 있게 되었다. 두 사람은 와이즈먼이 케임브리지대학에 들어간 뒤로도 만남을 이어갔다. 와이즈먼이 제1차 세계대전 동안 영국해군에서 복무하고 나중에 톤턴Taunton에 있는 사립학교 퀸즈칼리지Queen's College의 총장이 되고 나서는 자주 만나지 않았지만 그렇다고 우정이 퇴색되지는 않았다.

이 친구들은 톨킨과 함께 북유럽 신화와 중세 영문학에 관심을 가지고 즐겼으며 학교를 떠난 뒤에도 이따금씩 만나거나 서로에게 편지를 썼다. 전쟁이 친구 둘을 앗아간 뒤에도 톨킨은 T.C.B.S.를 잊어본 적이 없었다. 그는 이 친구들에게 '동행하는 친구'라는 불멸의 관념을 부여하고 이를 《반지원정대》에 반영해 T.C.B.S.의 결속을 기렸다. 톨킨의 이 불멸의 동반자들은 나중에 루이스를 비롯한 잉클링스와 우정을 맺게 되면서 다시금 그의 인생으로 들어왔다.

톨킨은 1915년에 옥스퍼드의 엑세터칼리지를 졸업했으며 1916년에 이디스와 결혼했다. 이때까지도 참호열에서 완전히 회복되지는 못해서 군대로 복귀하는 것은 무리였다. 덕분에 그는 1917년부터 《실마릴리온》의 본체가 될 '곤돌린의 몰락'을 시작할 수 있었다. 그리하여 1930년 무렵에는 비록 초기 형태이기는 해도 《실마릴리온》을 구성하는 전설들의 개론이 완성되어 있었다. 이때는 《호빗》이 출간되기 한참 전이었는데, 사실 《호빗》은 이 전설의 본체에서 거의 우연처럼 뻗어 나온 작품이었다. 여기에 더하여 한참 후에 출간된 《반지의 제왕》 역시 《호빗》의 탄생을 견인했다.

여러 해 뒤 톨킨이 자신에게 관심을 표해온 출판업자에게 편지를 써서 자신의 삶과 자신이 상상한 세계 사이의 관계를 간략하게 설명한 일이 있었다. 자신이 쓰는 작품이 언어를 바탕으로 한다는 내용이었다. 그는 이것이 어린아이들이 자기만의 언어를 창조하는 것과 마찬가지이며, 다만 자신은 성인이 되어서도 언어의 창조를 그만둔 적이 없었을 뿐이라고 했다. '내가 전문 언어학자(특히 언어 미학에 관심이 있는)이다 보니 표현 양식을 바꾸고 이론을 향상시킨 거지요. 물론 기법적인 면에서도 마찬가지예요. 결과적으로 지금 내 이야기의 저변에는 언어의 총합체(대부분 구조적으로 스케치 단계일 뿐이지만)가 담겨 있다고 할 수 있어요.' 그는 작품 속에 나오는 이름들도 거의 다 이렇게 발명해낸 언어에서 나온 것이라고 말했다. '그렇게 하여 특정한 명칭에 나름의 캐릭터(결합성, 언어 양식의 조화, 역사적 사실성의 판타지)를 부여하는 겁니다.'

이처럼 언어는 톨킨의 일생에 걸친 관심사이자 연구대상이며 직접 가르친 과목이고 그의 상상적 창조의 원천이었다. 그의 직업은 어린 시절의 상상에 뿌리를 두고 있었다. 공상과학소설의 저자들이 그럴듯한 기술적 발명과 가능성을 소설에 끌어들이듯이 톨킨은 심오하고 전문적인 언어적 지식을 소설에 이용한 것이다. 그는 어린 시절에 웨일스어와 핀란드어에서 영감을 받아 두 가지 형태의 요정어Elvish tongue를 만들었는데, 이를 바탕으로 이 언어를 둘러싼 역사와 지리 그리고 이 언어(그리고 다른 언어)를 사용하는 사람들을 창조해내는 것이 그의 창작 프로세스였다. 이에 대해 그는 이렇게 설명했다. '원시 요정어의 기본적, 발성적 구조를 상정한 뒤에 이것들을 일련의 언어적 활용법(실제로 우리가 쓰는 언어에서 일어나는 활용과 같은 방식으로)에 따라 변화시켰는데, 이 두 최종결과물이 서로 상당히 다르면서도 조화로운 구조와 특징을 지니게 되었다.' 그는 W.H. 오든W.H. Auden에게 쓴 편지에서 밝힌 것처럼 본래 '색이나 음악처럼 정서적으로 영향을 미치는 언어적 패턴에 민감'한 사람이었다.

　세밀하게 얽힌 톨킨의 허구 세계에서 언어 못지않게 중요한 것이 바로 신화와 민담에 대한 사랑이었다. 그중에서도 그는 '동화든 역사에서든 결정적인 국면을 다루는 영웅담'을 가장 좋아했다. 톨킨이 쓴 편지들을 보면 학부생 시절에 이미 '사고思考와 경험을 통해 이야기와 언어의 필수불가결한 관련성을 명확하게 인지'하고 있었다는 걸 알 수 있다. 그는 상상적인 것과 과학적인 것이 반드시 서로 대치되는 것은 아니라고 여겼다. 또한 그는 신화와 민담에는 반드시 도덕적, 종교적인 진실이 포함되어 있으며, 그 진실은 명시적이거나 우의적이지 않고 내포적인 방식으로 존재한다고 보았다.

　그는 언어와 상상의 세계 양쪽에 관심을 두고 끊임없이 '질료들, 즉 특정한 어조와 선율을 이루는 성분들'을 추구했다. 신화, 민담, 고대의 어휘들은 계속해서 그에게 영감과 상상을 불러일으켰으며, 이를 바탕으로 요정어를 창조하고 《실마릴리온》의 뼈대를 형성할 수 있게 독려했다. 그는 자신이 연구한 특유의 어감을 북유럽 및 서유럽, 특히 잉글랜드의 언어에 적용하여 작품 속에서 표현해보려고 애썼다.

　그는 젊은 시절에 창작해낸 이야기들—'곤돌린의 몰락' 같은—이 자신의 창작물이라기보다는 이미 존재하던 것을 발견한 것일 따름이라는 생각을 하게 되었다. 그러자 미완인 채 질료 상태에 머물러 있던 것들이 《실마릴리온》의 독립적인 이야기들 몇 가지에서 뚜렷이 떠오르기 시작했다. '베렌과 엘프메이든Elfmaiden 루시엔', '투린 투람바르Túrin Turambar', '투오르Tuor와 곤돌린의 몰락' 등이 그 것이었다. 그는 이 이야기들을 일단 요약 정도로 다듬어 놓고 나중에 더 크고 상세한 스케일로 다시 출간할 예정이었다. 그러나 《실마릴리온》은 결국 완성되지 못한 채 축약본으로 나와 읽기 어려운 책이 되고 말았다.

《실마릴리온》의 아이디어와 구성은 톨킨이 성인이 되고 나서도 계속 발전되어 나갔다. 그 내용은 가운데땅의 제1시대와 그 이전에 해당하는 고대의 이야기를 연대기적으로 풀어나간 것이다. 두 개의 등불Two Lamps이 창조되고 모르고스Morgoth가 전복되면서 큰 전쟁이 종결되는 것이 이야기의 시작이다. 연대기와 《실마릴리온》 속의 이야기들이 통일된 맥락을 이루면서, 제목에서 암시하듯이 실마릴Silmarils들의 운명이 펼쳐진다. 실마릴은 태초의 빛을 품은 귀중한 보석들의 이름이다.

《실마릴리온》을 포함한 톨킨의 다른 판타지들은 전부 그의 유년기, 학창시절, 학부 시절 동안 이어진 언어에 대한 매혹에서 태동한 것이다. 학생시절 그가 조지프 라이트Joseph Wright의 《고트어 입문서 A Primer of the Gothic Language》(1892) 한 권을 손에 넣고 대단히 기뻐한 것도 같은 이유다. 심지어 그는 옥스퍼드에서 전공과목으로 비교언어학을 택하기도 했다. 덕분에 그는 강사였던 라이트와 만날 수 있었다. 대단히 두꺼운 영어 방언사전을 편찬한 인물이기도 한 라이트는 톨킨에게 언어학에 대한 사랑을 심어준 까다로운 스승이었다. 라이트는 톨킨의 인생 전반에 중요한 영향을 끼쳤다.

그러나 1921년에 톨킨이 대학 강단에 서면서 빛나는 경력을 시작한 것은 옥스퍼드가 아니라 리즈대학에서였다. 그 이듬해에는 《중세 영어 어휘A Middle English Vocabulary》도 출간되었다. 그로부터 얼마 후 옥스퍼드의 로즈장학생Rhodes Scholar(옥스퍼드대학에서 공부하는 미국·독일·영연방 공화국 출신 학생들에게 주어지는 장학금 - 역주)이었던 캐나다인 E.V. 고든E.V. Gordon이 리즈대학의 영문학부 교수직에 임명되었다. 두 사람은 이내 의기투합하여 《거웨인 경과 녹색의 기사Sir Gawain and the Green Knight》(1925)의 새 판본을 함께 작업했다. 이 시는 톨킨이 애호해 마지않던 '중세 영어로 된 중세 로맨스' 중에서도 가장 좋아하는 작품이었다. 두 사람이 함께 작업한 판본에는 상당한 양의 어휘해설이 함께 실렸다.

톨킨은 리즈대학에 재직하는 동안 그야말로 맹렬한 창작 활동을 펼쳤다. 중세 영어와 고대 영어로 된 문헌들을 번역한 것도 이 시기였다. 1923년에는 《거웨인 경과 녹색의 기사》를 현대 영어로 옮기는 작업을 했으며, 1924년 무렵에는 《베오울프》를 운문으로 번역하기 시작했다. 《베오울프》는 1926년 봄에 산문 번역까지 마무리되었다. 《진주Pearl》는 1925년 혹은 1926년에 번역한 것으로 보인다. 톨킨은 《거웨인 경과 녹색의 기사》와 《진주》 두 가지 모두 웨스트미들랜즈West Midlands 출신의 같은 작자가 쓴 것으로 판단했는데 누구인지는 알아내지 못했다. 그는 잉글랜드 중서부 지역인 웨스트미들랜즈를 토대로 샤이어Shire를 형상화했다.

이 번역 작품들은 아주 오랫동안 출판되지 못했다. 1975년, 그러니까 그가 세상을 떠나고 2년이 지나서 《거웨인 경과 녹색의 기사》와 《진주》, 《오르페오 경Sir Orfeo》이 출간되었고, 사망하고 40년이 지난 2014년에야 위대한 고대 영시 《베오울프》—그의 소설에 큰 영감을 선사한—의 산문체 완역본이 세상의 빛을 보았으니 말이다.

리즈에 사는 동안 톨킨은 아들들에게 이야기를 들려주기 시작했다. 존이 태어난 것이 1917년, 마이클은 1920년에, 크리스토퍼는 1924년에 태어났다. 톨킨이 쓴 첫 어린이 책 《로버랜덤Roverandom》(출간된 것은 1998년)은 바로 이 무렵 아들들에게 들려준 이야기에서 비롯된 것으로, 마이클이 요크셔 파일리Filey의 바닷가 휴가지에서 장난감 강아지를 잃어버린 일에서 영감을 얻어 쓴 것이었다.

톨킨은 1925년 10월에 옥스퍼드로 되돌아와 롤린슨앤드보스워스의 앵글로색슨 교수Rawlinson and Bosworth Professor of Anglo-Saxon(Anglo-Saxon은 영어의 고어古語임 – 역주)로 임용된다. 그는 이 때를 기점으로 남은 삶을 학자와 이야기꾼으로서 살아가기로 방향을 정했다. 비록 톨킨 자신은 당시에는 신화를 근간으로 하는 자신의 소설들이 개인적인 '취미' 수준에 머물렀다고 했지만 말이다. 물론 당시에도 몇몇 시는 출간된 상태였고, T.C.B.S. 시절부터 이어져온, 위대한 시인이 되겠다는 포부 역시 변하지 않은 채였다.

야망의 시인들

오웬 바필드는 하이게이트스쿨 시절부터 시를 쓰기 시작했으며 군 복무 중 마지막 임무 기간에 시를 읽는 힘이 비약적으로 발전했다. 앞서 살펴봤듯이 그는 시가 자신에게 큰 영향을 미치고 있다는 것을 깨닫고서 인간의 의식을 탐구하고 이를 주제로 시를 썼다. 그리고 쓴 시를 C.S. 루이스에게 보여주었다. 그는 끊임없이 시와 시극을 쓰는 한편 단편소설(단편소설 중 일부는 그 시절에 출판되었다)과 중편소설, 장편소설도 썼다. 1920년대 후반에 집필하기 시작한 야심작 《영국 사람들English People》은 끝내 출간되지는 않았지만, 바필드의 전기 작가에 따르면 영성의 형성에 관한 그의 강력한 주장이 실린 문제작이었다. 이 소설에 등장하는 오스트리아인 예언자의 모델이 루돌프 슈타이너라는 것은 확실해 보인다. 루이스는 《영국 사람들》을 무척 좋아했지만 까다로운 독자로서 이런저런 지적을 했다고 한다.

바필드는 직업 작가를 하겠다는 야망이 있었기에 다양한 프리랜서 일을 마다하지 않았다. 주간 정기간행물인 《트루스Truth》에 정기적으로 기고한 것도 그중 하나였다. 뿐만 아니라 《뉴잉글리시맨New Statesman》과 《런던머큐리London Mercury》에도 글을 썼다. 그 와중인 1926년에 연구서인 《영단어의 역사》가 출간되었다. 당시 그의 눈부신 저술활동을 꼽아보기만 해도 장차 그가 얼마나 성공한 작가가 될 것인지 미루어 짐작할 수 있을 정도였다. 그러나 정작 그 무렵 바필드는 자신이 블룸스버리 그룹 같은 최신 문학계에서 소외되고 있다고 생각했다. 게다가 경제적인 어려움이 점점 더 커지고 있었다.

바필드의 첫사랑이 시라는 것은 분명한 사실이지만 공교롭게도 그는 잉클링스에서 가장 먼저 소설을 출간한 사람이었다. 1925년에 파버앤드그와이어Faber and Gwyer 출판사에서 나온 완성도 높은 어린이 소설 《은나팔The Silver Trumpet》이 그것이었다. 비올레타Violetta와 감베타Gambetta는 쌍둥이 공주다. 두 공주는 사람들을 끌어들이는 매력의 소유자로 거의 모든 일에서 끊임없이 의견이 갈렸지만 우애가 깊었다. 어느 날 은나팔을 가진 이웃나라 왕자가 아내를 구하러 와서 둘 중 온화한 성품의 비올레타와 사랑에 빠진다. 이야기에서는 '리틀 팻 포저Little Fat Podger'라고 불리는 난쟁이가 왕의 시종으로서 강력한 존재감을 발휘한다. 왕자가 가진 은나팔은 그 소리를 듣는 사람에게 이상한 영향을 끼치는 마술 나팔이어서, 비올레타 공주는 나팔 소리를 듣고 바다 밑바닥으로 가라앉는 꿈을 꾸게 된다. 이 은나팔이 무엇을 의미하는가에 대해 바필드는 한 인터뷰에서 '삶의 감정적인 요소를 상징'하는 것이라고 밝힌 적이 있었다. 출간되고 몇 년 후 루이스가 톨킨에게 이 책을 빌려주자, 톨킨의 집에서 대 히트를 쳤다는 후문이 있다.

이 무렵 바필드는 문학사 논문을 쓰는 중이었으며, 이것이 후에 쓰게 될 《시적 어법》의 토대가 되었다. 같은 시기에 루이스는 《다이머Dymer》라는 장편 서사시를 썼다. 이 시집에는 '뉴룩'과 프로이트 심리학의 영향이 짙게 반영되어 있다. 바필드는 친구의 시 작업을 열렬히 환영하면서 끝까지 해낼 수 있게 격려를 아끼지 않았다. 이때 루이스에게 격려와 건설적인 비판을 해준 또 한 친구는 다트머스Dartmouth 해군사관학교의 짧은 교수 생활을 마무리하고 모교인 엑세터칼리지에 명예교수로 임명되어 있던 네빌 코그힐이었다. 루이스는 시인이 되기로 마음을 정한 차였다. 나중에(아마 루이스의 측근 중 가장 늦게) 와니는 동생의 인생 전반에 대해 이렇게 회고했다.

> 동생의 문학적 경력에서 특기할 만한 것은 산문의 경우 항상 늦게 괄목할 만한 성취를 거두었다는 점이다. 시집 《사로잡힌 영혼Spirits in Bondage》은 1919년에 나왔는데, 여기 실린 시들 중 일부는 북엄 시절에 써놓은 것들이었다. 또 유난히 힘든 시간을 버티며 큰 고통과 노고를 쏟아부어서 맺은 결실이라 할 수 있는 서사시 《다이머》는 1926년에 출간되었다. 초기에 동생은 자신이 반드시 시인이 될 것이라고 생각했다(대단한 자신감이 있었던 것은 아니다).

《다이머》는 루이스가 그 전까지 살았던 지적 황무지를 날카롭게 통찰하는 시다. 그는 아주 천천히, 거의 알아보기 힘들 만큼 조금씩 그리스도교 신앙으로 되돌아갔다. 전후의 20세기에 만연했던 뉴룩은 제1차 세계대전 전까지 대유행이었던 낭만주의에 대한 반감을 불러일으켰다. 전쟁이 이 냉정한 시각에 힘을 실어주었다. 루이스와 친구들은 이 계몽적인 최신 시류를 받아들이지 않았지만 1920년대에 불어닥친 불신 풍조를 무시할 수는 없었다. 루이스가 낭만주의와 문학에서 판타지를 이루는 전반적 토대를 속속들이 파헤치는 글을 쓴 것도 그런 까닭이었다. 루이스의 지적 탐구는 문학의 판타지와 낭만적 요소가 잉클링들의 대화와 특유의 글쓰기에서 중심 역할을 했다는 사실에 비추어 볼 때 의미가 크다.

루이스의 시에 논평을 달아준 대표적인 인물인 돈 킹Don W. King은 루이스의 시 중에서 《다이머》가 가장 중요한 위치를 차지한다고 했는데, 필자 역시 그렇게 생각한다. 그럼에도 대다수가 이 시를 간과하는 경향이 있는 것이 사실이다. 루이스는 시인이 되고 싶어 하는 열망을 담아 이 시에 엄청난 시간과 수고를 들였다. 사랑해 마지않던 에드먼드 스펜서, 존 밀턴, 셸리, 워즈워스 같은 시인들의 사례를 좇아 숙고를 거듭하며 천천히 긴 서사시를 써 나갔던 것이다. 루이스는 과거 커크패트릭에게서 배우던 시절에 이 내용으로 산문 쓰기를 시도한 적이 있었는데, 운문 버전은 학부 때 집필에 착수해 꼬박 3년이 걸렸다. 루이스의 전기 작가이자 친구인 조지 세이어George Sayer에 따르면 '《다이머》의 중심 주제는 … 의심의 여지없이 판타지―사랑, 욕망, 권력의 판타지―의 유혹'이었다.

루이스의 시는 자타공인 반 전체주의를 표방했다. 시 속의 인물인 다이머는 신비스럽고 정열적인 소녀에게 빠져 세상 속으로 피물을 끌어들인다. 프로이트 식의 비틀기를 적용해 괴물은 자기 아버지를 살해하고, 아버지는 신으로 변한다. 바필드가 '영웅이 자신이 낳은 부자연스러운 괴물의 손에 죽임을 당하고 파멸과 맞닥뜨린 후에 정화되어 다시 일어나는 신화'라고 논평한 것처럼 다이머는 결함이 있는 영웅이며, 그 결함 때문에 '완전한 도시'에서 탈출한다. 이 도시에서 그는 배급식량과 '과학 식품'을 먹고 성장했다. 루이스에 따르면 이 획일화된 관리 도시의 모델은 플라톤의 《국가Republic》에 나오는 도시라고 한다. 그는 이 시에 '내가 다닌 공립학교와 군대에 대한 반감을 집어넣었다.'면서 자신이 '기질적으로 극단적 무정부주의자'라고 했다.

다이머는 환상에 불과하다고 생각한 기존의 현실에서 벗어나 교외로, 이어 숲으로 탈출한다. 숲속에서 마법의 성을 발견한 다이머는 어둑어둑한 침실에서 한 여인을 만나 사랑을 나누지만 그녀의 얼굴을 보지는 못한다. 나중에 그는 '완전한 도시'에서 치명상을 입은 남자를 만나게 되는데, 그가 들려주는 전쟁과 공포의 참상은 실제로 루이스가 전쟁 중에 겪은 것들을 반영한 부분이다. 다이머는 도시가 무정부 상태로 변해버렸으며 도시에서 자신의 이름으로 반역이 행해졌다는 이야기를 듣고 더욱 경악하게 된다. 이와 관련해 루이스는 1950년에 새 판본으로 시집을 출간하면서 서문에다 당시 자신이 러시아 혁명, 부활절 봉기, 그리고 모국인 아일랜드의 분열 사태로 인한 여러 충돌 탓에 불안감을 느끼고 있었다고 털어놓았다.

시에 담긴 주제는 반 전체주의만이 아니었다. 이 시에는 욕망에 찬 환상이 한 인간의 생애를 무자비하게 망가뜨릴 수 있다는 그리스도교적인 교훈도 내포되어 있다. 즉 그리스도교 중심부에서의 부패가 그릇된 초자연주의적 신앙으로 나타난다는 것이었다.

> 옛 악마 숭배, 마신론,
> 카발라Cabbala(헤브루의 신비설 – 역주), 마법의 약물, 사자의 서,
> 아무도 보지 못하는 파멸의 연금술에 관한 두루마리들로 인해
> 이미 지옥에 떨어진 자들을 구원하리니.
> 영성을 상실한 마음으로부터 배를 불린 자들,
> 죽은 자의 죄로 이루어진 잿더미에서 영성을 찾아
> 환상세계의 공포로 꿈의 환희를 사들이는 자들을.

루이스가 바필드와 코그힐(장차 잉클링스가 될)에게《다이머》의 초고를 보여주자 두 사람 모두 대단히 마음에 들어 했다. 코그힐은 이 시를 책으로 내줄 출판업자―루이스의 전기에 따르면 A.N. 윌슨A.N. Wilson이라는 사람이었다―를 찾아주기도 했다. 그러나 칭찬 일색인 서평들이 무색하게 대중은 이 시에 별 반응을 보이지 않았다. 루이스 나름대로는 서사시를 되살려 보려고 무진 노력을 했지만 유행에서 벗어난 장르의 한계를 넘을 수가 없었던 것이다.《다이

머》는 루이스가 유명해지고 난 뒤에야 재조명을 받았다(앞서 살펴본 것처럼 1950년 판본에 실린 저자의 설명적인 서문에 이런 이야기가 나온다). 이 시는 1969년에 루이스의 서사시 모음집으로 다시 한 번 더 출간되었고, 지금껏 절판되지 않은 채 이 작품의 중요성에 대한 인식이 제고되기를 기다리고 있다.

루이스는 《다이머》를 쓰는 긴 과업을 마무리하기 전에 이미 그동안 견지했던 소박한 유물론을 완전히 버렸다. 마치 작품 속의 다이머처럼 낭만적 판타지의 환상을 거부하고 완전히 반대 방향으로 돌아선 것이다. 그는 자신이 곤란한 지경에 처했다는 사실을 알고 있었다. 이 무렵 그의 지적 발전은 고도로 복잡한 양상을 띠었지만 다이머가 비밀스러운 여성의 열정적인 포옹을 받아들인 것처럼 그역시 관념적 이상주의를 받아들이지 않을 수 없었던 것이다. 그는 원초적 실재를 절대정신Absolute Spirit으로 보게 되었다. 그 전에 마지못해 물질세계—기대를 품게 하지만 실체는 없는 질quality의 세계가 아닌 계측 가능한 양quantity의 세계—를 실재의 원천으로 보던 것과는 확연히 달라진 태도인 셈이었다. 위에서 인용한 시절時節에서도 그가 절대 정신의 만유함을 받아들이고 있다는 것이 드러난다. 루이스가 '죽은 자의 죄로 이루어진 잿더미에서 영성을 찾는' 헛된 추구에서 '영성'을 잃어버렸다고 한 것이 그런 부분이다. 그러나 그는 여전히 유신론(신이 합리적이며, 인격적으로 실유實有하며, 물질 우주에 대해 책임을 지는)을 믿는 단계와는 꽤 멀리 떨어져 있었다. 먼 훗날 그는 이 시기를 되돌아보면서 이렇게 결론지었다. '신중하게 생각해보면 이상주의는 유신론의 변장에 불과했다.'

루이스는 바필드와 자주 긴 토론을 하면서 결국 유물론을 포기하기에 이르렀고, 몇 년 후에는 무신론을 부인하는 단계로 나아갔다. 여기에다 나중에 톨킨과도 교유하게 되면서 한 번 더 같은 방향으로 영향을 받아 그리스도교 신앙으로 한 걸음 더 다가가게 된다.

바필드에 대해서 말하자면, 그는 결국 런던으로 이사해 아버지의 법률 사무소 일을 돕기로 했다. 이사한 이후로 바필드와 루이스 사이의 '대전'은 주로 서신 교환의 형태로 이루어진다. 물론 그렇다고 해서 바필드가 옥스퍼드로 루이스를 찾아가지 않았다거나 루이스가 런던으로 바필드를 찾아가지 않았던 것은 아니다. 기차로 고작 6마일 떨어진 도시를 방문하는 건 일도 아니었으니 말이다.

Chapter 4

톨킨은 옥스퍼드로 귀환하고
루이스는 신을 만나다

 The Oxford Inklings

—

중키에 몸집이 딱 벌어진 젊은 남자가 모들린칼리지에서부터 널따란 잔디밭을 가로질러 뉴 빌딩New Building 쪽으로 기운차게 걸어가고 있었다. 나이는 이십 대 후반 정도로 보였고, 유행이 지난 플란넬 바지와 트위드 재킷을 입고 있었다. 그는 재빨리 3층이라는 표지를 따라 3층 건물의 낡은 계단을 올라가 3번방으로 들어갔다. 1925년 10월 초, 가을 학기가 막 시작되려는 참이었다.

C.S. 루이스는 자기에게 주어진 방을 보고 엄청나게 기분이 좋았다. 맞춤 가구와 장식품들이 한눈에 들어왔다. 그는 잠깐 서서 창밖의 정경을 내다보았다. 북쪽으로 널찍한 응접실이 딸려 있었다. 응접실 창으로 풀밭이 보였고, 드문드문 나무가 서 있었다. 어디를 봐도 그가 있는 곳이 사실은 소도시라는 것을 알아차릴 만한 단서는 없었다. 그는 평화로운 잔디를 굽어보다가 이내 조금 떨어진 숲으로 시선을 돌렸다. 나무들은 여전히 붉은 단풍을 입고 서 있었다. 잘 다듬어진 잔디밭 건너편에서는 사슴 무리가 천천히 거닐며 풀을 뜯어 먹고 있었다. 고개를 돌리자 그가 좋아하는 오솔길 입구가 눈에 들어왔다. 습지를 끼고 도는 그 길의 이름은 에디슨 산책로Addison's Walk였다. 빠른 걸음으로 몇 발자국 가면 건물 앞쪽으로 좀 더 작은 거실과 침실이 있었다. 거기서는 남쪽이 내다보였는데 정면에 보이는 좀 낡은 건물은 좀 전에 그가 떠나온 모들린칼리지 건물이었다. 그 위로 모들린의 탑이 어렴풋이 솟아 있었다.

루이스는 평일에 헤딩턴에서 무어 부인이나 모린과 지내지 않고 이곳에서 지낼 생각에 가슴이 부풀었다. 학생 한 명씩을 가르치는 일대일 개인지도도 이곳에서 하게 될 것이었다. 친구들 역시 칼리지의 교수휴게실Senior Common Room에서 저녁식사를 하고 이곳으로 모이는 것을 더 즐거워할 터였다. 그가 예상하지 못한 것은 그곳이 불과 몇 년 사이에 특별한 친구들의 그룹, 즉 잉클링스가 툭하면 모이는 장소가 되리라는 점이었다. 루이스가 편안한 소파에 기대앉아 하얀 판자를 덧댄 벽이며 단순한 가구들을 훑어보는 모습을 떠올려 보자. 소파 근처에는 매우 고맙게도 벽난로까지 있다.

그가 모들린칼리지의 영문학부에서 교수 겸 학생으로 고용하겠다는 제의를 받은 것이 연초였다. 그동안 미래에 대한 크나큰 불안감에 시달리며, 지원한 곳마다 거듭 거절을 당한 끝에 얻은 일자리라서 그는 더욱 기뻐했다. 덕분에 무어 부인과 모린의 생활비를 대주느라 몇 년 동안 이어져온 재정적 불안이 해소되었다. 또한 3학년 과정을 이수한 것이 옳은 판단이었다는 것도 증명되었다. 그는 전 과목을 수석으로 통과했으며, 이것이 차후 영문학 교수로서의 경력에 단단한 기반이 되었다.

이 무렵 J.R.R. 톨킨은 옥스퍼드대학교에서 롤린슨앤드보스워스의 앵글로색슨 교수에 임명되었으며, 도시 중심부의 세인트올데이트St Aldate에 위치한 펨브로크 칼리지의Pembroke College 명예교수가 되었다. 그 바람에 그는 한동안 원래 교수로 있던 리즈대학과 새로

임명된 옥스퍼드 양쪽에서 교수의 직분을 수행하느라 줄타기를 하듯 위태롭게 지냈으나 마침내 리즈대학에서 후임자를 뽑았다. 물론 그렇다고 일을 금세 그만둘 수는 없어서 한동안 그는 리즈대학에서 많은 시간을 보냈다. 그러다 톨킨 가족이 서머타운Summertown 근처의 노스무어 로드Northmoor Road에 집을 얻어서 옥스퍼드로 이사해 간 것은 1926년 1월이었다. 새 집은 펨브로크칼리지에서 자전거로 출퇴근하기에 알맞은 거리에 있었다. 톨킨은 앵글로색슨 학과장을 맡았으며 직책상 루이스와는 사뭇 다른 임무를 맡게 되었다. 두 사람 모두 영문학과에서 강의하게 되기는 했지만 톨킨은 맡은 학생 수가 적었고 학부생보다는 대학원생의 비율이 높았다. 또한 학생들이 대학이 아닌 집으로 찾아와서 개인지도를 받는 일이 많았다. 게다가 그에게는 연구 활동은 물론 출판의 형식으로 전공과목의 논문을 제출할 것도 비공식적으로 요구되었다.

 이 두 남자의 만남은 양쪽 모두에게 크나큰 의미를 부여해주었다. 개인적으로나 학문적으로도 그랬지만 특히 집필 면에서 더 그랬다. 그때까지 두 사람은 제각기 시집을 낸 상태였는데, 루이스가 톨킨보다 낸 책의 수가 더 많았다. 두 사람 모두 산문 소설은 출간하지 않았으며, 대신에 톨킨은 작지만 인상적인 학술서의 저자였고, 루이스는 알레고리와 중세풍의 우아한 사랑에 관한 연구를 진행하고 있었다. 나중에 이 연구는 《사랑의 알레고리》라는 제목으로 출판되었는데, 찰스 윌리엄스는 이 책을 읽고서 경도된 나머지 루이스와 우정을 맺게 된다. 윌리엄스는 1924년에 《낭만적 신학 개요Outlines of Romantic Theology》라는 책을 써서 인간의 낭만적인 사랑이 신성神性의 이해에 도움이 된다는 주장을 펼친 바 있었다. 정작 이 책이 출간된 것은 1990년이었지만 그 속에 담긴 사상은 윌리엄스의 저술의 고유한 특성이 되었으며, 소설 《사자의 자리》 같은 다른 저술에서도 쉽게 찾아볼 수 있다.

앞 장에서 소개한 루이스의 장편 서사시 《다이머》는 그가 교수직을 시작하면서 완결되어 1926년 9월에 책으로 나왔다. 반면 톨킨의 경우 리즈대학에서의 마지막 여름 동안 베렌과 루시엔의 이야기를 시로 쓰기 시작했는데 끝내 완결을 보지는 못했다. 물론 이것은 시 버전의 이야기이고 산문 버전은 이미 써놓았다. 이 이야기는 《실마릴리온》이 어떤 내용인지를 파악할 수 있는 가장 의미심장한 부분 중 하나다. 당시에 잉클링스가 결성되어 있었다면 이구동성으로 이 이야기야말로 미래의 《반지의 제왕》에 버금가는 영웅소설이라고 극찬하지 않았을까 싶다. 물론 규모가 훨씬 작기는 했지만 말이다. 실제로 A.N. 윌슨 같은 사람은 베렌과 루시엔 이야기에 대해 이런 논평을 남겼다. '운문이기 때문에 기술적으로 불완전한 면이 있음을 감안해도 깜짝 놀랄 정도로 아름다운 시 구절들로 넘쳐난다. 또한 미완이기는 하지만 전반적인 관념 면에서 20세기에 영어로 쓰인 시들 중 가장 주목할 만한 작품에 든다.'

베렌과 루시엔 이야기는 《반지의 제왕》에서 펼쳐지는 사건들의 이전 시대인 가운데땅의 옛 시대를 배경으로 한다. 이 이야기에는 낭만적 사랑, 희생, 신의 섭리 등 톨킨 특유의 큰 테마들이 여럿 깃들어 있으며, 더 큰 형이상학적 테마들도 내포되어 있다. 이를테면 베렌과 루시엔의 궁극적 결합이 인간들의 삶에 한 차원 높은 정신적 특질을 부여한다는 것이 그런 예이다. 둘의 결합은 가운데땅의 미래 역사에 두루 유익한 영향을 끼치게 되며(베렌은 인간이며 루시엔은 요정, 그중에서도 무결한 존재인 멜리언 여왕Queen Melian의 딸이다), 엘프와 인간의 결혼이라고 하는 테마는 《반지의 제왕》에서 아라곤Aragorn과 아르웬Arwen의 결혼으로 이어진다. 가운데땅의 역사에서 가장 어두운 시기를 배경으로 하는 베렌과 루시엔의 이야기는 악의 힘에 맞서 싸우는 이들의 희망이다. 베렌과 루시엔이 악마적 모르고스Satanic Morgoth의 가공할 힘에 맞서 승리하는 존재로 기려지는 것이다. 이렇게 강자에 대항하는 약자의 승리를 기리는 것은, 약하지만 평화를 사랑하는 호빗(또는 '혼혈들') 프로도Frodo와 샘Sam이 절대반지를 파괴할 수 있으리라고 기대하는 것과 서로 통한다.

   톨킨은 고대 영어, 중세 영어, 영어사 등을 주로 가르쳤는데, 옥스퍼드의 강단에 선 첫해에 걸출한 시인이자 저자인 W.H. 오든이 그의 학생이 되었다. 오든은 톨킨을 통해 고대 영문학과 북유럽 문학과의 전후 관계에 깊은 관심을 가지게 되었으며, 《반지의 제왕》이 출간되었을 때도 기꺼이 격려의 서평을 썼다. 그러나 대다수의 다른 평론가들은 이 책이 도대체 어느 범주의 문학인지조차 이해하지 못했다. 물론 오든은 《호빗》 역시도 대단히 좋아했다.

세월이 꽤 흐른 후, 톨킨의 제자였던 토론토대학 대학원의 한 강사는 뇌리에 뚜렷이 새겨진 당시 톨킨의 강의 모습을 이렇게 회고했다. '그분은 가벼우면서도 기품 있는 태도로 강의실에 들어서곤 했다. 항상 떠오르는 것은 가운을 흐르듯이 드리우고 머리카락을 빛내며 《베오울프》를 큰 소리로 읽으시던 모습이다. … 그분이 세밀하게 묘사하는 공포와 위험—어떻게 해서 그렇게 된 건지는 모르지만—때문에 우리는 모골이 송연해지곤 했다. 그분의 낭독은 지금껏 들어본 다른 이들의 낭독과는 전혀 달랐다.'

이렇듯 톨킨은 시 낭독을 할 때는 에너지가 넘쳤지만 강의의 주력이라 할 수 있는 부분에서는 그렇지 못했다. 사실 그의 강의는 우물우물 말하거나 맥락 없이 지루하게 진행되는 것으로 악명이 높았다. 게다가 분필로 칠판에 판서를 할 때—아마 설명 중이던 앵글로색슨의 핵심 단어들이거나 했을 것이다—자기가 칠판을 가려서 학생들이 글을 확인하지 못한 줄도 모르고 확 지워버리는 일이 종종 있었다. 후년으로 가면서는 이런 일이 비일비재해서 시인 필립 라킨Philip Larkin 같은 사람은 그의 강의 스타일에 아주 질색했다.

그러나 처음부터 톨킨의 강의가 비호감이었던 것은 아니었다. 리즈대학 영문학과에서는 그의 강의를 듣기 위해 영어 과목을 수강하는 학생이 급증한 일도 있었다. 강사이며 소설가 그리고 유명 범죄소설 작가(범죄소설을 쓸 때는 마이클 이네스Michael Innes라는 필명을 썼다)

이기도 한 J.I.M. 스튜어트 J.I.M. Stewart 역시 톨킨의 옥스퍼드 시절 제자였는데, 그는 톨킨을 이렇게 기억했다. '그분은 강의실을 연회장으로 탈바꿈시켜 스스로 음유시인이 되었고, 우리는 향연에 초대받은 관람객이 되었다.' 스튜어트는 옥스퍼드에서 앵글로색슨을 가르치는 팀버밀 교수 Professor Timbermill라는 소설 속 인물을 통해 톨킨에게 '불멸'을 선사했다. 팀버밀 교수는 '말이 안 되는 긴 책―묵시적 전기소설의 일종―《마법원정대 The Magic Quest》를 써서 동료들을 괴롭히는 인물로 그려진다.

톨킨이 이따금 빈약한 강의를 해 보인 것과는 대조적으로 루이스는 명쾌하고 탁월한 강의를 하며 인상적인 방식으로 지식을 전수한다는 평판을 빠르게 얻어갔다.[4] 1923년 1월 23일이 그가 '18세기 낭만주의 운동의 선구자들 몇 명 Some Eighteenth-Century Precursors of the Romantic Movement'이라는 다소 조심스러운 제목으로 옥스퍼드 영문학과의 첫 강의를 한 날이었다. 그날 강의를 들은 사람들은 그가 이 강의를 위해 얼마나 많은 준비를 해야 했는지를 마지막 순간까지도 전혀 알아채지 못했다. 사실 루이스는 자신이 아주 잘 아는 분야인 시에 대해 강의할 수 있기를 바라고 있었는데, 개강 직전에 고참 선배 교수가 시 과목을 맡기로 했다는 사실을 알게 되

---

4 톨킨의 식견 있는 제자들은 스승이 언어와 중세 문학에 얼마나 열렬하고 감동적인 사랑을 지니고 있는지를 이해하고 있었다.

었다. 그래서 하는 수 없이 택한 것이 훨씬 덜 정통한 산문 작법 강의였다. 그런데 이것이 결과적으로는 낭만주의적 상상이라고 하는 그의 테마를 드높이는 전환점이 되었다.

루이스는 초반부터 강의 스타일의 틀을 잡아나갔다. 강의 노트에 의존하지 않고 강의를 하면 학생들의 참여를 높일 수 있을 것이라고 생각하여 개요만 제시해주고 즉흥적인 강의를 펼치기로 한 것이다. 그렇게 시작한 결과 그는 옥스퍼드 재직 기간 내내, 그리고 나중에는 케임브리지대학에서도 선별한 인용문을 적어 놓은 요점 노트로만 강의를 하게 됐다. 실제로 그는 범상치 않은 수준을 넘어 거의 사진을 찍는 것처럼 선명한 기억력을 자랑했으므로 적어 놓은 것을 보지 않고도 인용문들을 다 외울 수 있었다. 요점 노트는 단지 강의의 흐름을 상기시키는 보조 수단이었을 따름이다.

그의 일과에서 꽤 많은 시간이 소요되는 일은 아침 시간의 개별 지도였다. 초창기에 그가 개별지도를 한 학생 중에 장차 계관시인이 될 존 베처먼John Betjeman이 있었다. 그는 아주 가끔만 스승이 좋아할 만한 에세이를 써내곤 했다. 루이스는 베처먼이 너무 느긋하고 나태하다고 생각했으며 그 때문에 속을 좀 썩였다. 그 해 연말 무렵의 어느 날 아침에 베처먼은 슬리퍼를 신고 개별 지도를 받으러 나타났다. 그는 발에 물집이 생겨 부득이하게 신발을 제대로 못 갖춰 신었다면서 신경 쓰지 않으셨으면 좋겠다고 설명했다. 루이스는 제자의 독선적인 태도에 기가 차서 자기는 그런 문제에 대단히 신경을 쓰는 사람이라고 타박을 주었다. 나중에 베처먼은 학위 취득을 하지 못하게 되었는데 이 일로 루이스에게 악감정을 품고 그걸 자신의 시에 쓰기까지 했다.

톨킨과 루이스, 만나다

옥스퍼드의 강단에 서기 시작한 첫해에 루이스와 톨킨은 트리니티Trinity(성삼위일체라는 의미. 옥스퍼드의 여름 학기의 명칭 – 역주) 학기 때까지도 서로 만난 적이 없었다. 1936년 5월 11일 영문학 교수단의 차 모임에 참석한 것이 두 사람의 첫 만남이었다. 이 자리에는 학부 시절 루이스를 가르쳤던 사람도 참석해 있었다. 바로 루이스와 네빌 코그힐의 인연을 맺어준 토론 수업의 교수 조지 고든이었다. 그 외에도 강사인 로널드 플레처Revd Ronald Fletcher 목사와 마거릿 리Margaret Lee 그리고 톨킨이 있었다. 루이스의 표현에 따르면 톨킨의 첫인상은 '붙임성이 있고, 낯빛이 창백하며, 달변인 키 작은 친구'였다.

루이스는 영문학 강의의 접근방식에 대한 평가를 듣고 싶어 했고, 톨킨은 대학에서 언어와 문학을 함께 활성화하는 것에 관심이 있었다. 루이스는 몇 가지 중요한 논의거리에 대해 톨킨의 의견을 구했다. 그리고 에드먼드 스펜서(루이스가 가장 좋아하는 작가 중 한 명인)에 대해 어떻게 생각하는지를 물어보았다. 톨킨은 스펜서가 시에서 쓴 '형식들' 때문에 그의 작품을 별로 좋게 보지 않는다고 했다. 또한 언어는 '진정한 것'인 반면 '문학은 서른에서 마흔 사이의 사람들이 오락으로 끼적거리는 것'이라는 말까지 하면서 문학을 상대적으로 낮게 평가했다. 그날 루이스가 자신의 일기에 톨킨과의 만남에 대해 적은 글은 꽤 유명하다. '해로울 것 없는 사람. 그러나 한 대 맞을 필요가 있어 보였다.'

루이스는 장차 문학에 대한 엄청난 애정을 발견하게 될, 특히 오백 년 넘은 문학에 열중하게 될 다소 독단적인 이 신임 교수에게 딱히 반감을 품고 있지는 않았다. 루이스는 1926년 또는 1927년에 톨킨이 결성한 조그만 모임에 참석해달라는 초대에 순순히 응했고, 그로부터 얼마 지나지 않아 두 사람은 친구가 되었다. 콜바이터스Coalbiters(고대 스칸디나비아 어 Kolbitar에서 따옴)라는 모임은 톨킨이 옥스퍼드에서 강의를 하기 시작한 직후에 만든 비격식 독서회였다. 목적은 《운문 에다Poetic Edda》 같은 고대 스칸디나비아나 아이슬란드의 문학을 읽고 번역할 수 있도록 함께 공부를 하자는 것이었다. 콜바이터스(분탄粉炭이라는 의미 - 역주)라는 이름만으로도 살을 에는 듯한 혹독한 겨울에 뜨거운 석탄불 주변에 바짝 다가앉은 사람들의 모습이 생생하게 그려진다. 루이스와 함께 엑세터칼리지의 연구 강사가 되었던 코그힐도 이 모임에 참석했다. 모임이 이루어진 곳은 주로 선술집 또는 영문학 강사 존 브라이슨John Bryson의 집이었다.

이들 중 고대 언어에 가장 능숙했던 것은 역시 톨킨이었다. 그에게는 이 언어들의 다양성이 오래된 와인에서 나는 특유의 풍미나 마찬가지였다. 오래지 않아 그는 북유럽의 글들을 원본의 어조를 담아내기 위해 신중하게 양식화한 현대 영어로 옮길 수 있게 되었다. 그가 고대 스칸디나비아의 글을 현대판으로 번역하는 일에 얼마나 능통했는지를 보여주는 예가 아이슬란드와 노르웨이의 시가詩歌에서 유래된 《시그루드와 구드룬의 전설The Legend of Sigurd and Gudrún》이다. 톨킨에 비해 매우 더디기는 했지만 다른 사람들도 북유럽의 이야기에 매료되었기는 마찬가지였다.

이 그룹의 성격은 잉클링스와는 꽤 달랐다. 멤버들이 전원 대학에 몸담고 있는 데다 모임의 횟수도 별로 많지 않았고—격주 또는 학기당 서너 차례— 관심 분야가 매우 한정적이었던 것이다. 말하자면 이들은 누구 할 것 없이 고대 영어 군에 속한 고대 언어들의 지식을 습득하는 일에 열중했다. 루이스의 기록에 따르면 어느 날은 '아이슬란드어'를 주제로 모여서 자정을 넘긴 적도 있었다고 했다. 이렇듯 기본적으로 성격이 달랐다고는 하지만 루이스의 모임 친구 중 두 사람이 콜바이터였다. 이 사실로 미루어보아 콜바이터스가 씨앗이 되어 루이스를 중심으로 모인 더 큰 그룹 잉클링스가 만들어진 것이 아닐까 짐작해볼 수 있다. 게다가 잉클링스의 멤버들에게도 북유럽의 신화와 전설은 고대 스칸디나비아어를 익히지 않았을 뿐 친숙한 테마였다.

콜바이터 모임의 중요한 의의는 톨킨과 루이스가 일찍감치 우정을 쌓기 시작했다는 것이었다. 두 사람은 콜바이터스나 이런저런 모임에 나갔다가 함께 루이스의 연구실로 가서 밤늦도록 이야기를 나누곤 했다. 1929년 10월에 아서 그리브스에게 쓴 편지에서 루이스는 어느 날 저녁 무슨 단체의 회합이었는지(콜바이터스는 아니었다)에 참석하고 난 뒤의 일을 들려주었다. 톨킨이 자신의 연구실로 와서 함께 밝은 난롯불 앞에 앉아서 세 시간이나 신, 거인, 아스가르드Asgard(북유럽 신화에서 신들의 거처 – 역주)에 대한 이야기를 나눈 뒤 비바람을 뚫고 귀가했다는 것이었다.

점차 두 사람은 루이스에게 개인수업 일정이 없는 월요일 아침마다 모들린칼리지에서 만나 이야기를 나누게 되었다. 그리고 이 잦은 만남이 결과적으로 잉클링스를 결성하는 데 가장 중요한 요소가 되었다. 그들의 대화는 깊고 넓었으며, 때로는 '세상의 담장'을 넘어가곤 했다. 장차 그들이 만들게 될 잉클링스의 중추가 어떤 성격을 띨지 가늠할 수 있게 하는 대목이다. 잉클링들이 하게 될 이야기가 전기적인 서사 예술이 되리라는 것, 다른 세상에 관한 단서가 되리라는 것, 그 너머에는 본질적으로 인간이 존재하며, 그 인간이 단순히 생을 영위하는 것을 초월하게 되리라는 것 등이었다. 제2차 세계대전 중에 잉클링스의 멤버가 되었던 로드 데이비드 세실Lord David Cecil은 이런 초월성이 18세기의 수많은 시에 결여되어 있다고 지적한 적이 있다. "자연을 묘사하는 것은… 정확하다. 그러나 그것들은 '땅이나 바다에서는 결코 찾을 수 없는 빛'의 후광을 받지는 못한다. 그 빛이 위대한 시들을 비추는 것이다. … 빛이 시의 심장부에 가 닿아야 그 시는 진정한 아름다움, 즉 시를 표현하는 형식 언어를 넘어 파토스^{pathos}(예술작품의 감정적, 주관적 요소 - 역주)를 획득하는 '시적 정취'를 발한다."

친구가 되고 나서 루이스는 종종 톨킨의 집을 방문하기 시작했다. 그러면 톨킨은 베렌과 루시엔 이야기의 운문 버전을 포함하여 작업 중이던 《실마릴리온》을 읽어주곤 했다. 루이스는 기꺼이 미완의 운문을 집으로 가져가 읽고 세세한 의견을 덧붙여 톨킨에게 되돌려주었다.

두 사람 사이의 대화는 당연히 잉클링스의 발아에 대단히 중요한 영향을 끼쳤으며 각자의 저술 활동에 끼친 영향도 이에 못지않았다. 루이스가 결국 그리스도교로 개종하게 된 것 역시 마찬가지였다. 그뿐만 아니라 두 사람이 옥스퍼드대학 학부에서 영문학을 가르치는 방식에도 크나큰 영향을 미쳤다.

다름 아니라 옥스퍼드 영문학과의 우등학위 과정에 고대영문학의 연속성에 중점을 둔 강의요목을 채용할 계획을 세웠던 것인데, 사실 이런 계획은 당대의 강력한 모더니즘 경향과는 배치되는 것이었다. 루이스의 사후에 데임 헬렌 가드너$^{\text{Dame Helen Gardner}}$(얼마 후 머튼의 영어영문학 교수$^{\text{Merton Professor of English Lanuage and Literature}}$가 된다)는 이에 대해 이렇게 썼다.

어쩌면 루이스가 옥스퍼드 영문학과의 수업에 끼친 가장 의미심장한 영향은 친구인 J.R.R. 톨킨 교수와 함께 최종우등학위 과정의 강의요목을 확립한 것일 수 있다. 이 강의요목에는 중세(특히 고대영어)문학의 가치에 대한 그의 믿음과, 현대 문학을 제대로 연구하기 위해서는 지난 시대의 문학을 연구함으로써 언어학적 훈련을 해야 한다는 확신, 그리고 영문학의 연속성에 대한 통찰이 구현되어 있었다… 그렇게 시작되어 20년이 넘게 사용되는 강의요목이라면 여러 모로 찬사를 받아 마땅하다.

당시 옥스퍼드 영문학과는 독립적인 학부로서 걸음마를 하는 단계였다. 케임브리지 영문학과 역시 비교적 신설에 속하며 어떤 면에서는 옥스퍼드와 라이벌이기도 했지만 케임브리지 쪽이 '새 심리학'과 I.A. 리처즈의 영향(3장 참고)을 많이 받았다는 점에서 근본적으로 달랐다. 케임브리지 영문학과는 실천비평 쪽에 초점을 맞추었다면 루이스와 톨킨은 더욱 폭넓은 접근법을 선호했다. 두 사람은 그들이 애정을 지니고 있던 '이전 시대'로 거슬러 올라가 거기서부터 되짚어오는 식의 오래된 학문적 관점을 채용했다. 이 과정에서 루이스는 톨킨이 단순한 어학자의 수준을 훨씬 뛰어넘었다는 점에 매혹되었다. 톨킨은 언어를 폭넓은 맥락 속에서 바라보는 사람이었다. 그는 모든 언어에 신화가 담겨 있다고 믿었다. 특히 고대의 언어는 단어 하나에도 신화의 비밀이 깃들어 있으며, 근면하고 주의 깊은 문헌학자는 그 비밀을 알아낼 수 있다고 보았다.

톨킨에게 '언어학은 인간의 문자를 이루는 토대'였다. 그는 '옥스퍼드 영문학과(1930)'라는 에세이에서 문학적, 어학적 접근 두 가지 모두 글로 쓰인 작품들의 예술성에 적절히 응답하기에는 부족하다고 했다. 특히 고대에 쓰인 작품은 더 그렇기 때문에 어학과 문학의 양쪽에 걸친 '언어학'이 이에 대해 응답할 수 있어야 한다고 했다. 톰 쉬피 역시 톨킨이 문예 작품들을 언어학적인 방식으로 바라보았으며 그의 소설들이 바로 그런 시각에서 나왔다고 했다. 또한 이런 관점에서 보면 톨킨은 19세기 독일 언어학자인 제이콥 그림, 빌헬름 그림 Jacob and Wilhelm Grimm과 닮았다고 했다. 이들 그림 형제가 학문과 동화의 채집을 연계하여 해 나갔듯이 톨킨 역시 언어학 연구를 하면서 이를 바탕으로 상상적인 작품을 썼다는 것이다.

이처럼 톨킨은 옥스퍼드라고 하는 토양에서 강사 또는 교수로서의 직분을 충실히 해내면서 동시에 상상문학의 작가가 되고자 했다. 그 과정에서 오웬 바필드가 말한 상실된 인간 의식을 최소한이라도 회복시키려 했다. 1930년대에 톨킨과 루이스는 파편화되지 않은 전체로서의 인간 의식의 회복을 대단히 중요한 식견으로 받아들이고 있었다. 톨킨의 개인적인 이유 또는 다소 공적인 동기가 무엇이었든지, 두 사람의 첫 만남 이후 3년 남짓 동안 톨킨이 옥스퍼드 영문학과의 우등학위과정에서 끌어내리려고 했던 변화의 뒤에는 반드시 루이스가 있었다. 이 변화들은 언어와 문학이 더 가까워지게 했고, 대단히 논쟁적이기는 했지만 1830년 무렵에 일어났던 낭만주의 운동의 영향을 받아들인 강의요목을 탄생시켰다.

　루이스가 '대분수령Great Divide'이라고 표현한 새로운 사반세기 중에서도 그의 첫 케임브리지 강의가 1830년에 있었던 것은 단순한 우연의 일치가 아니었다. 루이스가 보기에 1830년은 '기계의 시대'가 도래하면서 서구 문명이 '올드웨스트Old West'의 일부가 되기 시작한 전환점이 되는 시기였다. 그야말로 문화적, 사회적으로 분수령을 맞이한 때였던 것이다. 루이스는 이 시기를 르네상스 또는 계몽주의 시대에 버금가는 것으로 받아들였다.[5] 물론 루이스나 톨킨 같은 사람들에게 이 시기가 진정한 르네상스의 분수령이 되려면 독자들이 자신들과 같은 상상과 믿음을 받아들인다는 전제가 충족되어야 했다. 그래서 그들은 영문학과 교수들의 주특기인 잘 정리된 텍스트 이해의 지침들을 과감히 버렸다. 대신에 이들이 제공한 것은 불명료한 도움, 단어의 의미 변천에 대한 길안내, 이전 시대에 대한 상상의 세계를 음미할 수 있게 지원하는 것이었다. 개량된 강의요목은 기본적으로 톨킨과 루이스 두 사람이 자신들의 글(루이스의 경우 비소설과 소설 모두에서)에서 폭넓게 지지해온 '올드웨스트'의 표본이나 마찬가지였다. 또한 이 광대한 1830년 이전 시기의 문화와 세계관은 일반적으로 전근대와 '올드웨스트'라는 틀 안에서 잉클링들이 함께 애호한 테마였다. 적어도 1930년대와 1940년대에 존재하던 대부분의 멤버들 사이에서는 그랬다. 이들이 한데 뭉쳐

후일 루이스의 이미지를 드높이는 공룡군단이 되었다. 특히 옥스퍼드 영문학과 강사였던 잉클링들은 새 강의요목을 신성시하다시피 하였는데, 이것은 반대 세력에 맞서 일종의 전투를 벌인 것이나 마찬가지였다.

톨킨의 개량된 강의요목은 1931년에 채택된 뒤 데임 헬렌 가드너가 이야기한 것처럼 아주 오랫동안 이용되었다. 지금도 영문학의 폭넓은 시대를 아우르는 형태로 여전히 옥스퍼드의 영문학 우등과정에서 강의요목의 기조를 이루고 있다. 이는 케임브리지에서 리처즈의 심리학적인 강조점은 크게 수정되었지만 여전히 실천 비평을 중요하게 다루는 것과 마찬가지다. 루이스는 당시 이런 변화를 성공적으로 조율한 톨킨에게 '모사謀事의 제왕'이라는 별명을 지어주었다.

---

5   어느 자리에서 루이스는 근본적 분리가 그 발아의 시초에서부터 위대한 중세 철학자 세인트 토머스 아퀴나스의 사상으로까지 거슬러 올라가는 것인지에 대해 질문했다. 《사랑의 알레고리》에 그는 이렇게 썼다. "아리스토텔레스는 누구보다 앞선 분리의 철학자이다. 질송M. Gilson이 기술했다시피 그가 가장 위대한 제자(아퀴나스)에게 끼친 영향은 사상의 흐름에서 깊은 협곡을 만드는 결과가 되었다. 아퀴나스를 변곡점으로 하여 범신론의 위험은 줄어들고 기계론적 이신론mechanical Deism(다이즘, 즉 이신론은 하나님이 우주를 창조하긴 했지만 관여는 하지 않고 우주는 자체의 법칙에 따라 움직인다고 보는 사상이다)의 위험이 한 걸음 더 다가온 것이다. 그건 마치 데카르트의 희미한 그림자가 처음으로, 또는 '우리의 현재의 불만'이 첫선을 보인 것이나 마찬가지이다." 88쪽.

케이브

옥스퍼드 영문학과에서 새로운 강의요목 때문에 불편해하고 언짢아하는 사람들이 많았던 것은 어쩌면 당연한 일이었다. 톨킨과 루이스에 대한 반발이 생겨나자 다수의 동료들이 '결사'를 조직하여 '케이브The Cave'라는 이름으로 두 사람의 옹호 활동을 펼쳤다. 케이브 즉 동굴은 성경에 나오는 다윗과 사울 왕의 이야기에서 인유한 것인데, 다윗이 사울에게 저항한 중심지가 바로 동굴이었다. 케이브는 새 강의요목이 실행된 1931년에 결성되었으며, 루이스의 친구들이 모인 몇 개의 큰 그룹으로 이루어져 있었다. 톨킨과 루이스는 물론이고, H.V.D. 다이슨, 네빌 코그힐 등이 멤버들이었는데, 알다시피 이 네 사람은 2년 남짓 지난 후에 잉클링스가 처음 형성되었을 때 구성원의 절반이 넘는 인원을 차지한 원년 멤버들이었다. 케이브는 잉클링스와 달리 전원이 옥스퍼드의 교직원들이었고, 오로지 영문학과 출신들로만 구성되었으며, 어렵사리 채택된 새 강의요목을 지킨다는 한정된 목표를 지니고 있었다. 실제로는 단순히 친교를 다지는 정도이기는 했지만.

잉글랜드를 통틀어 가장 마지못해 이루어진 개종

루이스와 톨킨의 우정은 루이스가 무신론을 버리고 그리스도교로 개종하는 데 결정적인 영향을 미쳤다. 두 사람이 대화를 나누는 과정에서 루이스의 유물론 및 현실 감각과 맞지 않는 모순적인 상상력을 지적한 바필드의 의견에 더 힘이 실리게 된 것이다. 뿐만 아니라 루이스는 언어학자의 입장에서 영문학 연구에 다가가는 톨킨의 접근법이 중요한 의미를 지니고 있다는 걸 알게 되었다. 이에 대해 루이스는 《예기치 못한 기쁨》에 이렇게 써놓았다. '톨킨과의 우정은… 두 가지의 낡은 편견을 타파하는 결과가 되었다. 내가 처음 세상에 발을 디디면서 들은 이야기는 절대로 로마가톨릭 신자들을 믿지 말라는 경고(은근한 방식으로)였고, 영문학과 교수진으로서 첫발을 디디면서 들은 이야기는 절대로 언어학자들을 믿지 말라는 것(대놓고)이었는데, 톨킨은 두 경우 모두에 해당되었다.' 톨킨 외에 루이스의 개종에 큰 역할을 한 또 한 사람은 휴고 다이슨이었다. 루이스 본인이 자기가 그리스도교 신앙을 받아들이는 데 가장 주된 역할을 한 사람이 이 둘이라고 밝힌 바 있었다.

휴고 다이슨은 1922년에 영문학과를 졸업하고 1924년에 대학원에서 문학사 학위를 받은 뒤 당시 크라이스트처치칼리지를 통해 옥스퍼드와 결연이 되어 있던 리딩대학교Reading University에서 강사 겸 개인지도 교수로 일했다. 그는 1945년에 머튼칼리지의 명예교수가 되었는데, 그때까지 꾸준히 옥스퍼드의 공개강의 강사로 일하는 등 모교와 긴밀한 관계를 유지하고 있었다. 리딩대학교가 옥스퍼드에서 26마일밖에 떨어져 있지 않은 데다 철도 환승이 편리해서 다니기 좋은 것도 여기에 한몫을 했다. 루이스가 다이슨을 알게 된 것은 1930년에 네빌 코그힐의 소개를 통해서였다. 그리고 이 만남으로 루이스는 잉클링스의 초기 구성원 모두를 사귄 셈이 되었다.

물론 세 사람 외에도 루이스가 친교한 미래의 잉클링스가 없지는 않았다. 목사인 애덤 폭스^{Adam Fox}가 그런 사람 중 한 명이었다. 두 사람은 모들린칼리지에서 자주 아침을 함께 먹으며 담화를 나누었다. 폭스는 1883년생으로 톨킨보다도 더 나이가 많았고, 루이스와는 유니버시티칼리지 동문(1906년 졸업)이었다. 오랫동안 교사 생활을 하다가 영국 국교회의 성직을 수임하였으며, 건강상의 이유로 남아프리카 론드보쉬^{Rondebosch}에 있는 교구칼리지에서 한동안 교사로 일했다. 루이스와 만났을 때는 모들린에서 명예교수 겸 신학부 학장^{Dean of Divinity}에 채용되어 옥스퍼드로 돌아온 차였다. 마침 루이스가 무신론을 버린 상황이었거나 그 비슷한 단계에 있을 무렵이었다. 폭스는 학장으로서 아침 8시에 대학 부속의 아름다운 예배당에서 '학장 예배'를 올렸다. 겸손해서 잘 드러내지는 않았지만 사실 폭스 역시 일류라고는 할 수 없어도 시인이었다. 이 점은 나중에 그가 옥스퍼드의 시학 교수 자리를 얻고자 했을 때 논란이 일어나고, 그를 밀어주려는 운동에 잉클링스가 관여하게 되는 원인이 되기도 했다.

루이스가 유물론자에서 범신론을 거쳐 만물을 주재하는 신성한 창조자가 있다는 사실을 받아들이고 결국 그리스도교 신앙을 가지게 되기까지의 복잡한 경로를 일일이 훑어내려 하면 책 한 권으로도 모자랄 것이다. 그의 개종에는 바필드, 다이슨, 톨킨이 모두 직간접적으로 관여하고 있었다. 결론적으로 말하면 적어도 잉클링스의 핵심 구성 성분 중 하나가 그리스도교임은 분명했다(루이스에 따르면 또 다른 구성 성분은 '글을 쓰고자 하는 성향'이었다). 루이스와 그의 형 와니가 그리스도교로 개종하지 않았으면(와니는 루이스보다 조금 앞서 개종했다) 잉클링스의 성격은 매우 달라졌을 것이다. 적어도 그런 성격의 모임은 아니었을 터다.

　루이스는 자서전에서 자신이 유신론자가 된 것은 보이는 자연이 전부가 아니라는 것을 인정했기 때문이라고 말했다. '1929년의 트리니티 학기에 나는 신을 받아들이고 무릎을 꿇어 기도를 올렸다…'. 그런데 나중에 그는 이때 자신이 추구한 대상이 신이 아니었다고 고백했다. 그에게 신은 프랜시스 톰슨의 유명한 시에서 의미하는 '하늘의 사냥개Hound of Heaven'에 더 가까웠다. 신이 그를 뒤쫓는다고, 그것도 의도적으로 뒤쫓아 괴롭힌다고 느꼈다는 것이다. 따라서 이 대목으로 미루어 당시 루이스는 신을 받아들이기 전이었거나, 그리스도교를 향해 가는 결정적 단계에 있었던 것이 아닐까 하는 추측을 해볼 수 있다[앨리스터 맥그래스Alister McGrath(북아일랜드 출신의 신학자 - 역주)는 루이스가 유신론으로 전환한 때를 1929년이 아니라 1930년으로 수정해야 한다고 주장한다]. 즉 '하늘의 사냥개' 운운한 편지는 바필드에게 보내는 주의경보의 의미였다는 것이다. 반면 루이스의 형 와니는 바필드에게 보낸 이 편지를 '잭이 그리스도교로 다시 돌아올 때가 임박했음을 명확히 알려주는 첫 징후 중의 하나'로 해석했다. 이것이 루이스의 변화에서 어떤 단계였든지, 주의경보라고 할 만한 것들이 그에게 일어난 것은 분명했다. 그는 철학적인 표현을 써서 '영성' 또는 '진정한 자신'이 훨씬 더 개인적인 부분에까지 미치기 시작했다고 하면서 당황스럽게도 이것들이 공격받고 있다고 했다. 아닌 게 아니라 그런 식의 공격은 신이 할 법한 일이기는 했다. 그는 편지를 이렇게 끝맺었다. '그러니 늦어도 월요일에는 오는 게 좋을 걸세. 아니면 자네 친구가 수도원으로 들어가 버릴 수도 있어.'

《예기치 못한 기쁨》에서 루이스는 톰슨의 '천국의 사냥개' 은유를 확장하여 자신을 사냥개 무리에 바싹 쫓기고 있는 존재로 비유했다. 그는 범신론과 '절대적 관념론(그가 신봉한 당대의 대중적인 철학)'의 우거진 숲 밖으로 내몰려 허허벌판에서 기진맥진해 있었다. 플라톤, 단테, 조지 맥도널드 같은 지나간 인물들은 물론 바필드, 톨킨, 다이슨 같은 친구들까지 합세해 그를 뒤쫓고 있었다.

신이라고 할 수 있는 존재에 대한 믿음을 지니게 된 이야기를 할 때면 루이스는 수많은 종교적 신비주의 요소들을 끌어들였다. '외경의 공간에서는… 가장 깊은 고독의 순간에 자신에게서 곧장 빠져나올 수 있는 길이 있다. 무언가와 영접인 교섭을 하는 것이다. 이는 우리가 지닌 생물학적 또는 사회적 필요, 또는 상상한 것이나 우리 마음의 상태 등을 어떤 지각 대상과도 동일시하기를 거부함으로써 이것들을 순수하게 객관화한다고 선언하는 것과 같다. … 즉 무심상無心像의 벌거벗은 타자他者가 되는 것이다(비록 우리의 상상력은 수백 가지의 심상을 쏟아내겠지만).'

루이스는 자신이 이성적 추론만이 아니라 경험을 통해 신에게 다가갔다고 주장했다.[6] 신에 대한 지식과 살아있는 경험이 합쳐져 그가 명명한 '기쁨'이 된다는 것이었다. 이것은 달랠 수 없는 그리움 또는 '달콤한 욕망'으로써 그 대상이 자연이든 예술이든 혹은 인간적인 사랑이든 인간의 경험 안에서는 만족될 수 없는 성질의 것이었다. 그는 천천히 세상의 너머에 존재하는 신 그 자체에 속한 충만감을 발견해 나갔다. '기쁨'을 중심에 두면서 루이스는 워즈워스, 콜리지, 조지 맥도널드 그리고 낭만주의 운동이 일기 전부터 이런 시를 써온 다른 많은 이들, 즉 헨리 본Henry Vaughan이나 토머스 트러헌Thomas Traherne(두 사람 모두 '형이상학파'라고 불린 17세기의 종교 시인이다 - 역주) 같은 이들과 자신이 낭만주의의 전통으로 연결되어 있음을 깨닫게 되었다. 물론 자신을 뒤쫓는 사냥 무리에 관한 비유에서도 언급한 것처럼 플라톤, 보에티우스, 체스터턴, 버클리 주교Bishop Berkeley 같은 철학자 및 사상가들과 성 아우구스티누스, 아타나시우

---

6   유신론으로의 개종이 완성되지 않았던 초창기에 그는 이런 선언을 했다. '나는 경험적 유신론자이다. 나는 귀납적 결론에 의해 신에게 도달했다.'

스 같은 교부들의 영향은 또 그것대로 인정했지만 말이다.

우주를 주재하는 신의 존재를 받아들이면서 루이스는 감정의 변화를 겪게 되었다. 당시 그는 그리스도교로 개종하고 나서 그의 글에 명명백백 드러나게 될 생각들을 아직 완전히 포용한 상태가 아니었다. 단 이때부터 친구들과 와니에게 보내는 편지에 이전과는 다른 내용들을 적기 시작했다. 그러나 여전히 의심이 남아 있었고, 신이 사람들의 삶에 직접 관여할 수 있다는 생각에 놀라곤 했다. 결국 그는 신을 향해 가는 여정을 다룬 두 가지 버전(운문과 산문 버전)의 자서전을 내겠다는 계획을 폐기했다. 여전히 결론이 나지 않았고 완전한 결심이 서지도 않았기 때문이었다. 그가 그리스도교를 향한 순례의 행적을 기록한 《예기치 못한 기쁨》을 출간할 준비를 끝내기까지는 이후로도 사반세기의 시간이 지나야 했다. 그리고 그 시간 동안 톨킨과의 긴 대화가 이어졌다.

Chapter 5

잉클링스의 탄생

 The Oxford Inklings

잉클링스의 결성 이전의 상황을 이야기할 때 핵심 멤버 중 쉽사리 간과되는 인물이 한 명 있다. 확실히 그는 C.S. 루이스, J.R.R. 톨킨, 오웬 바필드, 특히 찰스 윌리엄스처럼 이 그룹의 성격을 형성하는 데 뚜렷이 관여하지는 않았다. 대신에 그는 그룹의 존속 기간 내내 루이스와 거의 매일 접촉했다. 잉클링스의 누구도 그처럼 다른 동료 멤버와 지속적이고 한결같은 유대를 맺지는 않았다. 유려한 문체로 쓰인 그의 일기는 비록 때때로 끊어지기는 했지만 이 서클의 생활을 엿볼 수 있는 귀중한 기록으로 남아 있다. 제2차 세계대전의 첫 몇 달 동안 루이스가 그에게 보낸 편지들은 이 모임에 관해 값을 헤아릴 수 없는 통찰을 포함하고 있다. 루이스의 칼리지룸에서 열린 회합에 참석한 사람들의 기억에는 그의 따뜻한 환대, 그가 대접해준 풍부한 커피와 음료들, 그의 다함없는 정중함이 뚜렷이 남아 있었다. 그는 나중에 영국 육군 소령이 된 W.H. '와니' 루이스였다.

1920년대에 와니는 직업 군인으로서 복무하느라 장기간 외국에 나가 있었다. 군수품 보급을 감독하는 임무를 맡고 잉글랜드를 떠나 아프리카의 서부 해안에 있는 시에라리온에서 1년 머물렀고, 이어서 중국에서 3년 근무했다. 중국에서는 남중국의 카오룽(Kowloon)과 상하이가 근무지였다. 임기가 끝나자 그는 육군성에 이야기해서 중국에서 화물상선을 타고 귀환하기로 하고 상선의 항로를 따라 여러 나라를 돌아보았다. 1930년 2월에 상하이에서 출항, 인상적인 일본 기항에 이어 미국의 항구 두 곳을 거쳤다. 일본에서는 교토와 가마쿠라를 방문했는데, 가마쿠라에서는 유명한 거대 다이부츠 불상 Dibutsu Buddha을 보았다.

> 널따란 가로수길이 뻗어 있었고, 길 끝에 불상이 있었다. 200야드 거리에서도 눈에 들어오는 거대한 불상이었다. … 어마어마한 크기―높이가 50~60피트에 이르는―도 그렇지만 그만한 크기의 불상을 주조하여 조각할 수 있었던 명인의 솜씨가 매혹적이었다. 불상의 거대한 얼굴에는 뭔가 신비스러운 느낌이 깃들어 있었다. 반쯤 감긴 듯한 눈꺼풀로 내려다보는 그 얼굴은 마치 이런 이야기를 하고 있는 듯했다. '나는 언제나 모든 걸 알고, 늘 여기 있으며, 네가 무엇을 하고 어떤 말을 하든지 너의 작은 삶은 헛될 뿐이다.' 나는 며칠 묵으면서 이른 아침과 저녁마다―그러나 달빛이 비치는 밤에는 가지 못했다―몇 번이고 다시 그 불상을 보러 갔다. 아마 거의 열 번 정도 찾아가 그 얼굴을 올려다보았던 것 같다.

이 불상은 와니에게 그리스도교 신앙으로 되돌아가기 전 1년이 넘도록 이례적인 영향을 미쳤으며, 남은 생애 내내 '아주 아름다운' 작은 불상 모형을 보관하게 만들었다. 이 경험은 10년 후 그의 동생 루이스가 신비로움에 관한 인간의 감각에 대해 글을 쓸 때 '초자연'의 '가장자리'라는 표현을 쓰면서 경외의 감정을 불러일으키는 보다 근원적인 경험을 이야기한 것과 상통할 것이다. 신비로움이란 보이는 것 너머의 더 큰 세상을 가리키는 표시이며, 루이스의 관점에서는 종교가 생겨나는 데 도움이 되는 그 무엇이었다. 그리고 이런 경험들은 잉클링스를 형성한 사람들이 공통으로 지닌 관심사였다.

와니는 미국에서도 잠깐 머물면서 샌프란시스코(이곳에서 저렴한 담배와 으리으리한 마천루를 발견하고 기뻐했다)와 로스앤젤레스를 방문했다. 이어 그가 탄 화물선은 파나마운하를 통과한 후 뉴욕항에 닻을 내렸다. 처음 본 맨해튼과 그곳의 태양은 '환상적인 요정의 도시처럼' 또는 화가가 묘사해놓은 아발론Avalon(영국 아서왕의 전설에 나오는 낙원 - 역주)처럼 와니를 사로잡았다. 이렇게 외국에서 모험을 즐긴 와니와는 대조적으로 동생 루이스는 영국제도의 한정된 지역을 탐사하는 정도로만 만족했으며, 그것도 되도록 걸어갈 수 있는 거리를 선호했다(루이스가 해외여행을 한 경험은 두 차례 프랑스로 간 것과 그리스 여행 한 차례가 전부였다. 그나마도 첫 프랑스 여행은 어린 시절의 휴가 여행이었고, 두 번째는 전장에 배치된 것이었다. 그리스는 말년에 아내 조이 데이비드맨과 친한 친구들과 함께 휴가 여행을 다녀온 곳이다).

와니는 당시 삼십 대였지만 점점 더 조기 은퇴로 생각이 기울었다. 1930년 루이스는 무어 부인, 모린이 다년간의 셋집살이를 청산하고 영구 주택으로 이사하게 됐을 때 와니에게 은퇴하면 새 집에서 함께 살자고 제의했다. 와니는 중국 파견근무에서 돌아와 월트셔의 불포드Bulford에 배치되어 있었으며, 모터사이클로 자주 옥스퍼드를 오가는 생활을 하고 있었다. 그해 10월 마침내 그는 동생을 도와 이 가족과 함께 킬른스The Kilns(벽돌 가마를 의미하며, 루이스의 집에 붙여진 이름 - 역주)로 이사했다. 킬른스는 8에이커의 대지에 지어진 단층의 반半전원 주택이었다.

와니는 1930년 12월까지 휴가 동안 킬른스에 머물면서 자신이 바라던 더 안정되고 가정적인 생활에 대한 계획을 세웠다. 그는 더 폭넓은 여가 시간을 누렸고, 평소 즐기던 글쓰기와 연대기 작성도 계속해 나갔다. 글을 쓰고 연대별로 지난 일들을 기록하는 것은 이미 오래전부터 일기를 쓰면서 하고 있던 일이었다. 동생 루이스의 전폭적인 지지에 힘입어 그는 얼마 전 세상을 떠난 아버지 앨버트에게서 물려받은 엄청난 기록 문서들을 정리하고 꼼꼼히 엮어 여러 권의 책자로 만들었다. 이들의 아버지가 못 말리는 호더hoarder(강박적으로 무언가를 모아 쌓아두는 사람 - 역주)였기 때문에 가능한 일이었다. 이 프로젝트의 결과물이 《루이스 일가의 가족신문The Lewis Family Papers》이다.

와니는 기록들(편지, 일기, 사진, 다양한 문서들)을 분류하고, 타이핑하고, 날짜순으로 정리하는 엄청난 양의 작업에 착수했다. 손가락 두 개로 타자기를 두드려가며 일하느라 시간이 많이 소요되어서 은퇴 후 첫해가 훌쩍 지나갔다. 그런 다음에는 일정 분량으로 묶는 작업이 이어졌다. 그뿐만 아니라 그는 동생과 함께 알고 있는 지식과 기억들을 짜 맞추어 엄청난 양의 세세한 주석까지 첨부해 넣었다. 그렇게 완성된 책자는 사회사를 생활 속에서 자연스럽게 익힌 사람만이 해낼 수 있는 편집의 개가였다.

성령의 도보 여행과 길

1920년대에 루이스는 긴 산책과 도보 여행을 아주 많이 했다. 주로 오웬 바필드와 두 사람의 공동친구인 세실 하우드 그리고 인지학자인 월터 필드 Walter Field가 동행했다. 걷기는 루이스의 가장 큰 즐거움 중 하나였는데, 무엇보다도 무어 부인 모녀를 부양하는 생활의 짐에서 벗어날 수 있었고, 키우는 개를 산책시켜야 한다거나 하녀(킬른스로 이사한 후에는 관리인) 등의 일손을 직접 부려야 하는 불편함에서도 벗어날 수 있었기 때문이다. 바필드가 런던으로 떠나고 난 뒤에는 근무지가 비교적 가까이에 있던 형이 동행인의 자리를 채워주었다. 와니는 은퇴 후부터 지속적으로 루이스의 동행인 역할을 해줌으로써 동생의 인생에서 중심이 되었다.

1931년 1월 초에 루이스와 와니는 와이 계곡 Wye Valley을 향한 연례 도보여행의 첫 발을 내디뎠다. 와이 계곡은 세번 강 하구 Severn Estuary 옆의 챕스토 Chepstow 근처에서 시작하여 54마일가량에 걸쳐 있었다. 두 사람은 와이 강이 세번으로 흘러드는 지점에서 출발했다. 와니는 이날의 긴 산책에 대해 '내 인생 최고의 휴일 중 하나'라고 일기에 썼다.

루이스와 그의 형, 그리고 친구들은 걷는 휴일들을 즐기면서 많은 시간을 보냈다. '걷기'가 중류층과 인텔리겐치아 사이에서 유행이던 시대였다. 도시와 근교가 빠르게 확장되면서 많은 이들이 산책을 자연을 완상하는 새로운 방법으로 인식하기 시작했기 때문이다. 이렇게 해서 산책이 점점 더 가치 있는 취미로 받아들여지자 도보 여행에 관한 여행서와 기사 글, 도보 여행자의 시선이 담긴 산문이 인기를 끌었다. 옥스퍼드의 교수 발렌타인 커닝햄Valentine Cunningham이 쓴 글에는 1930년대 문학에도 이런 경향이 존재한다는 내용이 실려 있다.

> 풍경을 산책하고 지도를 그리고 주의 깊게 관찰하는 것이야말로 1930년대의 문학적 감각 그 자체였다. 또한 새로운 교외로 들어가거나 가로지르는 길 위, 또는 그 여정에서 예술과 정치를 발견할 수 있다고 여겼던 '30년대 작가들'에게도 가장 중요한 부분이었다. … 물론 이 문학 지도의 제작자들은 바로 전 시대의 선배들과 많이 닮았다. 조지 왕조 때의 소요가와 산책가들, 힐레어 벨록스Hilaire Bellocs와 리처드 제프리스Richard Jefferies(19세기 영국의 전원 작가들-역주) 등 전국의 술집에서 술집으로 이어지는 활발한 행진을 주도한 사람들 말이다. 이것이 C.S. 루이스와 그 친구들의 휴일을

특징짓는 모습이었으며, 세실 데이 루이스^C. Day Lewis^(19세기 영국의 계관시인 - 역주)가 이끌리게 될 모습이기도 했다. …

루이스와 그 친구들은 산책 혹은 반드시 산책이 포함된 짧은(때로는 조금 긴) 휴가에 매료되었다. 앞서 본 것처럼 학부 시절 루이스는 네빌 코그힐과 힌크시 언덕을 걸으면서 책과 사상에 대해 열띤 토론을 벌이곤 했다. 톨킨의 《호빗》이 1930년대에 창작되었고, 내용의 많은 부분이 긴 여정, 그것도 걸어서 하는 여행으로 이루어진 것이 우연은 아닐 것이다. 호빗 빌보 배긴스는 어쩌다 한 무리의 난쟁이들 사이에 섞여 길을 나서고 샤이어를 통과해 거대한 미스티 산맥^Misty Mountains^ 아래에 이르게 된다. 결국 이 원정대는 머크우드^Mirkwood^(암흑의 숲이라는 뜻 - 역주)의 위험과 맞닥뜨리지만 그곳마저 통과해 터벅터벅 나아간다. 《호빗》에 담긴 여정의 각 단계마다 풍경이 아름답게 묘사되어 있음은 물론이다. 1933년에 《순례자의 역정》을 쓸 무렵 루이스는 톨킨의 원고 대부분을 읽은 상태였다. 《순례자의 역정》이 주로 전원의 큰 도로와 소로를 따라 걸어가는 여정의 형식을 취한 것이 시기적으로 이해되는 상황이다. 적어도 루이스가 이 짧거나 긴 산책에서 창조성과 사상의 개발을 위한 정수를 발견했다는 점만은 분명하다.

《순례자의 역정》에서 루이스는 불신 상태부터 신의 존재를 인정하고 결국 그리스도교 신앙을 갖기까지의 자신의 노정을 그려냈다. 그 노정에는 '인간됨'으로 이끌어주는 '주요' 경로와, 고립된 지성 또는 고삐 풀린 지각의 불안정한 어리석음으로 이끄는 곁길과 갈림길이 얽혀 있었다. 그리고 그 길을 그의 형이 한 발 앞서 걷고 있었다. 1931년 5월, 킬른스를 찾아가 보낸 수많은 주말 중 어느 하루, 와니가 그리스도교 신앙으로 되돌아가게 된 결정적인 사건 역시 이 노정에서 일어난다. 와니는 며칠 후의 일기에 이 일을 이렇게 기록했다.

> 나는 기억이 나지 않을 정도로 오랫동안 중단한 끝에 다시금 기도를 읊조리기 시작했다. 그것은 갑작스러운 충동이 아니라 꽤 긴 시간 동안 내 안에서 자라온 그리스도교의 진실을 확신한 결과였다. 오랜 시간 논리적 근거를 찾느라 애썼지만 결국 존재하는 일체의 것들이 우연의 소산일 수는 없다는 사실을 받아들이게 된 것이다. 그것은 생명의 근원에 대해 어떤 확실한 설명도 주지 못하는 유물론의 무능을 인정하는 것이기도 했다. 나는 행복한 기분으로 유물론적 시각으로는 이해되지 않을 생활로 되돌아가게 되었다. 조금 더 준비가 되면 다시 한 번 교회에 나갈 생각이다. 이제 수레바퀴가 완전한 한 바퀴를 돌았다. 냉담함, 회의론, 무신론, 불가지론을 돌아 다시 그리스도교로 나아가는 것이다. 내가 이 신앙을 잘 보존해갈 수 있기를 바란다.

와니가 개종하고 나자 초기에 잉클링스의 일원이 될 예정이었던 친구들 무리 중 C.S. 루이스만이 그리스도교를 신봉하지 않는 사람으로 남게 되었다. 그는 여전히 만물 뒤에 신이라고 할 대상이 존재한다는 걸 받아들이는 선에서 머물고 있었다. 그때까지도 루이스는 신이 사람과 개인적인 유대를 맺을 일이 없다고 여겼다. 마치 햄릿이나 오셀로 같은 연극 속 인물들이 자신들을 만든 셰익스피어를 만날 일이 없는 것과 마찬가지라고 생각했다. 루이스는 잉클링스의 구성원들을 대표하는 공통의 특성이 오로지 그리스도교와 '쓰기를 좋아하는 경향'뿐이라 했는데, 이 말이 맞다면 그리스도교에 관한 부분은 아직 충분히 입증되지 않은 셈이었다. 아무튼 그 해 후반에 루이스의 개종에 관한 결정적인 순간이 닥쳤을 때도 와니가 크지는 않지만 중요한 역할을 했다.

'기묘한 일'

C.S. 루이스가 신을 받아들이면서 지적인 삶과 상상적인 삶 사이의 크나큰 전쟁에도 휴전의 기미가 보이기 시작했다. 놀랍게도 루이스는 자기가 17세기의 청교도주의 작가 존 번연John Bunyan의 사상에 크게 공감하고 있다는 것을 알게 되었다. 그는 번연이 내적 고뇌를 겪은 뒤 그리스도교에 귀의한 내용을 적은 《죄인의 괴수에게 넘치는 은혜Grace Abounding to the Chief of Sinners(크리스천다이제스트 간,

2016년) (1666)》를 읽었다. 이번에도 그는 자신의 감상을 절친인 아서 그리브스와 나누었는데 아서에게 쓴 많은 편지들 중 하나에 이런 내용이 적혀 있다. '난 알아야 하네… 오래된 책에 적힌 종교의 온갖 어두운 측면에 대해서 일반적으로 생각하는 것들 말일세. 이전에는 그런 것들이 그저 끔찍한 미신적 관행을 바탕으로 한 악마 숭배라고 생각했었지. 하지만 지금은 그러한 옛 신앙을 이루는 요소들을 찾아냈고, 더 많은 것들을 발견해나가고 있어. 이제는 그것들이 지닌 무서운 측면들까지도 함부로 외면할 수는 없을 것 같아. 그 안에도 뭔가가 있는 거거든. 문제는 그게 뭐냐는 거지.'

1930년에 루이스가 무어 부인, 모린과 함께 킬른스로 이사했을 무렵부터 그는 희랍어로 된 요한복음을 읽기 시작했다. 얼마 지나지 않아 하루에 성경을 조금씩, 양을 정해놓지 않고 읽는 것이 그의 생활 습관으로 굳어졌다. 그는 또한 평일에는 모들린칼리지의 예배에 참석하는 것으로 하루를 시작했으며, 일요일에는 헤딩턴 쿼리Headington Quarry 근처에 있는 교구 교회에 나갔다. 요한복음 읽기가, 그가 삶과 그리스도의 위격(예수가 인격과 신성의 일체임을 가리킴 - 역주)을 바라보는 시각을 바꿔놓기 시작한 것이다.

그는 존경해 마지않는 그리스도교 작가인 조지 맥도널드의 작품 역시 꾸준히 읽고 있었다. 사실 맥도널드의 《환생한 사람의 일기 Diary of an Old Soul(1880)》도 1930년 초부터 읽기 시작한 상태였다. 마침 옥스퍼드의 힐러리(봄) 학기가 시작할 때였기 때문에 가급적 다른 독서를 줄이고 맥도널드가 두 자녀의 죽음 이후에 쓴 짧은 운문으로 된 달력calendar of brief verses을 읽을 계획을 세웠던 것이다. 아서에게 쓴 편지에서 루이스는 이런 책들이 많이 있다는 사실에 만족감을 표현했다. 그에게 맥도널드의 운문을 읽는 것은 '종교를 향해 가는 일의 아름다움'을 알아가는 것이었다. 그는 편지에 이렇게 썼다. '그 노정에서 지극히 겸허하게 자신의 천분을 깨닫게 되며, 이전에 그 길을 간 무수한 여행자들과 생각을 나눌 수 있게 된다네. 그야말로 제자리를 찾아가는 거지…'

이 시기에 그의 마음은 이와 비슷한 생각들로 차 있었다. 그는 1930년 3월 21일에 또 다른 친구 해밀턴 젠킨Hamilton Jenkin에게도 편지를 써서 자신의 생각이 어떻게 바뀌고 있는지 설명했다. 루이스는 자신이 그리스도교를 향해 곧장 가고 있다고 생각하지는 않는다면서도, 결국은 그 길이었던 것으로 밝혀지지 않겠느냐고 했다. 이것이 그가 말한 변화였다. 그동안 그는 '내가 그리스도교를 받아들이게 될까?'라고 말하곤 했는데 이제는 그리스도교가 그를 받아들이느냐가 문제가 되어 있었던 것이다.

그 무렵의 그는 언젠가 이야기한 것처럼 제3자까지 끼어든 카드 게임 포커를 하고 있는 것 같았다. 당시에 루이스가 젠킨에게 보낸 편지와 아서에게 들려주었던 맥도널드와 번연에 대한 생각들은 와니의 판단이 옳았다는 것을 보여준다. 와니는 일찍이 루이스가 이미 자신이 그리스도교에 침잠되고 있다는 것을 일깨우는 감각의 경고 신호를 감지했다고 지적한 바 있다. 더구나 루이스는 바필드에게 자신을 수도원에서 찾아야 할지도 모른다는 농담까지 했다. 당시에 루이스가 신을 이 땅 위에서 만났더라면 어찌 되었을까? 아무튼 루이스는 포커의 마지막 판에서 패배하는 분위기였다.

 루이스가 그리스도교의 잠식과 삶이 더 이상 그 자신의 것이 아니라는 혼란스러운 암시가 보내온 알람 신호를 받은 것이 이번이 처음은 아니었다. 이 알람은 그가 신의 존재를 믿게 되기까지 '내키지 않아 하며' 회심을 하는 동안(기독교에서 과거의 생활을 뉘우쳐 고치고 신앙에 눈을 뜬다는 의미 - 역주) 신의 중재에 대한 두려움을 고조시켰다. 그 몇 년 전, 톨킨을 처음 만나기 얼마 전에 루이스는 고민하는 문제에 대해 모들린칼리지의 동료 한 명과 대화를 나눈 적이 있었다. 칼리지룸으로 찾아온 동료와 난롯가에 앉아 신약성서의 신뢰성에 관해 토론을 한 것이다. 그날의 동료 웰던T.D. Weldon은 모들린의 철학 강사로, 루이스에 따르면 완고한 무신론자였다. 그런데 대단히 놀랍게도 이 타협할 줄 모르는 무신론자가 복음서의 역사적 진실성에 대한 증거가 말할 나위 없이 훌륭하다고 했다. 웰던은 이렇게 말했다고 한다. '기묘한 건 프레이저Frazer, Sir James George Frazer(1854~1941, 스코틀랜드의 인류학자 - 역주)가 쓴 글이 모두 죽어가는 신Dying God에 대한 거라는 점일세. 희한하지. 꼭 정말로 일어났던 일인 것 같은 생각이 든다는 거지.' 그날 밤 루이스의 일기에는 이런 글이 적혔다. '어찌어찌하여 우리는 복음의 역사적 진실을 확보

했고, 제대로 설명되지 않는 것들도 많다는 것으로 의견의 합일을 보았다.'[7]

모터사이클 사이드카에서의 에피파니

그리스도교 역사에서 가장 위대한 회심으로 꼽히는 것은 첫 세기의 30년대 초반에 12사제의 한 명인 바울이 예수살렘에서 다마스쿠스로 가는 길에 부활한 예수가 당시 박해자였던 바울 앞에 모습을 나타낸 사건이다. 또 4세기에는 히포Hippo의 아우구스틴Augustine이 '집어 들고 읽으라'고 하는 어린아이의 목소리를 듣고 책 중의 책인 성서를 읽게 되었다는 이야기가 있다. 그런데 C.S. 루이스의 사례는 이와는 또 달랐다. 특이하게도 그는 형의 모터사이클의 사이드카에서 회심하게 됐다. 일은 와니가 상하이로 돌아가야 해서 형제가 한정된 시간을 웬만하면 함께 보내기로 한 것에서 시작되었다.

어느 날 두 사람은 런던 북쪽의 베드퍼드셔 칠턴힐스Chiltern Hills에 개장한 윕스네이드 동물원에 가는 길이었다. 무어 부인과 모린은 친구 한 명과 개까지 데리고 따로 차를 타고 가고 있었다. 이때가 1931년 9월 28일 월요일이었다.[8]

---

7   《예기치 않은 기쁨》에 기록된 것과 같은 대화일 것으로 추정된다.

몇 년 후에 루이스는 이날을 이렇게 회상했다. '떠날 때만 해도 나는 예수 그리스도가 신의 아드님이라는 걸 믿지 않았는데 동물원에 도착하고서 그 사실을 믿게 되었다.'

사실 그리스도교를 향한 루이스의 긴 여정은 윕스네이드로 나들이를 가기 얼마 전에 이미 결정적인 지점에 이르러 있었다. 9월 19일 밤, 모들린칼리지의 에디슨 산책로를 걸으면서 루이스는 톨킨 외에도 또 한 친구와 열정적인 대화를 나누게 되었는데, 그는 그 전해에 처음 만난 네빌 코그힐의 친구 H.V.D. '휴고' 다이슨이었다. 다이슨이 리딩대학에서 루이스를 찾아와 만나는 것이 한 해 동안 네다섯 차례 이어지자 두 사람은 굳건한 친구가 되었다. 이날 밤의 대화가 루이스의 삶을 완전히 바꿔 놓았다. 톨킨과 마찬가지로 다이슨도 독실한 그리스도교인이었다. 톨킨은 에디슨 산책로에서 나눈 긴 대화를 자신의 시 '미토포에이아Mythopoeia(신화의 형성)'에 담았다. 시에서 톨킨은 자신의 친구를 유물론자로 그려냈다. 사실 그 무렵 루이스는 이미 오랫동안 견지했던 무신론을 버리고 창조자로서 우주만물 뒤에 존재하는 신을 믿기 시작한 상태였지만 말이다. 그는 더 이상은 우주에 편재하는 위대한 정신Sprit만 믿지는 않았다.

그날 다이슨은 번뜩이는 재치로 톨킨의 주장을 다른 쪽에서 바라볼 수 있게 이끌었고, 이 손위 친구의 정연한 말에 정서적인 무게를 얹어주었다. 톨킨이 펼친 주장은 우리들 각자가 지닌 이야기 속의 사랑을 바탕으로 한 그리스도교 복음서를 옹호하는 것이었다.

'미토포에이아'를 보면 그들 사이의 대화가 어떤 식으로 흘러갔는지를 짐작해볼 수 있다. 이 시에서 톨킨은 인간의 마음이 거짓에 의해 완전히 타락한 것은 아니며 여전히 창조주에게 앎의 자양분을 받고 있다고 했다. 그가 한 말은 이런 것이었다. "우리가 타락한 존재이기는 하지만 여전히 그를 기억한다. 그분은 우리를 버리지 않았으며, 우리가 비록 부끄럽고 비참한 상태에 놓여 있어도 내부에는 그분의 표상에 따라 스스로를 다스릴 권한의 흔적을 지니고 있다. 우리는 그분의 뜻을 실어 나르는 전달자다. 우리는 '우리를 창조한 법률에 따라' 무언가를 창조해낸다."

그로부터 한참 후에 루이스는 아서 그리브스에게 편지로 써 보낸 이날 밤의 대화를, 가장 중요한 에세이 중 하나인 '신화는 사실

---

8   그로부터 일주일 후에 루이스와 와니는 휩스네이드 동물원으로 또 한 차례 더 나들이를 했으며, 루이스는 이듬해 봄에도 매우 말수가 많은 동료 에드워드 푸어드 켈시^{Revd} $^{Edward\ Foord\text{-}Kelsey}$ 및 아서 그리브스와 함께 차로 이곳을 방문했다. 그러나 이 두 사람이 루이스가 말한 결정적 회심의 경험에 기여한 것 같지는 않으며, 와니는 동물원으로의 첫 나들이 날을 동생이 그리스도교로 돌아오는 데 결정적인 날이었던 것으로 확신했다. 그의 기록은 동생에게서 받은 편지 중 소실되지 않고 남아 있던 것들뿐 아니라 함께 나눈 대화와 다른 정보들까지 모두를 토대로 한 것이었다. 나중에 루이스는 1950년대에 영광을 상실한 때와 대조적이었던 화려한 시절의 휩스네이드를 《예기치 않은 기쁨》에 묘사해 넣기도 했다. 그런가 하면 앨리스터 맥그래스는 루이스의 회심이 1932년 봄에 이루어졌을 것이라고 주장한다. 루이스의 설명(앨리스터는 이것을 어떤 시기라기보다는 회심을 한 바로 그 날에 대한 설명으로 받아들이고 있다) 속에 봄에 피는 꽃인 블루벨이 언급되었다는 것이 주된 이유였다. 그러나 여러 편지와 와니의 일기, 루이스에 관한 미출간 전기에 상세하게 적힌 내용들, 그리고 그 외의 자료들에서 언급된 것들에 비추어 볼 때 루이스가 그리스도교를 받아들인 정황에 대한 의견을 낸 사람 중 최고의 권위자는 1931년 9월에 휩스네이드를 방문한 때라고 주장하는 와니인 것으로 보인다.

이 되었다Myth Became Fact'에 다시 잘 정리해 실었다. 에세이에서 그는 복음서에 실린 이야기와 사실의 일치에 대해 이렇게 부연 설명하고 있다. '이것은 천국과 지상, 즉 완벽한 신화와 완벽한 사실의 결혼이다. 사랑과 순종, 이에 더해 놀라움과 기쁨을 도덕가와 학자, 철학자뿐 아니라 야만인과 어린아이, 시인에게도 똑같이 들려준다.' 이 대목은 그가 그리스도의 이야기와 주장들을 받아들이려면 지적인 능력만이 아니라 상상력 또한 못지않게 필요하다는 것을 깨달았다는 방증으로 보인다. 그는 이 테마를 저서인 《기적Miracles》(1947)에서도 폭넓게 다루었다.[9]

그런가 하면 톨킨은 에디슨 산책로에서 루이스에게 들려주었던 생각을 에세이인 '동화에 관해On Fairy Stories(1947년의 증보판에서)'에서 속속들이 상술했다. 그가 말하고자 한 것은 복음서에 기록된 첫 세기의 사건들이 신이 지으신 실제 세상에서 이루어졌다는 것이었다. 신이야말로 최상의 스토리메이커, 즉 이야기를 만드는 모든 이들의 진정한 주인이며, 그분의 진짜 세상 이야기는 최고로 인간적인 이야기들과 공통되는 형태를 지니고 있다는 것, 또한 그 속에는 극단적인 비극적 결말에서부터 모두가 만족하는 해피엔딩에 이르기까지 온갖 종류의 급전환이 있다는 것이었다.

톨킨은 이 공통의 형태에 이름을 붙이기 위해 새로운 세상을 창조했고, 그 이름은 사전에 등재되었다. 바로 '유카타스트로피eucatastrophe라는 단어로서 '좋은 대단원'이라는 의미다. 복음은 신성한 원천에서 흘러나와 톨킨이 '이음매 없는 스토리텔링의 직조'라고 부르는 것으로 들어간다. 은총의 신께서 신화를 통해 인간의 상상력에 내려준 진실의 희미한 빛이 복음서의 주‡ 이야기 안으로 모여들어 채워지는 것이다. 그렇게 신화는 사실이 되어 왔다. 이 신화들 속에서 톨킨이 말한 것처럼 '예술이 검증되어 온' 것이다. 톨킨이야 두말할 것 없이 수많은 신화들을 마음에 품고 있었지만 그중에서도 가장 사랑했던 신화는 다신교적인 북유럽 신화였다. 반면 루이스가 애호한 신화는 좀 더 폭넓어서 북유럽은 물론 고대 그리스 로마의 신화까지 포괄했다. 물론 두 사람 다 모든 신화의 진가를 인정하기는 했지만 말이다.

그 일은 루이스와 톨킨, 다이슨 등 미래의 잉클링 세 사람이 나눈 긴 대화의 결과였다. 대화한 날로부터 이 주일이 채 못 되었을 때 루이스는 전에는 상상할 수도, 생각할 수도 없던 것들을 받아들이기에 이른다. 바로 우주 뒤에 계신 신이 온전히 인간의 모습을 하고 우주 안으로 들어오셨음을 믿게 된 것이다. 루이스는 이에 대해 '예수 그리스도는 신의 아드님이었다.'고 표현했다. 루이스가 자신에게 일어난 변화의 숨은 의미를 이해하고 수백만 명의 독자를 사

---

9 오웬 바필드 입장에서는 신화가 신앙으로서의 예수 그리스도 안에서 사실이 되었다는 부분이 슈타이너의 사상과 일치한다고 말했을 수도 있다. 그러나 슈타이너는 사실에 대한 관념이 루이스나 톨킨과 매우 달랐다. 슈타이너는 비의秘義적 지식에 따라 복음 기록들을 해석했기 때문이다.

로잡은 평신도신학서의 집필에 착수하기까지는 시간이 좀 더 걸렸지만 마침내 '순전한 그리스도교'의 핵심인 신의 아드님의 육화를 믿는다는 걸 스스로 인정하기에 이른 것이다. 그리고 이것이 이후 그가 쓰는 일련의 그리스도교 저술에서도 중심이 되었다. 나중에 톨킨은 일기에 '루이스와의 우정은 많은 것을 가져다준다. 뿐만 아니라 정직하고 용감하며 지적—학자이자 시인, 철학자인—이면서, 먼 여정을 거쳐 우리 주님을 사랑하게 된 사람과 만나는 것은 끊임없는 기쁨과 위안을 주는 대단히 유익한 일이다.'라고 썼다.

루이스가 톨킨과의 토론에서 얻게 된 가장 중요한 아이디어는 신화야말로 실제에 대해 생각하고 실제와 접촉하는 일의 중심이라는 것이었다. 따라서 신화를 단순히 '거짓'이나 허구로 치부해버리는 것은 실수라고 볼 수 있었다. 언어 및 신화 전문가인 마리아 큐티바Maria Kuteeva는 신화의 생성에 대해 설명하면서 이 부분을 이렇게 표현하였다. '스토리텔러 또는 '부副 창조자'라고 할 수 있는 사람들은 창조자의 의도를 충실히 따르기 때문에 자연히 본질의 조각들을 포착하게 된다. 그러므로 다신교의 신화라 해도 진실의 일부를 담기 마련이라서 전적으로 거짓이라 할 수 없다.' 그녀는 인간의 '말하기는 대상과 사고에 관한 발명이며, 따라서 신화는 진실에 대한 발명이다.'라는 말로 톨킨의 '이름 짓기'를 받아들였다. 마찬가지로 루이스 역시 첫 세기의 역사적 문헌에 기록된 것처럼 진실—예수 그리스도 자신—이 신의 현현으로 이루어진 참된 신화

속에 표현되어 있다는 것을 이해하게 되었다.

바로 이 순간, 신의 현현 내지 육화가 루이스의 사고와 상상 양쪽에서 중심이 되는 순간 그는 회심자가 되었다. 그간 그는 사고는 진실과 관계되어 있으며, 상상은 의미와 관계되어 있다고 믿었지만(바필드와의 논쟁에서 보듯이) 신이 우리 인간들 중 한 명이 됨으로써 이제 그 두 가지가 '신의 현현'이라는 한 길로 모이게 된 것이다. 진실과 의미, 추상적인 것과 구체적인 것의 역사적 합일이 신화 속에서, 때로 아주 멀리까지 메아리치게 된 것이다. 루이스는 기독교로 개종하기 몇 주일 전에 아서 그리브스에게 편지를 썼다.

> 연극과 소설이 위대한 신화를 얼마나 적절히 표현해내는가에 따라 내 속에서 그것들의 가치가 점점 더 커져간다는 사실을 고백해야겠네.

톨킨와 루이스의 우정은 1929년 무렵 두 사람이 정기적으로 만나기 시작하고부터 급진전되었다. 오랜 시간이 지난 뒤 톨킨은 이 시기에 루이스와 나눴던 대화들을 이렇게 회상했다. 'C.S. 루이스는 그때까지 첫 시대와 둘째 시대에 대해 쓴 나의 '신화'를 모두 읽었거나 혹은 상당한 분량을 읽은 단 세 사람 중 한 명이었다…'

1933년에 톨킨이 《호빗》을 읽어보라고 빌려주었을 때 루이스는 자주 편지를 주고받던 아서 그리브스에게 이 초안에 대한 감상을 적어 보냈다. '그가 쓴 요정 이야기를 읽으면서 소름이 끼쳤다네—내용이 1916년에 우리가 간절하게 쓰고자 했던(또는 읽고 싶어 했던) 것과 정확히 일치하지 뭔가. 그렇다 보니 그가 지어냈다기보다는 우리 셋 모두가 입구를 알고 있는 어떤 세상을 그대로 묘사한 것에 불과하다고 느낄 정도야.' 이 편지 이전에도 루이스는 대단히 흥분하며 톨킨과의 우정에 대해 그리브스에게 편지를 썼었다. 거기에는 톨킨과 자신이 대단히 공통점이 많다는 내용이 포함되어 있었다. 나중의 어느 편지에서는 루이스와 아서 모두 중요하게 여겼던 '로맨스' 문학의 의미를 조명해보자는 제의를 하기도 했다. 이 편지에서 루이스는 톨킨이 '로맨스에는 반드시 또 다른 세상에 대한 힌트가 들어 있어야 한다—요정나라의 뿔 나팔 소리를 들을 수 있어야 한다—고 주장한 데 동의했다'고 썼다. 바로 이러한 로맨스에 대한 사랑이야말로 잉클링스를 한데 묶을 수 있었던 또 하나의 끈이었던 것이다.

루이스의 서클이 합쳐지다

와니는 동생과 웝스네이드에 나들이를 하고 얼마 지나지 않은 1931년 10월 9일에 사우샘프턴에서 출발하는 배 노이랠리어Neuralia를 타고 상하이로 떠났다. 이날 루이스는 옥스퍼드 역에서 형을 배웅했다. 그날 와니의 일기에는 이렇게 쓰였다. '이런 이별은 정말 싫다. 간절히 바라노니 이번이 마지막이기를.' 와니가 상하이에 도착한 11월 17일은 공교롭게도 중국와 일본 사이의 긴장이 고조된 시기였다. 일본의 만주 침공이 와니가 영국을 떠나기 전인 9월에 이미 시작되었고, 일본 군대는 황제의 인가 없이 움직이고 있었다. 일본은 이런 식으로 군국화하여 나중에 제2차 세계대전에 참여할 빌미를 만들고 있었다.

와니가 동생에게서 받은 편지 중의 하나는 '복음의 진실'을 의심하거나 믿지 않는 사람들을 위해 쓰인 윌리엄 로^{William Law}(1686~1761. 영국의 청교도 성직자 – 역주)의 책 《호소》를 읽고 기뻐하는 내용이었다. 루이스는 거의 광하다시피 했다. "이 책에는 기쁨이 흠뻑 배어 있어. 경이로움도. 그리스도교에 대해 '여기 당신이 시와 전기소설에서 추구하는 바로 그것이 있다.'라고 말하게 만드는 굉장한 책이야." 다만 동생이 그리스도교를 받아들였다는 걸 와니가 확신하게 된 것은 더 나중의, 정말 오랜만에 크리스마스(1931년) 성찬식에 참여하게 되었다는 편지를 받고서였다. 와니는 일기에 이렇게 썼다.

> 잭에게서 온 편지에 그 아이가 다시 성찬식에 나가기 시작했다는 내용이 실려 있어 기쁘다. 그 아이가 그렇게 하지 않았다면 서로 생각이 달라서 관심사가 온전히 합일되지 않는다는 점이 몹시 유감스러웠을 것이다. 장벽이라고까지 할 것은 아니지만 말이다.

와니가 '관심사의 온전한 합일'이라고 표현한 것은 잉클링스의 구성원이 될 루이스의 친구들 모두에게 해당되는 말이었다. 루이스가 그리스도교 신앙에 귀의함으로써 '기독교와 글을 쓰고자 하는 경향'이라는 공통점이 완전히 실현되게 되었기 때문이다. 그러므로 루이스가 끝내 회심하지 않고 그리스도교의 밖에 계속 머물렀다면 분명 모두가 애석해했을 것이다. 특히 바로 앞서 대화의 주인공으로 등장하여 회심의 결정적 계기를 제공한 톨킨과 다이슨이 더 그러했을 것이다. 톨킨과 다이슨 이전에는 오웬 바필드가 자신의 절친한 친구에게 유물론적 세계관을 포기하도록 설득하는 사전 작업을 해놓았음은 물론이다.

잉클링스의 공통 요소, 그리스도교와 글쓰기

신화가 실제 역사의 반영이라는 톨킨의 주장에 영향을 받아 루이스는 영문학사에 관련되어 있거나 신학에 관해 큰 영향을 미친 친구들의 그룹을 새로운 차원의 시선으로 보기 시작했다. 옥스퍼드에서 루이스가 속해 있던 그룹은 대개 강사와 교수 등의 학계 인물들과 일부 학생들로 이루어져 있었다. 물론 그중에는 톨킨과 함께 활동하는 그룹들도 있었다. 그는 학계에 있는 자신의 친구들—주로 톨킨과 함께 아는— 중 많은 수가 로마가톨릭, 프로테스탄트 등으로 종파는 다를지 몰라도 공통적으로 그리스도교를 신앙한다는 사실을 새삼스럽게 깨닫게 되었다. 그리고 그 중심에 로마가톨릭 신자인 톨킨이 있었다. 루이스는 늘 우정에 대해 관대한 태도를 보였지만 그리스도교 친구들의 그룹이 곁에 있어준 것에 대해 특별히 감사해했으며 더 나이가 들어서는 이에 대한 감사의 글을 쓰기도 했다. 그는 이 친구들을 신이 '상을 차려 직접 초대하신 잔치에 참석한 손님들'이라고 생각했다.

그런데 잉클링스 구성원의 출신 성분은 생각보다 다양했다. 모두가 그리스도교에 관련된 종교를 지니고서 글을 쓰고자 한 사람들이기는 했지만 직업은 한 가지가 아니었다. 무엇보다 학계에 있는 이들이라고 해서 모두 옥스퍼드의 교단에 선 것이 아니었으며, 나중에는 가르치는 과목도 다양해졌다. 그들 모두가 영어나 영문학 전문가는 아니었던 것이다. 잉클링스의 핵심 멤버였던 바필드가 학계에 몸담지 않았다는 것이 단적인 예이다. 당시에 그는 시티오브런던에서 가족 사업으로 변호사 일을 하고 있었다. 그렇기는 해도 그 역시 루이스의 다른 많은 친구들과 마찬가지로 책과 시의 언저리를 돌고 있었다. 누가 뭐래도 그는 저자였던 것이다.

톨킨과 루이스가 자주 참석했던 학술적인 그룹보다는 성격이 덜 분명한 이 그룹이야말로 잉클링스의 핵심 구성원들이었다. 중요한 것은 톨킨이 루이스를 설득하여 그리스도교 신앙에 귀의하게 만듦으로써 종교를 통해 인생의 통합을 이루게 하였고, 결과적으로 잉클링스를 탄생시켰다는 것이다. 다시 말하지만 톨킨의 성공 이면에는 앞서 이야기한 것처럼 다이슨의 협조가 있었고, 그 전에 바필드의 확고한 지적 토대가 뒷받침되었음은 물론이다. 그러므로 미래의 잉클링들 중 몇몇은 사실상 그룹의 태생에 우회적으로 기여를 한 셈이다.

루이스의 그리스도교 개종 이후, 그저 친구들의 모임이었던 비공식적인 클럽이 일정한 형태를 띠기 시작했다. 콜바이터스 클럽은 결성하게 된 목적을 달성하면서 1933년에 해산되었고, 톨킨과 루이스가 자문 멤버로 참석하곤 했던 학부생 클럽 역시 창설자인 탕계 린Tangye Lean(재능 있는 저자이며, 유명한 영화제작자 데이비드 린의 형제이다)의 졸업과 함께 막을 내렸다. 만나서 각자 쓴 글을 큰소리로 낭독하곤 했던 이 모임의 이름은 잉클링스였다. 학부생 클럽이 해산하고서 몇 달 후, 1933년 가을 학기쯤에 톨킨과 루이스의 정기적인 만남을 중심으로 루이스의 그리스도교 친구들이 모인 서클에서 이 이름을 물려받았다.

서클의 탄생에 대한 톨킨의 회상들을 살펴보면 이 이름을 학부생들의 잉클링스 그룹이 해산된 직후 가져왔다는 가정과 일치한다. 존 레이트리프John Rateliff(반지의 제왕 롤플레잉 게임의 작가이며, 잉클링스와 톨킨 연구가 - 역주) 역시 잉클링스가 '1933년에서 1934년 동안에 그룹으로 합쳐졌다'고 보았다. 별다른 형태가 잡혀 있지 않았기 때문인지 그룹에 대한 해진 문서 하나 정도만 남아 있는데, 여기에도 1936년 전까지는 '잉클링스'라는 이름이 기록된 적이 없었다.

이처럼 당대에 작성한 기록이 별로 남아 있지 않다는 점에서 그룹이 1933년 이전까지, 혹은 1933년에서 1934년까지도 이름이 없었던 것으로 보는 사람들도 있다. 다만 확실한 것은 1936년에 루이스가 런던의 찰스 윌리엄스를 클럽으로 초대했던 때에는 비록 특징이 확립되지는 않았어도 클럽이 창설된 상태였다는 것이다.

1949년까지 16년 동안 그리고 그 이후로도 이 문필가 친구들은 계속해서 산발적으로 만나면서 읽고 이야기했다. 늘 그런 건 아니었지만 대개 목요일 저녁에 만났고, 모임 장소는 주로 모들린에 있는 루이스의 방이었는데, 톨킨이 펨브로크에서 이사한 후에는 머튼칼리지에 있는 그의 널찍한 방에서 모이기도 했다. 그러다가 전쟁 중에는, 아마 그 전부터 그랬을 가능성이 높지만, 화요일 점심시간 전에 이글앤드차일드Eagle and Child의 안쪽 방에 있는 작은 공간에서도 모임이 이루어졌다. 이글앤드차일드는 세인트가일스(St Giles)에 위치한 선술집으로 잉클링스의 친구들 사이에서는 '새와 아기'라는 별명으로 불렸다. 전후에는 어땠을까? 아무래도 전시 동안만큼 정기적 회합이 이루어지지는 않았던 것 같다. 그래도 상황이 허락하는 한 자주 만났고, 특히 루이스와 톨킨은 앞서도 말한 것처럼 루이스의 연구실에서 월요일 아침마다 정기적인 만남을 지속했다. 1932년 이후로는 와니 역시 두 사람의 아침 회동에 자주 얼굴을 내밀었다. 그는 동생의 연구실을 《루이스 일가의 가족신문》을 쓰는 집필실로 이용하고 있었으며, 나중에는 17세기의 프랑스 사회사를 여기서 썼다. 또 때로는 루이스가 독자들과 편지를 주고받는 일도 도왔다.

과거에 콜바이터였던 톨킨과 루이스, 네빌 코그힐은 이제 이름이 확정되었든 아니든 잉클링스라는 새로운 그룹에 속해 있었다. 코그힐은 그 해에 엘스페스 할리Elspeth Harley와의 짧은 결혼이 파경에 이른 터라서 남성 친구들과의 우정에 특별한 애정을 느꼈을 것으로 보인다. 그는 옥스퍼드에서의 남은 경력이 될 칼리지 숙소에서의 싱글 라이프를 시작하던 참이었다. 이어 잉클링스가 형성되고 나서 얼마 지나지 않아(아마 1934년이었을 것이다) C.L.(찰스 렌, Charles Wrenn)이 영입되었다. 렌은 1930년에 옥스퍼드로 와서 톨킨을 도와 앵글로색슨 학부에서 강의를 하고 있었다. 와니가 1934년 7월 19일 목요일 자로 된 일기에 렌이 참석한 잉클링스의 회합에서 일어난 일을 써 놓은 기록이 남아 있다. 그날은 시험이 끝난 것을 기념하기 위해 엑세터칼리지에서 저녁을 함께한 날이었다. 시험관이었던 휴고 다이슨이 저녁을 대접했고, 초대된 사람은 루이스와 그의 형 와니, 톨킨, 네빌 코그힐 등이었다. '모두가 왁자지껄하게 들떠 있었다. 아마 시험이 끝난 것에 대한 반응이었을 것이다. 사실 그 저녁은 좀 과하게 흥분되지 않았나 싶다. 우스갯소리가 너무 많이 오갔고, 진짜 대화는 너무 적었다.' 와니의 불만에도 아랑곳없이 일어났던 이날의 소란과 익살은 사실 집필 중인 작품을 낭독하거나 판타지의 신학 또는 상상에서 얻어지는 진실에 대해 토론하는 식으로 진행된 잉클링스 회합의 특징이었다.

이 외의 다른 초기 멤버들은 애덤 폭스 목사를 비롯하여 가능한 자주 옥스퍼드를 방문한 오웬 바필드 그리고 루이스의 가족 주치의였던 로버트 하버드Robert Havard — 험프리Humphrey라는 별명을 지니고 있었다— 정도였다. 하버드는 루이스가 인플루엔자 치료를 받으러 갔다가 서클에 합류하게 되었다. 하버드와의 대화가 아퀴나스와 중세 철학으로 넘어가자마자 루이스는 그가 책을 제대로 읽은 사람이라는 걸 알게 되었고, 잉클링스에 초대하게 된 것이다. 사실 하버드는 진보적인 의학 연구를 지휘하면서 의학 저널에 기고하는 것을 비롯해 다양한 글을 쓰는 저자였다. 케임브리지 대학의 학생이기도 했던 하버드는 1926년에 《생리학 저널Journal of Physiology》에 실린 중요한 논문 '혈액과 소변 속의 무기 인산염에 운동이 미치는 영향'의 공동 저자였다. 닥터 하버드는 잉클링스 멤버들 누구도 학계 바깥으로 이름이 알려지지 않았을 때 이미 서클에 참여한 것으로 알려져 있다. 이것은 하버드의 가입이 1937년의 《호빗》 출간(몇 달 후에 재출간되기는 했지만), 1938년 루이스의 《침묵의 행성 밖으로Out of the Silent Planet》의 출간 이전이었다는 말이다(루이스의 공상과학소설 《침묵의 행성 밖으로》와 《페렐란드라Perelandra》, 《그 무시무시한 힘》은 말라칸드라와 페렐란드라라고 하는 행성을 배경으로 하며, 우주 3부작으로 불린다 - 역주). 나중에 그가 어느 날 아침, 잠에서 깨어나 보니 그룹의 멤버들이 유명한 사람들이더라는 회상을 했던 것도 이런 이유에서였을 것이다. 따라서 그가 말년의 어느 인터뷰에서 자신의 서클 가입이 1934년 또는 1935년이었다고 했지만 사실은 더 나중이었을 것으로 보인다. 1990년에 그는 초창기 잉클링스의 회합에서 느낀 강렬한 첫인상을 털어놓은 적이 있었다. 특히 톨킨과의 첫 만남이 인상적이었다고 했다.

> 교수님 혹은 모두들 '톨러스Tollers(통행요금징수원 또는 종치는 사람이라는 의미 - 역주)'라고 부르는 사람과 처음 만난 것은 1935년 초에 루이스의 초대로 모들린칼리지에 있던 그의 방에서 잉클링스의 회합에 참석했을 때였을 것이다. 나는 입에서 파이프를 떼지 않은 채 안락의자에 깊숙이 앉은, 몸집이 작고 호리호리한 남자에게 점점 신경이 쓰이기 시작했다. 그는 말이 많지 않았다. 루이스와 다이슨은 의견 충돌이라고 할 정도는 아니었지만 열띤 토론을 끊임없이 이어나가고 있었다. '톨러스'는 대개 간략하지만 재기 넘치는 말로 핵심을 찌르곤 했는데, 사람들이 귀를 기울일 수 있을 때만 대화에 참여하는 식이었다. 그의 말은 파이프와 다문 입술 사이를 비집고 나와 토론에 활기를 불어넣는 다른 관점을 제시하곤 했는데, 늘 빠르고도 우회적이었다.

하버드는 곧 가장 흔쾌히 잉클링스에 참여하는 중심인물 중 한 명이 되었다. 존 레이트리프는 그를 잉클링스가 존속한 기간을 통틀어 가장 핵심적인 인물 넷(루이스, 와니, 톨킨이 나머지 세 사람이다) 중의 하나라고 했다. 제2차 세계대전이 발발하기 불과 얼마 전, 뱃놀이를 가기로 한 루이스가 군으로 복귀한 형의 자리를 메워 달라고 하버드에게 청한 것을 보면 그가 친구들 사이에서 어떤 위치를 차지하고 있었는지를 짐작할 수 있다. 이 뱃놀이는 와니가 다이슨과 동생을 템스 강의 작은 유람용 모터보트 보스포러스Bosphorus 호에 태워 주겠다고 한 제안에서 비롯된 계획이었다. 하버드는 루이스의 부탁을 들어주기 위해 서둘러서 다른 의사를 수배하여 진찰 시간을 조정했다. 유람 일정은 강을 따라 내려가면서 몇 마일마다 있는 다리를 지나고, 대개 다리와 1마일쯤 떨어진 강 유역의 마을들을 구경하고, 범람원을 지나 적어도 한 군데의 편안한 선술집과 교회를 들르는 것이었다.

세 사람은 들뜬 기분으로, 와니가 보트를 매어 놓은 폴리브리지Folly Bridge에서 유람을 시작했다. 보트가 정박되어 있는 곳은 펨브로크와 크라이스트처치칼리지에서 그리 멀지 않았다. 때는 1939년 8월 26일 일요일의 한낮이었다. 잔잔한 물결 덕에 보트는 갓스토우Godstow에 있는 인기 있는 여관 더트라우트The Trout가 문 닫는 시간 전에 다다랐다. 다이슨은 르네상스가 시작된 시기에 관해 루이스와 열띤 토론 중이었다. 루이스는 모든 시대가 변화하는 시간 위에 있는 것이지 칼로 자르듯 명확한 때에 시작하는 것이 아니라고 생각했다. 두 사람은 르네상스의 시작이 콘스탄티노플의 몰락 이전인지 아닌지에 대해 이야기하고 있었다. 하버드는 친구들의 토론이 '지성과 사건들을 재구성하는 상상력으로 환하게 빛난다'고 생각했다. 그들의 토론은 남들이 생각하는 것처럼 '무미건조하고 고리타분하지 않았다.' 일행이 첫날밤을 지낸 곳은 뉴브리지Newbridge였다. 루이스와 다이슨은 로즈 리바이브드Rose Revived 술집에 머물렀고, 하버드는 배에서 잠을 잤다. 이튿날 그들은 태드폴브리지Tadpole Bridge로 향했다. 거기서 다이슨과 루이스는 영국 국교회의 교회에서 예배를 드렸고, 같은 시간에 하버드는 로마가톨릭교회를 찾아갔다.

하루하루가 대화와 유람 일정에 따라 흘러갔다. 루이스와 다이슨은 여러 선술집에서 최신 신문 기사들을 오려 와서 화제로 삼았다. 그러는 새에 배는 강을 따라 레치레이드Lechlade의 코츠월드Cotswold 마을까지 올라갔다. 코츠월드는 템스 강에서 배를 타고 갈 수 있는 가장 상류의 지역이었다. 돌아오는 길에는 엔진이 고장 나서 큰 배에 매달려 끌려가야 하는 일이 생겼고 설상가상으로 날씨도 나빠졌다. 그나마 엔진이 되살아나 그들을 위로해주기는 했다. 그렇게 세 사람이 유람을 계속하느라 알아차리지 못하는 동안 유럽대륙의 암울한 소식들이 점점 늘어나고 있었다. 하버드의 기억에 따르면 그들이 히틀러가 이웃 국가인 폴란드를 침공했다는 소식을 들은 것은 9월의 첫 주 또는 둘째 주에 갓스토우에서였다. 결국 전쟁을 피할 수 없게 되었다는 사실을 깨닫자 심한 낭패감이 그들을 에워쌌다. 루이스는 신랄하게 내뱉었다. "어쨌든 암으로 죽을 확률은 줄어든 셈이군." 이 말에 모두 웃었다.

그러나 1930년대라고 하는 중요한 시기와 맞물린 잉클링스의 초창기는 전쟁의 어두운 그림자에 매몰되지 않았다. 루이스와 와니는 그리스도교 신앙으로 되돌아갔고, 톨킨은 친구와 더 깊은 동질감을 나눌 수 있게 된 것에 기뻐했다. 톨킨과 루이스 모두 산문 픽션뿐 아니라 전통적인 시를 실험하며 자신들의 꿈을 실현해 나갔고, 무엇보다도 전기 문학에 대한 사랑을 공유하는 친구들이 가까이 있었다. 그들은 현대의 지적 황무지를 더 큰 세상에서 새어 나오는 희미한 빛으로 간주하고, 눈에 보이는 것 너머를 바라보았다.

C.S. 루이스는 나중에 저서인 《네 가지 사랑The Four Loves(2004년 생명의말씀사 간, 2005년 홍성사 간으로 국내 출간되어 있다)》에서 이러한 우정을 축복으로 기렸다.

> 황금 같은 시간들이다… 슬리퍼 신은 발을 불가로 뻗고 음료를 마신다. 우리의 대화에 온 세상이, 그리고 세상 너머의 무언가가 우리 마음을 향해 열린다. 누구도 상대에게 뭔가를 요구하거나 책임지지 않으며, 모두가 한 시간 전에 처음 만난 것처럼 자유인이면서 동등하다. 그러는 동안 해가 갈수록 애정이 농익어 우리를 감싼다. 인생—타고난 삶—이 줄 수 있는 선물로 이보다 나은 것은 없다. 누가 그걸 누릴 자격이 있을까?

Chapter 6

1930년대:
읽고 싶은 책을 쓰다

The Oxford Inklings

1930년대에 잉클링스의 낭독회는 주로 루이스의 《고요한 행성 밖으로》와 여러 시들, 《호빗》에서 발췌한 글 등 다양한 톨킨의 작품들을 중심으로 이루어졌다. 사실은 당시의 잉클링스는 규모가 워낙 작아서 그 가운데 활발하게 저작 활동을 하는 사람이 루이스와 톨킨 정도였다고 보는 편이 맞을 것이다. 다이슨은 내놓을 만큼 글을 많이 쓰지 않았고, 폭스와 코그힐은 시에 치중했으며, 와니 루이스는 작업 중이던 17세기 프랑스에 관해 조사한 것들을 내놓곤 했다. 바필드의 글쓰기는 변호사로서의 직무에 매여 속도가 더뎠다. 그는 옥스퍼드에도 자주 들르지 못했다. 1936년에 루이스가 찰스 윌리엄스를 런던으로 초대했을 때도 정기적으로 참석하고 있던 사람들은 몇 되지 않았다(루이스는 윌리엄스의 《사자의 자리》를 읽은 사람들 네 명만 언급하고 있다).

그러나 오웬 바필드가 1930년대, 40년대, 50년대에 이루어진 잉클링스의 회합 중에서 10분의 1만 참석했다고 해도, 낭독회에 끼친 영향은 누구보다도 더 강렬했다. '잉클링스의 기억 The Inklings Remembered'이라는 글에서 그는 이렇게 회상한다.

… 나의 기억은 강렬하지만 양적으로 충분하지는 않고 그나마 흩어져 있다. 너무나 아쉽게도 나는 톨킨이 초기에 쓴 《반지의 제왕》을 읽는 걸 들어본 적이 한 번도 없었다. 대신에 그가 스탠자

stanza(4행 이상의 각운이 있는 시구 - 역주) 형식으로 시를 읽는 건 들어보았다. 시의 반복구 부분은 모두가 함께 외곤 했다. 그러면 시는 간데없고, 시의 양식이 유쾌한 패스티시pastiche(모방 작품 또는 여러 양식을 섞은 것) 고대어라는 것만 남곤 했다. 내 기억으로는 잉클링스의 저자들이 자신의 작품을 읽는 이런 식의 낭독은 각자에게 할당되는 시간이 워낙 짧아서 저녁 모임의 주된 행사(이렇게 묘사해도 된다면)라기보다는 부수적인 것이 아니었나 싶다. 놀랍게도, 사실 그렇게 놀랄 일은 아니지만 내가 꽤 잘 기억하고 있는 낭독은 다름 아닌 내가 쓴 운문 희곡 《메데아(메데아가 알고 보니 늑대인간이었다는 이야기다)》이다. 다른 사람의 경우도 그랬는지는 모르겠지만 루이스는 《메데아》가 적절히 읽히도록 안배하여 각각의 부분을 나눠 읽을 수 있게 분배했다. 이와 관련해 기억에 깊이 새겨진 두 가지가 있는데, 첫째는 그 회합이 좋기는 했지만 뛸 듯이 좋은 정도는 아니었다는 것이고, 두 번째는 그 날 참석한 사람들 중 적어도 세 명이 자기도 메데아에 관한 희곡을 써 본 적이 있었다고 대수롭지 않게 말했다는 것이다. 결국 대화는 내 희곡과 상관없는 방향으로 점점 멀어져 갔다. 나는 조심스럽게 물어보았다. 그럼 거기서 메데아에 대한 희곡을 쓰지 않은 사람이 있기는 하냐고! 또 다른 잉클링스 모임에서는 인지학에 대한 소개를 해달라는 요청이 있어서 내가 쓸 수 있는 최선의 글을 써가기도 했다. 생각해보니 대단히 인상적인 글은 아니었던 모양이었다.

이런 식으로 감질 나는 엿보기 외에는 그들의 대화 주제를 짐작할 방법이 없는 이유는 특히 초기의 잉클링스에 관한 자료가 턱없이 부족하기 때문이다. 다행히 그룹의 멤버들이 《호빗》의 여러 장들을 읽었다는 것은 알려진 대로다. 아마 톨킨이 출간을 준비하고 있었던 내용 그대로 낭독되었을 것이다. 30년대에 톨킨은 강연을 두 차례 했는데, 그 내용이 그룹의 대화와 일맥상통할 것이므로 이를 통해서도 잉클링스에서 어떤 것들이 논의되고 절찬 받았는지 짐작해볼 수 있다. 강연 중 하나는 런던의 브리티시아카데미British Academy에서 한 것이고, 다른 하나는 스코틀랜드의 세인트앤드류스 대학St Andrews University에서 해마다 열리는 앤드류 랭 렉처Andrew Lang Lecture라는 강의였다. 아마도 잉클링스에서 보낸 정신적 지지가 두 차례의 강연에서 톨킨이 특유의 식견을 십분 내보일 수 있게 힘을 실어주었을 것이다.

　두 강연의 내용은 오늘날까지도 논의되는 빛나고 혁신적인 통찰로 가득했다. 결국 강연이 책으로 엮여 나오자 신화, 요정 이야기 그리고 운문에 관한 사고방식에 일대 변혁이 일어났다. 개중에는 상상력과 사고, 언어의 관계를 대단히 깊은 수준으로 고찰하는 사람들도 생겼다. 이 소동 속에서 톨킨은 툭 던지듯이 한마디했다. '이야기의 기원이 무엇인지 묻는 것은 언어와 정신의 기원을 묻는 것이다.' 루이스는 친구의 식견에 백 퍼센트 동감하였으며 자신의 학문(문학에 관한)과 작품에서도 그 점을 분명히 드러냈다. 반면에 톨킨은 루이스의 작품이 늘 그렇다고 생각하지는 않았다.

톨킨이 사람들에게 강한 인상을 심어준 생각들, 특히 요정 이야기에 관한 부분은 루이스와 친구가 되기 전까지는 대부분 혼자 즐기는 취미의 영역에 머물고 있었다. 톨킨의 생각들은 루이스와의 교우관계 덕분에 처음으로 잉클링스에 속한 친구 그룹으로 확장되었던 것이다. 그러므로 세인트앤드류스에서 대중을 상대로 강연한 것은 또 다른 큰 한 발을 내디딘 것이라 할 수 있었다. 또한 브리티시아카데미에서는 《베오울프》를 통해 그만의 세상에 있는 우물에서 길어 올린 독창적인 시각을 유감없이 펼쳐 보였다. 두 차례의 강연을 할 기회가 주어진 것은 의문의 여지없이 톨킨에게 대단히 고무적인 일이었다. 그는 내친김에 루이스에게 시간여행에 관한 글을 쓰겠다고 큰소리쳤는데, 막상 집필을 시작하기가 쉽지 않아서 오랜 시간의 노고를 들인 끝에 나중에서야 《반지의 제왕》(잉클링스 친구들이 '새로운 호빗'이라고 부른)을 내놓을 수 있었다. 아무튼 두 차례의 강연을 하면서 그는 잉클링스 사이에서 이루어진 교환과 공유를 자신만의 독특한 방식으로 새롭게 정비할 수 있었던 것으로 보인다. 톨킨은 루이스에게 큰 영향을 미치면서 잉클링스의 존속에 중요한 원천으로 자리매김하게 되었지만, 잉클링스야말로 한발 더 나아가 학문적으로나 작품적인 면에서나 그에게 도움과 응원을 되돌려준 셈이다. 톨킨이 작품 전반에 미치는 시각을 계속 견지해나갈 수 있도록 도와준 잉클링스와의 관계는 그의 학창 시절과

제1차 세계대전의 초반부에 영감을 불어넣어 주었던 T.C.B.S. 친구들과의 관계와 흡사했다.

톨킨이 1936년 11월 25일 런던의 브리티시아카데미에서 한 강연의 정확한 제목은 '베오울프, 괴물들과 비평가들Beowulf. The Monsters and the Critics'이었다. 그의 아내 이디스도 이 중요한 행사에 함께 자리했다. 비평가 도널드 프라이Donald K. Fry는 강연이 '베오울프 연구의 방향을 완전 바꿔 놓을 것'이라고 믿고 있었다. 강연에서 톨킨은 초기 영시英詩의 비범한 특질들을 몰라보는 비평가들에 맞서 이 시들의 예술성과 전반적인 일체성을 옹호했다. 이보다 나중(1939년)에 한 '동화에 관해' 강연과 마찬가지로 베오울프 강연 역시 학자이자 세계적으로 인기를 끈 판타지 작가로서 그의 작품을 이해하는 관문이 되어준다. 2014년에 톨킨이 산문으로 번역한 《베오울프》가 처음으로 출간되었는데, 이 책에는 그가 이 옛 시에 대해 적어놓은 글과 강연에서 한 말, 그리고 관련 문서들에서 추출한 내용들이 함께 실려 있다. 톨킨의 눈으로 《베오울프》를 이해하는 것은 《반지의 제왕》을 이해하는 것과 같다. 두 경우 모두 톨킨의 시각으로 본 그리스도교 이전의 신화이기 때문이다.

《베오울프》, 요정 이야기, 이세계異世界들

아래 글은 《베오울프》의 한 대목이다. 마치 《호빗》에 나오는 용스마우그^Smaug처럼 보물을 지키는 용에 대해 이야기하고 있다. 용은 보물 하나를 도둑맞자 격노한다.

> 가파른 돌무덤 사이
> 언덕 위의 무덤에는 보물을 지키는 용이 있지.
> 좁은 길을 지나야 닿을 수 있어 인간에게는 알려지지 않은 곳.
> 그러나 우연히 그곳에 가게 된 사람들이
> 용이 있는 동굴에 들어가 황금 술잔을 손에 넣자
> 그만 되돌려주지 않고 훔쳐 달아나버리네.
> 용이 잠든 사이에 몰래 속임수를 쓴 거지.
> 머지않아 이 보물 관리자의 분노에 대가를 치러야 할 건
> 왕자와 백성들이라네.

톨킨은 강연의 초기 원고에 루이스가 《순례자의 역정》에 쓴 용에 관한 시 한 편을 인용해 실었다. 그는 루이스와의 우정을 쌓아나가던 무렵에 이 친구에게 《베오울프》의 산문 번역본 원고를 보여준 적이 있는데, 루이스가 이 원고에 자신의 의견을 써넣거나 교정을 봐주었던 것 같다. 톨킨은 루이스의 의견을 부분적으로 받아들였다.

강연에서 톨킨은 문학 비평가들이 《베오울프》를 분석한 것에 불만족을 표했다. 그때까지의 비평이 시를 통합된 예술 작품으로서

이해하는 수준에 다다르지 못했으므로 제대로 된 비평이 아니라고까지 했다. 실제로 그때까지 《베오울프》는 시가 태어난 시대에 관한 역사적인 자료로서만 취급되고 있었다. 특히 두 괴물—그렌델Grendel과 보물을 지키던 용—은 시의 중심 또는 핵심 요소로서 충분히 고려된 적이 없었다. 톨킨은 시의 '구조와 행위'라고 부르는 것이 이 괴물의 중심 테마에서 생겨난다고 주장했다.

톨킨은 《베오울프》의 지은이가 역사적 진실과 전망을 고의로 판타지화했다고 확신했다. 즉 《베오울프》를 지은 시인은 직관적인 역사적 통찰을 지니고 이것을 예술적, 시적 목적에 이용했다는 것이다. 톨킨은 그 가을밤에 청중을 향해 말했다. '운문으로서 《베오울프》는 대단히 흥미롭습니다… 역사적 의미에 가려져 있었던 것이지요…' 그는 《베오울프》를 문학적으로 연구하려면 고대 영어로 된 시와 함께 고대의 전통적인 재료들을 새로운 방식으로 다루어야 한다고 주장했다. 따라서 초점이 시인의 자료 출처가 아니라 그가 그 자료들로 무엇을 했는가에 맞추어져야 한다는 것이었다.

그는 괴물들을 《베오울프》에서 핵심적 역할을 하는 존재로 다루어야 한다고 주장하면서, 이런 테마를 선택하는 것이야말로 이 시의 위대함을 설명할 수 있는 방법이라고 역설했다. 즉 작품의 힘이 '상상력의 신화적 양식'에서 온다는 것이었다. 톨킨이 《베오울프》에 접근하는 방식은 그의 작품에서 드러나는 서사와 매우 흡사하다. 그에게 신화의 의미와 중요성은 추상적인 분석에서 그치는 것이 아니라 분명하게 드러나는 것이었다. 또한 신화는 시 안에서 드러나게 제시되는 것이 아니라 암시적으로 존재할 때 가장 잘 작동한다고 믿었다. 그런 의미에서 《베오울프》의 시인은 신화를 '역사와 지리의 세상 속으로 육화'시키는 데 성공한 사람이었다. 톨킨은 '상상력의 신화적 양식'을 《베오울프》 같은 작품 속에서 구현하는 것은 위험하고 어려운 일이므로 생체 해부하듯이 혹독하게 비평하여 작품 자체를 죽일 것이 아니라 우회적인 방식으로 생명력을 붙들어야 하며, '비유'해서 말하기를 통해 작품의 힘을 설명할 수 있어야 한다고 했다. 신화적 경험은 시인의 예술적, 전문적 기법의 결과로만 설명될 수 있기 때문에 자칫하면 '형식적이거나 기계적인 알레고리'만이 남게 될 것이기 때문이었다.

베오울프는 용을 죽인 드래곤슬레이어였다. 톨킨은 용을 강력한 상징으로 보았다. 이 용은 인간의 적으로 상정된 존재들 중에서도 한층 더 악의적인 존재였다. 용은 '영웅담'에서 활약하면서 여전히 이름만 대면 알만한 북부의 땅에서 숨 쉬고 있었다. 톨킨에 따르면 《베오울프》의 창조자는 옛 전설을 날것의 원래 스타일로만 쓴 것이 아니라 그것들을 해석하여 이야기를 만들어냈다. 이 시에서 우리는 '적대적인 세상과 맞서 싸우는 한 남자를 만나게 되며, 어느 시기가 되면 그에게 불가피한 패배가 닥치는 것'을 보게 된다. 말하자면 악의 힘이 던지는 질문이 이야기의 중심이다. 그는 또 베오울프라는 인물은 '북유럽의 영웅시대에서 활약하므로 이교도적이기는 해도 그리스도교적인 상상의 산물이라는 점에서 기품과 순한 특질'을 지니고 있다고도 했다.

《베오울프》의 작자인 시인은 새로운 그리스도교를 북쪽의 고대 다신교적인 요소와 합했다. 그가 쓴 것은 알레고리가 아니었다. 알레고리는 더 나중의 운문에서 개발된 것이다. 그의 작품에서 악의 상징인 용은 북유럽의 이교도적인 상상력에서 고대의 힘을 나타내는데, 그것이 동시에 그리스도교적인 운문의 핵심 부분이 되고 있다. 작자는 하늘의 도시Celestial City(또는 새 예루살렘)로 향하는 여정보다는 '지상의 인간'에 더 관심을 두었다. 북유럽적인 느낌이나 절망의 분위기는 부분적으로 남아 있지만 결국은 그리스도교적인 희망으로 연결되고 있으며, 패배할 때조차도 용맹을 잃지 않는 오래된 북유럽의 가치도 유지되고 있다. 시인은 이 주제를 통해 궁극적으로는 어둠이 패배하리라는 메시지를 주면서 문학적인 표현보다는 상상력에 의한 시적인 표현으로 나타내고 있다.

《베오울프》의 작자는 이교도적 상상에서 발견되곤 하는 통찰들을 탐색했다. 톨킨도 같은 일을《반지의 제왕》에서 했다. 사실 톨킨의 모든 이야기들과 가운데땅의 여러 시대에서 벌어지는 사건들은 다신교적인(이교도적인) 그리스도교 이전의 세상에 맞춰져 있다.《베오울프》에 관한 톨킨의 결론은 그 자신의 창작물에도 마찬가지로 적용된다. '《베오울프》는 지나간 다신교 시대에 관한 역사적인 시입니다. 혹은 그걸 위한 시도이거나. … 이 작품은 배운 사람이 쓴

시예요. 아마 그리스도교적인 운문의 지식을 최초로 자신의 시에 담아낸 사람일 겁니다. …'

1939년 3월 세인트앤드류스 대학에서 앤드류 랭 렉처의 강연을 할 무렵에 톨킨은 자신의 소설에 관한 생각을 한층 발전시켜 놓은 상태였다. '동화에 관해'라는 제목의 글이 그것이었다. 이 글에는 상상과 판타지 그리고 그가 '하위 창조sub-creation(피조물에 의한 창조 – 역주)'라고 부르는 것에 관한 기본적인 생각이 정리되어 있다. 신에 의한 제1 세계의 창조에 대한 생각은 톨킨의 이야기를 이해하는 심장부다. 신의 이미지를 지닌 인간은 자신의 창조력을 이야기를 포함한 예술을 만드는 데 쓴다. 이것들이 바로 다양한 층위의 하부적 또는 이차적 창조물, 즉 '하위 창조'이다. 하위 창조물들은 신의 이미지를 지닌 인간들에게 부여된 세계, 즉 제1의 세계에서 끌어다 놓은 의미들로 가득 차 있다. 이때 의미를 끌어오는 것이 바로 상상력이다. 그러나 인간성의 타락으로 2차로 창조된 세계는 왜곡된 상태다. 톨킨은 이야기야말로 언어 자체를 매개로 한다는 예술적 이점 때문에 매우 효과적인 하위 창조물이 될 수 있다고 했다. 언어가 신화를 전달하는 데 가장 뛰어난 능력을 지녔기 때문이라는 것이다. 신화는 특수성과 그에 따른 추상성을 지니지만 보편적 진실을 포함하고 있으며, 모든 언어의 뿌리에 깃든 상상력이 하위 창조물 중 왜곡되어 있지 않은 진짜를 판별해냄으로써 신화의 특수성을 훼손하지 않고 언어로 표현해낸다는 것이다. 이것이 사고思考가

일어나는 방식이다.

  톨킨은 앤드류 랭 렉처의 강연에서 신화학과 민담, 신화, 판타지, 요정 이야기에 관한 풍부하고 광범위한 지식을 동원해 이런 생각들을 매우 세련되고도 명확하게 표현했다. 이 시기에 잉클링스는 대략 5년 남짓 만남을 지속해온 상태였다. 톨킨은 친구들의 낭독을 듣기도 하고 《호빗》과 나중에 《반지의 제왕》이 될 초벌 원고를 읽어주기도 했다. C.S. 루이스는 그들 사이에서 끊임없이 우선시되었던 주제 중의 하나가 서사의 예술이었다고 말한 바 있다. 대학에서 가르치는 일이 직업이었던 루이스와 톨킨 역시 지식뿐만 아니라 서사기법도 함께 발전시켜 나가고 있었다. 여기에는 당연히 잉클링스 친구들의 충고와 반응이 한몫을 했다. 톨킨이 그날 스코틀랜드의 강연에서 탐색했던 주제 중 많은 것들은 생동감과 정보로 가득했던 '잉클링스의 대화'에서 가져왔을 가능성이 높다. 당시 톨킨은 이미 《호빗》을 출간(1937년)하고 《실마릴리온》의 기본적인 내용을 상당 부분 써놓은 상황에서 '좋은' 요정 이야기와 판타지의 토대를 이루는 패턴을 정립해보려는 시도를 하고 있었다. 진지한 관심을 받을 만한 가치가 있는 이야기에서 공통되는 패턴을 뽑아 보려 한 것이다.

  여기서 중요한 것은 요정 이야기가 '현실과 내적 조화'를 이루는 제2의 세계를 담아낸다는 것, 즉 하위 창조와 관련이 있다는 것이다. 톨킨에게 좋은 요정 이야기란 세 가지의 핵심적인 구조적 특징을 지닌 것이었다. 첫째는 톨킨이 '회복'이라고 부르는 효과를 독자에게 가져다주는 것이다. 이야기는 우리에게 새로운 비전을 주면서 제1의 세계로 데려간다. 그러면 우리는 인간의 삶과 현실을 이루는 요소들을 보고 다시 평범하고 겸허한 것들, 즉 돌, 강, 나무, 언덕, 숲, 사랑, 우정, 먹을 것과 마실 것 등의 미덕을 되찾을 수 있다. 좋은 요정 이야기의 두 번째 요건 역시 이 회복과 관련이 있다. 그것은 삶과 의미의 관점을 좁고 비틀린 눈으로 보는 감옥에서 탈출하는 것이다. 이 부분에서 톨킨은 의무를 포기하고 도피하는 것이 아니라 감옥에서 탈출하는 것이라는 점을 분명히 했다. 좋은 요정 이야기가 제공하는 세 번째는 기쁨(루이스가 자서전인 《예기치 못한 기쁨》에서 설명한 그 경험과 비슷하다)으로 이끌어주는 위안이다. 톨킨이 훗날의 강연에서 주장한 것처럼 이러한 위안은 좋은 이야기들이 필연적으로 가장 위대한 이야기인 복음의 서사를 지향하고 있기에 얻을 수 있는 것이다. 그에게는 이 첫 세기의 이야기야말로 요정 이야기, 신화 또는 위대한 이야기의 모든 구조적 특질을 지녔으며, 실제 인간의 역사―가장 위대한 이야기꾼이 자신의 이야기 속으로 들어간― 속에 깃든 진실이었다. 톨킨은 신이 낮은 인간의 모습으로 땅에 내려오신 것을 믿었으며, 그 이미지를 변장한 아라곤이나 어수룩해 보이는 프로도를 통해 나타냈다. 두 사람은 자신을 낮추어 '절대반지'를 파괴하는 데 목숨을 건다. 이런 생각들이 몇 해 전에 루이스, 다이슨과 에디슨 산책로를 함께 걸으면서 톨킨이 두 사람에게 들려주었던 바로 그 내용이었다.

루이스, 시 속에서 낭만적 사랑의 기원을 발견하다

톨킨은 고대의 시 《베오울프》와 요정 이야기가 로맨스 즉 전기 문학에 속한다고 여겼다. 또 루이스는 '전기적 경험'을 '인간의 사랑과 상상문학 양쪽에서 가장 진지하고 도취적인 경험'이라고 정의했다. 두 사람뿐 아니라 잉클링스 전원이 로맨스 문학에 관해서는 공통된 관심을 보였다. 그렇기에 톨킨의 두 강연은 이 그룹의 전원이 표방하는 선언적 요소들을 고스란히 담아낸 이벤트였다. 강연에서 톨킨은 전기적 이야기들에 대한 자신의 태도를 분명히 했으며, 신학을 비롯한 모든 방면에서 그 함축적 의미들을 밝혔던 것이다.

그렇다고는 해도 격식 없는 그룹이었던 잉클링스는 양식을 갖춘 선언이나 사명에 대한 성명서 같은 것에 따라 움직이는 모임이 아니었다. 강연에서 톨킨이 문화적 주류의 반대편에 선 암묵적 세계관에 주로 관심을 보였던 것은 잉클링스 친구들 모두가 공유한 가치가 그런 것이었기 때문이다. C.S. 루이스가 이 시기에 쓴 학문적인 글을 보면 그가 이 세계관을 공유하고 있었다는 사실이 드러나는데, 다른 잉클링들도 마찬가지였을 가능성이 크다. 1830년대에 루이스는 판타지, 요정 이야기, 그리고 여러 '로맨스' 문학이 기본적으로 어린이가 아니라 성인을 위한 것이라는 톨킨의 생각을 지지했다. 그는 또한 자신의 관심사(물론 톨킨의 관심사)를 이 시대에 옛 세계가 '부흥'하는 것으로 규정했다. 이 부흥이 그에게는 톨킨을 도와 옥스퍼드 영문학 우등과정의 강의요목을 확립한 것보다 훨씬 더 중요한 문제였다. 이 강의요목은 1830년에 실질적으로 종결되었는데(빅토리아 시대에도 선택 시험의 시험지에서만 인정받는 정도였다), 실은 이 강의요목 역시 앞서 살펴본 것처럼 훗날 루이스가 '올드웨스트'라고 부른 전근대 시대에 스포트라이트를 비추는 역할을 했다.

루이스는 중세 잉글랜드의 웨스트미들랜즈West Midlands에 관해 집중적으로 파고든 톨킨보다 소설과 언어학 양쪽에서 훨씬 더 광범위하고 다양한 독서를 한 사람이었다. 루이스의 폭넓은(그러나 다소 폐쇄적인) 독서의 결실은 다년간에 걸친 문학적 에세이들로 나타났는데, 이 에세이들은 대부분 그의 사후에 수집되었다. 알레고리의 성장과 낭만적 사랑의 발달에 관해 쓴 학술서인《사랑의 알레고리. 중세적 전통에서의 연구》(1936),《극문학을 제외한 16세기의 영문학English Literature in the Sixteenth Century, Excluding Drama》(1954) ― 루이스가《옥스퍼드 영문학사Oxford History of English Literature》의 시리즈 발간에 참여하기 위해 쓴 책― 등도 마찬가지였다. 루이스는 1935년에 윌슨F.P. Wilson 교수의 제안으로 16세기 역사를 쓰기 시작했다(윌슨은 루이스가 학부생일 때 지도교수였으며 이 시리즈의 편집자 중 한 명이었다). 또한 셰익스피어와 동시대에 살았으며 위대한 시《페어리퀸The Faerie Queene》을 쓴, 애호해 마지않던 작가 에드먼드 스펜서에 대한 작업도 계속해 나갔다. 스펜서에 대한 루이스의 연구 결과들은 그가 쓴 여러 책과 논문들에 두루 흩어져 실려 있다. 러셀David L. Russell은 루이스의 학문적 글들에 대해 이런 글을 썼다. '대부분의 문학 비평은 작품이 쓰인 세대 내에서 통용되는데, 루이스의 것은 지금까지도 대단히 잘 읽히면서도 도발적이며, 오히려 더 의미심장한 활자로 남아 있다. … 이는 학자로서 그의 역량에 대한 강력한 증명이다.'

'중세 전통 연구'라는 부제가 붙은 《사랑의 알레고리》는 지난 세기에 쓰인 문학 비평 중 뛰어난 작품이라 할 수 있다. 루이스는 초서와 스펜서를 통해 알레고리의 시작점에서부터 낭만적 사랑의 개념을 훑어나간다. 그 과정에서 그는 낭만적 사랑의 초기 표현인 간통의 로맨스와 더 나중의 개념이라 할 결혼한 남녀의 사랑, 이 두 개념 사이의 오랜 갈등을 묘사하고 있다.

앞서 말했듯이 《사랑의 알레고리》는 루이스와 찰스 윌리엄스가 조우한 1936년에 출간되었다. 마침 윌리엄스도 낭만적인 사랑에 대한 복합적인 신학을 전개하고 있던 터라 이 주제에 대한 공통의 관심이 두 사람의 우정에 중요한 요소가 되었다. 톨킨 역시도 당시에는 미출간 상태였던 소설에서 베렌과 루시엔, 아라곤과 아르웬 등의 몇몇 이야기를 통해 이 테마를 탐구하고 있었다. 루이스는 《우리가 얼굴을 찾을 때까지Till We Have Faces(2007년 홍성사 간)》와 《그

무시무시한 힘》 같은 소설에서도 이 부분을 다루었다. 루이스와 톨킨, 윌리엄스 등의 박식한 인물들에 따르면, 성서적인 전통에서는 낭만적 사랑이 야곱과 라헬, 다윗과 밧세바 그리고 아가雅歌(구약 성경의 한 편. 여덟 장으로 된 문답체의 노래로, 남녀 간의 아름다운 연애를 찬양한 노래-역주)에서 유독 두드러진다.

《사랑의 알레고리》를 보면 중세라는 시대가 톨킨에게 그랬듯이 루이스의 사상과 소설 양쪽에 열쇠와 배경을 제공해준다는 사실에 주목하게 된다. 루이스가 쓴 학술적 저술의 많은 부분이 이 시대를 중심으로 한다는 것은 분명하며, 거기에 더해서 그가 16세기의 작가들과 르네상스 전체를 동일한 지적 세계 및 상상의 세계의 일부분으로 여겼다는 것도 분명해 보인다(이 책의 서문에서 이야기한 것처럼). 그가 공상과학소설을 쓴 것도 중세의 이미지에 담긴 조화로운 질서를 예찬하기 위해서였다. 나니아 이야기 역시 마찬가지였다. 그러므로 《사랑의 알레고리》는 당대의 독자들 사이에서 중세라고 하는 광대한 시대의 상상적이며 지적인 통찰이 부흥하기를 바라는 그의 관심에서 비롯된 책이라고 할 수 있다.

《사랑의 알레고리》는 루이스가 문학에 역사적인 관점에서 접근한다는 방증이다. 루이스는 독자들이 저자의 의도 속으로 완전히 들어갈 수 있게 도와주려 애썼다. 그는 가능한 한 본문 비평에 집중함으로써 이를 실현하려 했는데, 본문 비평은 그에게 어느 비평 활동보다도 우선적인 가치가 있었다. 그는 이런 논평을 남긴 적이 있었다. '저자가 실제로 쓴 게 무엇인지, 어렵사리 쓴 말이 무슨 의미인지, 무엇을 암시하는지 찾아내어라. 그러면 당신은 백만 개의 새로운 설명이나 평가보다도 훨씬 많은 것을 해내는 것이다.' 이처럼 루이스는 저자의 권위authority를 대단히 중요하게 생각했다. 저자의 권위는 이교사상의 그리스도교화化를 다루는 그의 저서에서 특히 중요한 역할을 했다(중세적인 낭만적 사랑의 역사에서 증명된 것처럼).

아래의 발췌 글을 보면 일찍부터 루이스가 상상에 관해 생각해 온 중심 테마를 들여다볼 수 있다. '스톡stock' 이미지(자료로 쓸 수 있게 축적된 이미지 - 역주)와 이미지의 원형들을 사용하는 것, 그리고 은유에 대한 인간 사고의 의존성이 그것이다.

어떤 의미에서 알레고리는 중세 사람들에게 속한 게 아니라 사람 자체 또는 전반적인 인간의 정신에 속해 있다고 할 것이다. 머릿속에 그려진다는 측면에서 비물질의 대표격이라 할 사고思考와 언어가 지닌 본연의 속성에 가깝다. 무릇 좋고 행복한 것들은 항상 천국처럼 높고 태양처럼 빛나는 것들이었다. 악과 불행은 애초부터 깊고 어두웠다. 호메로스에게서는 고통이 검은 색이며, 아리스토텔레스에 이어 앨프레드[앨프레드 대왕Alfred the Great(849~899년, 웨스트색슨 왕국의 왕 - 역주)] 역시 선善을 중용으로 보았다. 이처럼 분별이 있거나 둔감하거나 오십보백보인 사람들에게 처음에 어떻게 만나 결혼에까지 이르렀는지를 묻는 것은 대단히 어리석은 일이 될 것이다. 진짜 질문은 그들이 어떻게 해서 헤어지게 되었느냐는 것이며, 이 질문에 답하는 것은 일개 역사가의 본분을 넘어서는 일이다.[10]

비평가인 해리 블레마이어스Harry Blamires는 루이스가 '중세와 르네상스 문학에 관한 자신의 책《사랑의 알레고리》(1936)와《16세기 영문학(1954년 출간)》에서 역사 비평이라는 장르를 되살렸다.'고 언급한 적이 있었다. 블레마이어스는 그가 이 장르를 부흥시켰다는 사실이 책 자체보다 훨씬 더 큰 의미를 지닌다고 보았다.

《사랑의 알레고리》서문에는 세 명의 잉클링스가 언급되어 있다. 톨킨, 휴고 다이슨 그리고 오웬 바필드가 그들이다. 이 책은 루이스가 아버지 앨버트 사후 가장 큰 빚을 지고 있다고 표현한 바필드에게 헌정한 책이다.

내 주변의 사람 중에서 내가 배움을 얻지 못한 사람을 찾기는 힘들 것이다. 그중에서도 가장 큰 빚 — 책으로 가득 찬 집에서 대부분의 시간을 보낼 수 있게 해주심으로써 헤아릴 수 없는 은전을

---

10 C.S. 루이스,《사랑의 알레고리》, 44쪽. 이 지점에서 루이스는 독자들에게 오웬 바필드의《시적 어법》(1928)을 참조하라고 각주에 써 놓았다.《시적 어법》에는 인간이 지녔던 태고의 단일한 지각이 파편화되었다는 바필드의 주장이 실려 있다.

C.S. 루이스

왼쪽부터 형 워렌 루이스, 아버지 알버트, C.S. 루이스

1919년, C.S. 루이스

• The Klins

옥스퍼드에 있는 C.S. 루이스의 자택. 역사 유적으로 지정되었다. '클린스'라고 이름 붙여진 이 집에서 루이스는 1930년부터 1963년 사망하기까지 머물면서 《나니아 연대기》《스크루테이프의 편지》와 같은 그의 대표작들을 집필했다.

• Addison's Walk

옥스퍼드의 애디슨 산책로. 루이스는 톨킨과 함께 자주 이곳을 거닐며 저녁 늦게까지 대화를 나눈 후 기독교 신앙의 진리를 확신하게 되었다. 이 장소에서 나눈 그들의 대화는 20세기 영국 문학의 성장에 지대한 영향을 미쳤다.

• Magdalen College

1459년 윌리엄 추기경에 의해 설립된 명문대학 모들린 칼리지는 많은 노벨상 수상자를 배출하였고, 옥스퍼드 대학교에서 가장 아름다운 대학 건물로 평가받는다. 루이스가 30년 가까이 교수로 재직했다.

산책 후 루이스가 가장 좋아했던 카운티다운의 밴티지포인트

• University of Leeds

1920-1925년 톨킨이 교수로 재직한 영국 리즈대학교

• The Kings Arms

이곳은 두세 명의 잉클링스 멤버들이 소규모 모임 시 애용했다..

• The tiny White Horse pub

잉클링들의 모임 장소. 그들이 쉼 없이 드나들었던 Blackwell's 서점 옆에 있다.

• Eastgate Hotel

루이스와 톨킨의 초창기 시절, 두 사람은 이곳에서 모임을 한 후 휴식을 취하곤 했다.

• The Searcher
영국 벨파스트에 있는 C.S. 루이스의 기념 조각상

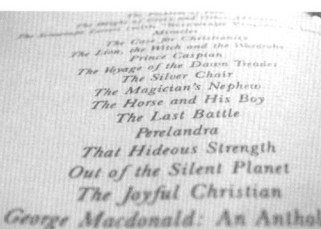

Mr. Mrs Beaver의 Maurice Harron 조각상. 《나니아 연대기: 사자, 마녀 그리고 옷장》에 등장한다.

J.R.R. 톨킨

옥스퍼드 대학 공원에 있는 톨킨 기념관. 1992년 톨킨 100주년 컨퍼런스를 위해 이 벤치와 그 뒤에 묘목 2개가 기념으로 사용되었다.

옥스퍼드 대학 식물원에 있었던 '톨킨 나무'. 생전의 톨킨은 이 나무에 기대어 앉아 책을 읽거나 사색하기를 즐겼다.

베푸신 아버지에게 진 빚—은 이제 갚을 수 없게 되었고, 그 외의 사람 중에서 고를 수밖에 없다. … 무엇보다 내가 이 책을 헌정하고 싶은 친구는 지나간 것들과 씨름하지 않게 가르침을 주고 현재를 '당대' 그 자체로 볼 수 있게 나를 단련해준 사람이다. 내가 할 수 있는 것은 그의 이론과 실천이 더욱 폭넓은 효과를 거둘 수 있도록 뒷받침하는 도구가 되는 것뿐이며 그 이상은 바라지 않는다.

헌정의 문장은 이랬다. '나의 비공식 스승들 중 가장 현명하고 최고인 오웬 바필드에게.'

문학 논객 루이스의 《부흥》

루이스의 에세이 모음인 《부흥Rehabilitations》(1939)은 1930년대를 관통하는 그의 관심사의 스냅샷들이라 할 수 있다. 여기에는 잉클링스 친구들과 공유하여 서로 장단이 잘 맞았던 생각의 표식들이 담겨 있다. 그가 '함축적인 인생과 책에 관한 믿음' 속에서 얻은 '확실한 통합'이라고 표현한 것이 그것이다. 루이스의 다양한 에세이들은—그는 자신의 에세이들이 인생과 책에 관한 생각을 통합할 수 있다고 믿었다— 제각기 다른 울림을 갖고 있으면서도 잉클링스의 통합성을 바탕에 깔고 있었다.

짧은 서문에서 루이스는 책의 많은 부분이 자신이 사랑하는 것들, 특히 영문학에서 공격받고 있는 특질들을 예찬하는 내용이라고 밝혔다. 그는 책에 실린 아홉 개의 에세이 중 여섯 개가 이 공격에 분개해서 쓴 것이라고 했다. 두 개는 '낭만주의를 혐오하거나 무시하는 평판에 맞서 위대한 낭만 시인들을 옹호하는 글'이며, 다른 두 개는 '옥스퍼드의 현재 영문학 과정(루이스의 협조 하에 톨킨이 수립한 강의요목을 중심으로)'을 옹호하는 글이었다. 또 다른 하나는 이른바 통속적이라 불리는 책(라이더 해거드Rider Haggard, 존 버컨John Buchan, 베아트릭스 포터Beatrix Potter, P.G. 우드하우스Wodehouse 같은 이들을 가리킴)들을 부분적으로 옹호하는 글이었는데, 그는 이런 책들이 "진지한 문학을 즐기는 나의 힘을 '실제의 삶'에서와 마찬가지로 엄청나게 증대시켜 준다. 그러나 더 큰 역할은 현대 교육의 여러 위험한 경향들에 반하여 공평무사하게 문학을 누릴 수 있게 옹호해주는 점이다."라고 했다.

또 하나는 두운頭韻시의 연구를 지지하는 글이었다. 그는 두운시가 톨킨이 채용한 장르인 초기 영시의 특질을 고스란히 지녔다고 생각했다. 루이스는 자기 친구가 가운데땅의 '제재들' 중 투린 투람바르Túrin Turambar의 이야기를 운문 버전으로 작업 중인 것을 떠올리며 이렇게 썼다. '바라건대, 톨킨 교수가 머지않아 두운시를 출간할 준비를 끝내기를.' 이 외에 '블루스펠스와 플라란스피어스Bluspels and Flalansferes'라는 에세이는 오웬 바필드의 《시적 어법(1928)》의 식견에 크게 의지하여 쓰인 글이다. 이 글에서 루이스는 관념적인 사고보다는 의미를 통해 받아들이는 현실의 인식에 초점을 맞추었다. 그리고 상상이 현실에 관한 인간의 모든 지식을 담아내는 의미의 통로라고 예찬한다. 상상이야말로 객관적이면서도 개인적(또는 참여적)인 지식을 감각·인식·감상할 수 있게 제공해주는 매개라는 것이다. 그는 지식의 획득을 쉽게 해주는 도구로 표상과 은유를 들면서 '일반적으로 천국을 눈에 보이는 하늘이라고 생각하는 사람이 천국이 마음 상태라고 생각하는 사람보다 더 의미를 중시한다.'고 했다. 즉 그는 전근대의 상상적 풍요가 비非독창성(추상적이거나 관념적이지 않고 명시적, 비유적, 시적이라는 의미 – 역주)에 있다는 중요한 사실에 주목했던 것이다. 이 글은 그리스도교와 문학의 관계를 탐색하는 것에 대한 결의를 보여주면서 마무리된다.

'기독교와 문학'이라고 하는 글은 초창기 루이스의 생각을 대표하는 주제다. 아마도 톨킨이나 다른 잉클링스와의 우정에 깃든 그리스도교적인 깊이를 반영한 것이 아닐까 한다. 그는 그리스도교 문학이 다른 문학과 하등 다를 것이 없다는 글로 에세이를 시작한다. 서스펜스, 변화무쌍함, 유효적절한 어휘 같은 본질적인 특질에 의존하는 것 등이 그렇다고 했다. 또한 빈약한 그리스도교 저술이 나오는 이유는 불량한 찬송가(루이스가 질색한)가 그렇듯이 작자의 생각이 명료하지 않고 작품의 정취 안에 저급한 취향이 들어 있기 때문이라고 주장했다. 그러나 그가 더 관심을 둔 것은 이러한 구조적 전형성이 아니었다. 그가 가장 신경을 쓴 것은 자신의 관점이 당대 문학 비평의 중심에서 한참 벗어나 있다는 사실이었다. 이것은 개념 설명의 정확함 여부가 문제가 아니라 태도의 충돌이었다. 그는 당대 비평의 핵심 단어들을 추려내 보았다. 창의적, 자연발생적, 자유 등이 그것이었다. 당시의 비평가들은 파생적인, 관행적인, 원칙 같은, 앞선 단어들의 반의어들을 골칫거리로 여겨 경멸했다. 위대한 저자들을 혁신가, 개척자, 탐험가로 여겨 영웅시했고, 그렇지 못한 저자들을 용기가 결여된 것으로 보았다. 용기 없는 저자들은 안정된 학문 속에서 한데 뭉쳐 전형을 따라가는 것밖에 하지 못하는 사람들이라고 폄하했다.

  루이스는 문학에서 명시적인 것이란 없다고 한 신약성서에서조차 명시적인 부분들이 있다고 생각했다. 사도 바울이 쓴 편지(고린도서 11장 1절)에서 영광에 관한 구절들이 모조되거나 파생되거나 심지어 고스란히 반영되고 있는 것이 그 예라고 주장했다. 고린도서에 따르면 바울은 남자가 신의 영광이듯이 여자가 남자의 영광이라고 편지에 썼다. 이것은 남자가 신에게서 비롯된 아담의 후예이며, 여자는 남자에게서 비롯된 이브의 후예라는 말과 같은 패턴이다(나니아에서 '아담의 아들과 이브의 딸'이라고 한 부분). 인간은 신을 본뜨며, 여자는 남자를 본뜬다. 이것이 신성 안에서 더 높은 패턴을 반영하는 것이다. 그러므로 아드님은 그 아버지를 모방한다(루이스는 예수의 행적이 어린 소년일 때 요셉이 목수 건축업자로서 한 일을 배워 따라 한 것이라고 보았다). 그리고 인간의 문화 전체에서도 모방의 패턴은 발견된다(모든 형태의 배움과 실천이 그런 예이다).

루이스는 '신약성서에서는 인생의 요령 그 자체가 모방의 예술이다.'라고 썼다. 루이스가 주장하는 이런 식의 관점을 따라가면 독창성을 중시하는 당대 비평의 지배적인 가치와 정반대의 입장에 설 수밖에 없다. 그는 '신약성서에서 독창성은 명백히 신만의 권능이다.'라고 썼다. 성서에 따라 인간성을 실현하겠다는 것은 실은 인간이 이룰 수 없는 것을 바라는 것으로서, 완전히 반대로 이끄는 거짓말을 하는 것과도 같다는 것이다. 따라서 '인간의 성숙은 그저 빌린 것의 향기를 얻는 것이며, 타인의 이미지로 가득한 맑은 거울이 되는 것'에 있다고 했다. 그러면서 그는 인간성의 미덕은 '선한 것의 파생 또는 반영'이라고 했다.

이 시기에 쓰인 루이스와 톨킨의 모든 글은 다음에 쓰인 세 가지 주요 영역에서의 회복을 주제로 한다. 이는 《부흥》에 실린 에세이들의 기조를 이루는 테마이기도 하다.

1. 요정 이야기와 판타지
2. '훈련'을 과하게 강조하는 현대적 풍조에 반하는 '학문'과 교육
3. 희생, 기사도, 위계질서, 자유, 미덕, 위엄, 아름다움, 경이로움, 신성함, 우정, 동료의식 등 루이스가 '올드웨스트'라고 부르는 가치를 재도입하는 것

그러면 '요정 이야기'와 판타지에서 톨킨과 루이스를 이끈 것, 특히 이 두 사람이 현대의 청중들을 위해 되살리고 싶어 했던 것은 무엇이었을까?

두 사람이 이 주제에 관심을 갖게 된 이유는 개인적인 것이기도 했고 직업적인 것이기도 했다. 개인적인 이유는 두 사람 모두 어린 시절에 그림형제나 앤드류 랭$^{Andrew\ Lang}$이 수집해 정리한 이야기들을 읽고 향유했다는 것이다. 또한 두 사람 다 소년 커디^{Curdie}를 주인공으로 한 이야기들과 《황금 열쇠$^{The\ Golden\ Key}$》 등을 읽고 조지 맥도널드에 매혹되었다. 직업적인 이유는 그들이 중세의 전기문학을 연구하고 가르쳤다는 것, 톨킨의 경우에는 북유럽 신화의 풍요로움에 깊이 빠졌다는 것이었다. 두 사람은 이런 종류의 이야기들이 오랜 역사에 걸쳐 어른들에게 이야기되고 향유되었음에도 '어린이용'으로 치부된다는 것을 꽤 늦게 깨닫게 되었다. 그야말로 오랜 세월 동안, 강한 전사들조차도 승리의 순간에는 환호성을 지르고 사건이 비극으로 치달을 때는 눈물을 닦아가며 이 이야기들을 즐겼지 않았는가. 이 이야기들이 사람들에게 현실에 관한 중요한 교훈을 들려줬다는 점은 또 어떤가. 이 이야기들이야말로 우리 자신이 누구이며 세상은 어떤 곳이며 신성한 왕국은 어디인지 알려주지 않았던가?

두 사람은 서문에서 밝힌 것처럼 사람들이 이 책들을 '다시 읽게' 해야겠다고 생각했다. 특히 성인 독자층을 창출하겠다고 생각했다. 루이스의 우주 3부작은 자신과 톨킨이 즐겨 읽는 종류의 이야기를 써보겠다는 이러한 결심의 산물이었다. 그는 다른 방식으로는 할 수 없는 이야기라도 공상과학소설에서는 풀어낼 수 있을 거라고 생각했다. 반면 톨킨은 두 사람이 만났을 때 이미 그 작업을 하고 있었다. 제1차 세계대전의 부상에서 회복할 때부터 가운데땅의 초창기에 얽힌 신화와 전설에 관해 수백 장의 글을 쓰고 있었던 것이다.

《부흥》에는 교육에 관한 루이스의 생각도 담겨 있다. 그는 학문이 교육의 숙성 단계라고 주장했다. 즉 학문은 교육을 받아서 인간적으로 교화된 사람들이 하는 활동이라는 것이다. 또한 학문은 지식에 대한 욕망에서 비롯되는데, 교화된 사람들이 하는 활동인 만큼 이로운 지식을 추구하려는 태도가 깔려 있다고 주장했다.

루이스는 우리가 옛 세상에서 깨져 나온 세상에 살아가고 있다고 믿었다. 세상이 파편화된 것은 앞서도 말했지만 기계 시대의 도래, 즉 그가 나중에 대 분수령이라고 부른 일 때문이었다. '우리의 새로운 시대는 과거를 파기해버린 뒤 끝없는 진보에 지배되고 있다'는 것이었다.

루이스는 점점 더 절충적(자신이 존경하는 에드먼드 스펜서의 오래된 시의 특질이었던)인 방식으로 문학 창작에 접근하기 시작했으며, '올드 웨스트'의 모든 이미지와 이야기들을 자유자재로 끌어다 썼다. 이에 반해 톨킨의 관심은 초기 영문학과 북유럽신화에 더 집중되어 있었지만 목표 자체는 루이스와 같았다. 그 역시도 자신이 쓰는 이야기들을 통해 동시대의 사람들이 중요한 옛 역사를 제대로 봐주기를 바랐다. 사람들이 당대의 사고체계와 문화에서 편협한 신화와 가정들만을 흡수할 것이 아니라 루이스가 올스웨스트라고 한 것의 가치와 미덕을 삶 속에 받아들이기를 바랐다. 그렇게 톨킨과 루이스는 사람들에게 '세상의 벽' 너머를 향한 욕구를 일깨우고 아직 알려지지 않은 감각을 경험하게 하는 문을 열어젖히고자 했다. 루이스와 톨킨이 이렇게 활발한 활동을 펼치는 동안 바필드는 단조로운 변호사 일에 매여 있었다. 그럼에도 그는 조금씩이라도 계속해서 글을 쓰고 있었으며, 책을 쓰기 위해 일부러 여가를 내가면서 잉클링스 모두의 중심 테마였던 '지식에서 상상력의 중요성'에 관한 특유의 탐구를 계속해 나갔다. 또 찰스 윌리엄스는 낭만적 사랑의 신학에 강조점을 두는 자신만의 이론으로 잉클링스 회합에서 두각을 드러냈다.

아마 모든 잉클링스 가운데서 새로운 세상의 사람들에게 오래 전 서부의 미덕과 가치를 되살려 줄 전략적인 방법이 필요하다는 사실을 가장 명확하게 인식한 사람이 루이스였을 것이다. 그는 사람들이 자신의 이야기를 즐기면서 옛 세상의 책, 이야기, 태도 등을 인식하고 탐색할 수 있기를 바랐다. 이 광대한 이전 세상 속에 참된 인간성의 본질에 관한 조화로운 지혜가 들어 있다고 생각했기 때문이다(루이스는 이런 가치를 따르는 삶의 방식을 가리키는 말로서 동양의 사상에서 차용한 고대어 '타오™'를 이용하곤 했다)¹¹. 그는 20세기의 지배적인 세계관 때문에 '인간의 폐지abolition of man'를 야기하는 가치들이 만연할 가능성을 염려했다(인간의 폐지는 그가 현대의 교육에 관해 쓴 철학적인 소책자의 제목이다).

    루이스가 장차 쓰게 될 많은 이야기는 이러한 본질적인 인간적 가치를 회복시키려는 전략의 일환이었다(《나니아 연대기》도 마찬가지다). 그에게는 앞선, 근대 이전 시대의 상상력에서 비롯되는 자원과 기호 언어를 이용하는 것이 자연스러운 일이었다. 톨킨과 바필드처럼 그도 이 가치들 속에 포함된 인간성의 비전 없이는 서구 세계의 미래가 대단히 불투명할 것이라고 확신했다. 여기에 더해 찰스 윌리엄스의 글쓰기가 이러한 욕망을 더 강력하게 만들어주는 역할을 했다. 비록 윌리엄스 자신은 매력적이며 때로는 충격적인 소설의 형식으로, 그리고 올드웨스턴의 테마인 아서왕 전설을 바탕으로 대단히 실험적인 운문을 써서 전통적인 그리스도교 교리를 이행하는 것만으로도 충분히 만족했지만 말이다.

---

11 루이스는 '올드 웨스트' 전체보다도 훨씬 더 큰 무언가 속에 미덕과 가치가 깃들어 있다는 것을 보여주려 했다. 그 무언가는 바로 신의 형상을 지닌 우리 인간의 본질적 속성이었다. 그야말로 평신도가 만들어낸 야심 찬 자연 신학이었다.

그리스도교의 작은 르네상스

앞서도 말했듯이 루이스는 로맨스물을 창작해내고 친구들의 창작을 격려해주는 과정에서 참된 인간성에 관련된 가치와 미덕들을 보호하는 일이 시급하다고 생각하게 되었으며, 그에 따라 성인을 위한 '로맨스' 이야기를 부흥시키기로 결심했다.(여기서 로맨스는 루이스와 톨킨, 그 친구들이 즐겨 읽었던 종류의 책들, 이를테면 찰스 윌리엄스의 초자연적인 스릴러물 《사자의 자리》 같은 책을 가리킨다. 플라톤의 철학이 나왔던 고대부터 중세까지는 창세기에 관한 내용을 다루는 책이 많았는데 이후로는 맥이 끊겼다. 《사자의 자리》는 이러한 책들의 혼합물이라고 할 수 있는 책이다). 그는 일종의 부흥 운동이라 할 이러한 노력에 친구들이 참여하고 있다고 생각하지 않았지만 그렇지는 않았다. 1930년대를 사실상 영문학에서 그리스도교 테마의 '작은 르네상스'가 일어난 시기라고 보기도 하는데[이 말을 한 사람은 해리 블레마이어스(한때 루이스의 학생이었고, 저자이자 비평가)였다] 잉클링스의 저자들이 모두 이 작지만 의미심장한 운동에서 매우 큰 역할을 했던 것이다.

그리스도교 문학이 부흥하기 시작한 것은 1928년으로 거슬러 올라간다. 켄터베리 대성당의 주임사제였던 조지 벨 George Bell은 다시 한 번 교회가 극적인 효과를 보여주어야 할 때라고 생각하고 당시 막 결성된 '켄터베리 대성당의 친구들 Friends of Canterbury Cathedral(켄터베리 대성당 후원회 - 역주)'과 긴밀하게 연계하여 켄터베리 페스티벌을 열었다. 이 페스티벌에서 가장 주목을 받았던 연극은 T.S. 엘리어트의 《대성당의 살인Murder in the Cathedral》(1935년에 그곳에서 초연되었다)이었다. 그 이듬해에 축제에 참여한 사람들은 찰스 윌리엄스의 《캔터베리의 토머스 크랜머Thomas Cranmer of Canterbury》를 관람하게 된다(토머스 크랜머는 헨리 8세 대의 종교개혁가로, 캔터베리 대주교였던 인물이다 - 역주). 또한 그 다음 해에 상연된 것이 도로시 L. 세이어스의 《주의 전을 사모하다The Zeal of Thy House》였다. 1939년에는 파우스트 이야기를 재해석한 세이어스의 연극 《닥쳐올 재앙The Devil to Pay》도 무대에 올려졌다.

해리 블레마이어스는 루이스, 톨킨 윌리엄스 같은 저자들이 따로 활동했던 것이 아니라 거대한 흐름을 이루었다는 점을 분명히 했다. 잉클링스가 1930년대의 문학 환경에서 중요한 흐름의 한 부분이었다고 한 그의 글을 보면 이런 점이 분명히 드러난다.

> 루이스는 이 작은 그리스도교의 르네상스가 시작되려는 찰나에 글을 쓰기 시작했다. 그 결과 1933년에 《순례자의 역정》이 나왔다. 1930년대는 그야말로 범상치 않은 10년이었다. 루이스뿐 아니라 엘리어트의 《재의 수요일Ash Wednesday》이 1930년에, 《바위The Rock》가 1934년에, 《대성당의 살인》이 1935년, 그리고 《번트 노튼Burnt Norton》이 1936년에 나왔다. 찰스 윌리엄스의 《천국의 전쟁》은 1930년에 출간되었고, 《사자의 자리》가 1931년에, 《위대한 나팔소리The Greater Trumps》는 1932년, 그리고 희곡 《캔터베리

의 토머스 크랜머》는 1936년에 출간되었다. 헬렌 워델Helen Waddell의 《피에르 아벨라르Peter Abelard(중세 프랑스의 스콜라 학자 - 역주)》도 1933에 나왔다. 연극 쪽에서는 제임스 브라이디James Bridie가 성서적인 희곡 《토비아와 천사Tobias and the Angel(1930)》, 《요나와 고래Jonah and the Whale(1932)》로 대단히 큰 대중적 인기를 얻었다. 그 뒤 1937년에는 크리스토퍼 프라이Christopher Fry가 《수레를 가진 소년The Boy with a Cart》을 내놓았다. 그리고 같은 해에 도로시 세이어스의 《주의 전을 사모하다》가 상연되었고, 데이비드 존스David Jones의 《괄호에 넣어서In Parenthesis》와 톨킨의 《호빗》이 출간되었다. 뒤이은 1938년에는 루이스의 《고요한 행성 밖으로》와 윌리엄스의 《로그레스를 지나는 탈리에신Taliessin through Logres》, 그린Greene의 《브라이턴록Brighton Rock》이 출간되었다. 엘리어트의 《가족의 재회Family Reunion》가 1939년에 뒤따라 나왔고, 그린의 《권력과 영광The Power and The Glory》이 1940년에 출간되었다. 이 시기에 에블린 워Evelyn Waugh 역시 이름을 알렸고, 로즈 매콜리Rose Macaulay의 작품도 봇물 터지듯 쏟아져 나오기 시작했다. 에드윈 뮤어Edwin Muir, 앤드류 영Andrew Young, 프랜시스 베리Francis Berry 역시 책을 냈다.

따라서 어떤 문학사가가 1930년대와 1940년대의 영문학의 현장을 되돌아본다고 하면 당연히 C.S. 루이스와 찰스 윌리엄스가 먼저 눈에 들어올 것이다. 그들은 유난을 떨며 뒷걸음질 친(이들이 전근대적 가치를 지향하고 있음을 빗댄 표현이다 - 역주) 사람들이 아니라 그리스도교 문학의 르네상스라고 할 만한 작은 운동의 첫 기여자들이었다.

수십 년이 흐른 후 되돌아보면 당시에 르네상스라고 할 만한 패턴이 생겨났다는 사실을 더 쉽게 확인할 수 있다. 그러나 당시 톨킨과 루이스에게 더 의미가 있었던 것은 두 사람이 1930년대 초반에 시작한 격식 없는 클럽이었다.

Chapter 7

전쟁 기간과
잉클링스의 황금기

The Oxford Inklings

제2차 세계대전 이전, 초기의 잉클링스에 대한 자료는 거의 남아 있지 않지만 이 그룹이 두 가지 유형으로 나뉘어 정착되어 나갔다는 추측은 있다. 한 유형은 모들린칼리지에 있는 루이스의 방에서 모이던 낭독 그룹이며, 다른 하나는 인기 있는 선술집(주로 세인트가일스에 있던 이글스앤드차일드)에서 모이곤 했던 대화 위주의 그룹이었다. 후일 와니는 대화 그룹이 '진정한 잉클링스'인 낭독 그룹에 비하면 부차적인 형태라고 했다. 그러나 오웬 바필드는 대화야말로 이 그룹의 본질에 필수적인 요소라고 생각했으며, 휴고 다이슨 역시 집필 중인 책을 읽는 것보다는 이야기하는 편을 훨씬 더 좋아해서 확실히 대화 그룹 쪽이었다.[12]

초기에는 모임 자체가 전쟁 기간만큼 잦지는 않았던 것으로 보인다. 학기에는 주에 두 차례, 가끔은 세 차례 정도 만난 것으로 알려져 있다. 더욱이 전쟁 전에는 아침 모임보다 술집에서 만나는 저녁 모임이 더 일반적이었을 것이다. 그런 중에도 톨킨과 루이스는 학기 중뿐만 아니라 학기가 끝난 후에도 종종 만났으며, 와니 루이

---

12 두 가지 유형의 모임 간에 절대적인 차이가 있는 것은 아니었다. 저녁 모임에서 대화가 훨씬 더 많았고, 술집(화이트호스)에서 있었던 것으로 기록된 어느 모임(1944년 4월 12일 수요일)에서는 톨킨이 《반지의 제왕》의 최신 장을 루이스와 찰스 윌리엄스에게 읽어준 것으로 알려져 있는데, 이는 (잉클링스 회합에 관한 문서가 부족한 것을 감안하면) 술집 모임에서도 낭독이 자주 이루어지지는 않았다는 것을 의미한다.

스도 1932년 이후에는 이 자리에 자주 함께했다. 우리가 아는 것은 적어도 전쟁이 일어나기 전에는 한 사람이 읽어주거나 서로 읽어주는 식으로 상당히 많은 낭독이 이루어졌다는 것이다. 멤버들 전원 앞에서 읽었다는 자료가 남아 있는 글은 톨킨의 《호빗》, 루이스의 《침묵의 행성 밖으로》(톨킨에 따르면 연재 형식으로 읽었다고 한다) 그리고 다양한 시들이었다.

그런데 사실상 잉클링스의 존속에서 매우 중요한 단계, 즉 황금기'라고 할 수 있는 특징을 형성한 시기는 1939~1945년의 전쟁기간, 즉 윌리엄스의 죽음에 이르기까지(윌리엄스는 유럽 전승기념일 직후에 사망했다)의 기간이다. 제1차 세계대전에 이어 또 한 차례의 세계 전쟁이 시작된 해인 1939년 9월 윌리엄스가 옥스퍼드에 도착하면서 잉클링스의 황금기도 시작됐다. 이 기간 동안에는 두 번째 유형의 모임이 더 관례적인 것이 되었는데, 바로 화요일의 아침 회동이었다. 윌리엄스는 두 유형의 모임에 놀랍도록 새로운 성격을 부여해주었다. 찰스 윌리엄스가 참석한 이후 루이스가 쓴 메모를 보면 이 모임들이 어떤 형식으로 열렸는지 드러나 있다. '1939년 9월부터 그의 죽음(1945년)을 맞기까지 일주일에 두 번, 때에 따라 그보다 더 자주 모였다. 모임은 대부분 목요일 저녁에 내 방에서, 그리고 화요일 아침에는 사과주를 마실 수 있는 제일 좋은 술집에서 이루어졌다.'

찰스 윌리엄스가 모임에 참석한 기간에 정기적이든 간헐적이든 그룹의 일원으로 함께한 이들의 수를 헤아려보면 전쟁 이전보다 더 많았다. C.S. 루이스, 워렌 루이스, 톨킨, 찰스 윌리엄스, 휴고 다이슨, 오웬 바필드, '험프리' 하버드 박사, 네빌 코그힐, 애덤 폭스(아마 1942년까지) 그리고 데이비드 세실 경이 그들이다. 와니 루이스는 초반에는 군 복무 때문에 참석하지 못했다(이 말은 그에게 보낸 루이스의 편지들을 잉클링스 모임에 대한 참고자료로 이용할 수 있다는 의미다). 오웬 바필드는 이따금 런던에서 방문하는 정도였고, 리딩대학에 있던 휴고 다이슨은 자주 참석하는 편이었다. 그는 1945년에 옥스퍼드 강단으로 귀환했다. 이 기간에 잉클링스의 저녁 모임에는 외부 인사들이 초대되기도 했다. 시인인 로이 캠벨Roy Campbell(화요일에 이글스 앤드 차일드 술집에서 우연히 만나 다음 주 모임에 초대되었다)과 판타지 소설가 에디슨(이 기간에 그는 두 차례 모임에 참석했다)이 대표적인 경우였다.

전쟁 동안 잉클링스 그룹이 더 활발하게 움직인 데는 두 가지 주요 요인이 작용했다고 본다. 첫 번째는 전쟁이다. 영국인들은 대부분 모여서 위기에 대응하곤 했는데, 이처럼 전시 상황에서 함께 어울리는 분위기 때문에 클럽에 더 크게 공감했다는 것이다. 대부분의 잉클링은 20년 전쯤에 일어난 제1차 세계대전 중에 군복무를 했기에 자연히 전쟁의 결과에 대해 매우 현실적인 시선을 지니고 있었다. 잉클링들이 자신들까지 군대에 가서 봉사할 필요가 없다고 생각한 것은 나이 문제도 그렇거니와 민간에서 맡은 일도 못지않게 중요하다고 여겼기 때문이다. 물론 경험이 많은 전문 군인이었던 워렌 루이스는 예외였다. 그는 이미 은퇴한 상태였지만 다시 불려가 이전처럼 군수품을 담당하는 역할을 수행했다. 단 이번에는 복무 기간이 짧았다. 그는 1940년 영국군이 프랑스의 됭케르크Dunkirk에서 철수하기 직전에 귀국했다.

잉클링스가 더 활발하게 활동한 주요 요인 중 다른 하나도 전쟁과 관련이 있었다. 바로 3년 전쯤부터 잉클링스와 알고 지내던 찰스 윌리엄스가 옥스퍼드대학 출판부의 런던 지점이 철수하면서 다른 직원들과 함께 옥스퍼드로 오게 된 것이다. 윌리엄스는 이내 보물과도 같은 잉클링스의 정규 멤버가 되었고, 다른 잉클링들과 마찬가지로 이 대학교 영문학과의 강단에 서게 되었다. 그는 임시 사무실에서 책자 발간보다 강의와 잉클링스 회합에 더 긴 시간을 썼다. 루이스는 그를 '친구들 중의 친구, 우리 작은 모임(잉클링스)을 편안하게 만들어주는 위로자이며 가장 무결한 사람'으로 기렸다.

찰스 윌리엄스의 강의는 학생들에게 매우 인기가 좋았다. 존 웨인은 영문학과 재학 시절에 관한 책을 쓰면서 윌리엄스에게 많은 지면을 할애했다. 웨인이 옥스퍼드 대학생일 시절, 윌리엄스는 감탄을 자아내는 인물 중 하나였다. 그가 얼마나 학생들을 사로잡았는지는 그의 《햄릿》 강의에 학생들이 입추의 여지없이 들어찼던 것으로도 증명된다. 실제로 같은 시간에 톨킨이 강의하던 강의실은 학생들이 죄다 윌리엄스에게 가버려서 거의 비어버린 일도 있었다. 앵글로 색슨(고대 영어 – 역주)에 대한 톨킨의 강의를 듣기 위해

남았던 학생은 필기를 해놓으라고 친구들이 남겨둔 한 명뿐이었다. 톨킨은 단 한 명의 학생에게 강의를 해야 할 처지에 몰렸지만 나중에 찰스 윌리엄스와 술 한잔하면서 기분을 푸는 관대함을 보였다. 윌리엄스가 좀 잘나간 것 때문에 두 친구 사이에 나쁜 감정이 생길 일은 없었다. 문제가 있다면 톨킨이 윌리엄스의 오컬트에 대한 관심을 못마땅하게 느낀 것 정도였다. 하나 더 꼽자면 루이스가 톨킨에게 보냈던 애정 중 상당 부분을 윌리엄스에게 돌렸기에 모종의 질투를 느꼈을 가능성도 있다.

 루이스는 1943년에 공상과학소설《침묵의 행성 밖으로》를 처음으로 미국에 선보이면서 '저자의 변'을 몇 차례 썼는데, 여기에 잉클링스의 활발한 활동 모습(짧은 도보 여행을 포함하여)이 소개되어 있다. '내게 가장 행복한 시간은 서너 명의 오랜 친구들과 낡은 옷차림으로 함께 걷다가 작은 술집이 나오면 들르는 것 혹은 대학에 있는 누군가의 방에 모여 맥주나 차, 그리고 파이프 담배를 즐기면서 허튼소리를 주고받거나 시, 신학, 형이상학을 논하며 보내는 것이다.' 이처럼 그는 친구들과 어떻게 지냈는지 들여다볼 수 있게 몇 줄의 감질나는 글을 남겼다. 이를 통해 짐작해보면 이 시기의 잉클링스 모임은 꽤 단출해서 저녁 모임에서 독서를 더 많이 하거나 휴일에 격식 없이 도보 여행을 하면서 동료애를 다지는 식으로 이루어졌던 듯하다. 흥미로운 것은 루이스가 이런 글을《침묵의 행성 밖으로》를 소개하면서 썼다는 것이다. 이 소설의 주인공인 엘윈 랜섬^{Elwin Ransom} 박사는 말라칸드라^{Malacandra}(화성)에서 겪은 모험담을 쓰게 되는데, 박사를 돕는 인물로 루이스 자신을 모델로 한 인물이 등장한다. 또한 랜섬은 어렴풋하게나마 J.R.R. 톨킨을 형상화한 인물이다. 사실 당시의 잉클링스는 작은 모임이라 이 두 사람이 모임에서 차지하는 비중이 40퍼센트에 육박할 정도였으므로 둘의 소설과 잉클링스 모임은 떼려야 뗄 수 없는 관계였던 것이다.

전쟁 시기의 잉클링스(함께 모여서 전 세계가 더 큰 위험에 처하리라는 예감을 나누었던)에 대한 정보는 대개 이처럼 책을 소개하는 글 같은 단편적인 것들에서 얻을 수 있다. 예를 들면 와니가 잉글랜드와 프랑스에서 열심히 복무하던 전쟁 초기에 루이스가 보낸 편지들, 그리고 톨킨이 고향인 남아프리카의 RAF^{Royal Air Force(영국 공군 - 역주)}에서 비행 훈련 중이던 아들 크리스토퍼에게 보낸 편지들이 있다. 또한 와니가 쓴 미려한 일기나 다른 사람들이 일기에서 짧게 내비친 글들, 잉클링스 멤버들이나 모임을 방문했던 사람들이 한참 후에 인터뷰한 기록, 그리고 이들이 쓴 짧은 추억록 속에도 단서들이 숨어 있다. 모임을 방문했던 미국인 채드 월시^{Chad Walsh}는 1948년 루이스의 사상과 글에 대한 최초의 연구서(《C.S.루이스, 회의론자들의 사도^{C.S. Lewis, Apostle to the Skeptics}》)에 어느 화요일 아침의 잉클링스 모임에 대해 이렇게 썼다.

이제 와서 되돌아보면 겉보기에는 평범했던 이 모임이 얼마나 큰 지적 바탕 위에 세워졌는지 깨닫게 된다. 당시에 나는 루이스가 친구들의 빈 머그잔을 채워주거나 담뱃불(때때로 파이프 담배)을 붙여주느라 부산을 떠는 바람에 그들 사이에 흐르는 생각의 갈피를 정확히 포착하지 못했다. 게다가 그 흐름은 일방적인 것이 아니었다. 루이스는 달변가이기도 했지만 그 못지않게 좋은 청자였으며, 인식이 미치는 거의 모든 것에 잘 벼린 호기심을 가지고 있었다.

여기까지가 일주일에 두 차례 회동하는 그룹 혹은 두세 명이 따로 모이는 그룹으로서의 잉클링스를 엿볼 수 있게 하는 발췌 글들이었다. 이제 루이스가 자신의 책을 소개하는 글에까지 썼던 도보 여행(사실《침묵의 행성 밖으로》는 랜섬이 휴가차 도보 여행을 하는 것으로 시작한다) 이야기를 시작해보자. 도보 여행은 화요일과 목요일의 격식 없는 만남 외에 추가로 이루어졌다.

전쟁 시기의 도보 여행

앞서 살펴본 것처럼 도보 여행을 하거나 짧은 산책을 하며 쉬는 것, 특히 친구들과 함께 걷는 것은 루이스가 가장 즐거워하는 일이었다. 심지어 그의 공상과학소설《침묵의 행성 밖으로》의 주인공도 여름휴가 동안 혼자서 도보 여행을 한다. 루이스는 봄철에 남쪽을 향해 걷는 것을 좋아했다. 그는 도싯Dorset 지역에서 상당히 멀리까지 걸어 여행한 적이 있었다. 그곳의 숲은 거의 초록이었고, '커다랗고 푹신한 덤불' 사이로 앵초 꽃들이 눈에 띄었으며, 멀리로는 바다가 보였다. 이런 식의 도보 여행은 주로 휴식을 위해서 또는 땀에 흠뻑 젖어서 헛간이나 양지바른 비탈에 누운 채 마무리되었다.

  루이스의 편지와 일기, 와니의 일기를 살펴보면 여러 차례 휴가에 도보여행을 떠난 세부적인 이야기들이 언급되어 있다. 대개의 여행 계획은 친구들이 기차 혹은 차로 출발지점에 도착한 다음 작은 호텔이나 시골 여관에서 따뜻한 저녁 식사와 잠자리, 아침 식사를 해결하면서 며칠씩 걷는 것이었다. 그중 한 예는 1927년 4월 루이스와 세실 하우드(그는 잉클링스의 멤버인 적이 한 번도 없었다), 오웬 바필드가 함께 버크셔다운스Berkshire Downs를 횡단한 여행이었다.

  이 무렵 하우드는 도보 여행을 자주 계획했는데, 1931년에 루이스는 하우드에게 보낸 편지에서 이 친구를 '걷기의 제왕'이라고 불렀다. 앞서도 이야기했듯이 워렌이 일찍 은퇴하고 킬른스에 꾸린 루이스의 가정에 합류한 뒤로는 이 형제도 정기적으로 연례 도보 여행을 했다. 루이스 형제가 1930년대에 한 연례 도보 여행은 여덟 번으로(마지막 여행을 한 것은 1939년 초였다), 와이 계곡, 웨일스Wales와 애버리스트위스Aberystwyth, 칠턴구릉지대Chiltern Hills, 더비셔고원지대Derbyshire Peak District, 서머셋Somerset, 그리고 월트셔가 그 여행지들이었다.

  와니가 프랑스에 주둔한 영국군에서 복무하고 있을 당시에 루이스가 보낸 편지를 보면 1940년 봄 엑스무어Exmoor에서 4일간 도보 여행을 한 이야기가 실려 있다. 4월 5일 금요일부터 8일 월요일까지의 여행이었다. 세실 하우드가 그때 엑스무어 옆에 있는 서머셋의 마인헤드Minehead에 살았으므로 이 여행 계획은 세 명이 함께 하는 것으로 짜였으며, 또 한 친구인 월터 필드Walter Field는 가서 만나기로 되어 있었다. 필드는 바필드와 하우드처럼 인지학자였다. 이때 루이스는 마인헤드에서 예상치 않게 휴고 다이슨을 만났다. 휴고 다이슨은 홍역으로 몸져누운 아내 마가렛Margaret 때문에 처가 식구들과 함께 그곳에 머무르고 있었다. 루이스는 마인헤드에서 다이슨을 만나게 되어 기쁜 나머지 매일 걷기를 마인헤드에서 마무리해 함께 걷지 못하는 아쉬움을 만남으로 달랬다. 이 만남에서 루이스가 많이 놀라워하며 기뻐한 일이 있었는데 바로 필드와 다이슨이 잘 어울린 것이었다. 사실 루이스는 두 사람에게 공통의 관심사가 많이 있으리라고는 기대하지 않았다. 루이스는 필드가 당시 유행하던 사회적 신용 위주의 경제론을 쉬지 않고 이야기했는데도 두 사람이 좋은 관계를 유지했다고 편지에 썼다. 필드가 이론을 설명하느라 열을 올릴 때 다이슨이 아무 말도 못하고 듣고 있었다는데, 아마 루이스는 이 흔치 않은 광경을 즐기고 있었지 않았나 싶다.

루이스는 3개월 전인 1월에도 그 지역을 방문해 하우드와 함께 걸은 적이 있었는데, 그때의 걷기는 대가족의 가장(하우드의 자녀들 중

로런스Laurence는 루이스의 대자였다)인 하우드의 부담을 덜어 주기 위해 마인헤드에서 시작해 마인헤드에서 끝났다. 사실 루이스는 10년 전에도 한 차례 더 이곳을 방문해 도보 여행을 한 적이 있었다. 이때도 역시 바필드와 하우드, 월터 필드가 동행했다. 그리고 훨씬 이전인 1920년에도 루이스는 학부생의 신분으로 제니 무어 부인과 이 지역을 방문해 올드클리브Old Cleeve에 머무르며 던스터Dunster에서 교외로 자전거 나들이를 했었다.

루이스는 와니에게 걸으면서 겪은 일들과 풍경에 대해 아름답게 묘사한 편지를 보냈다. 나무가 우거진 산등성이들, 다채롭게 변하는 날씨의 정취, 교회를 방문한 것(그곳에서 루이스는 설교 중이던 성경의 한 대목을 읽어달라는 요청을 받기도 했다), 저마다 장점을 지닌 술집들, 야생화가 아름답게 핀 들판과 언덕들, '세상 끝까지 오르는 언덕의 언덕 그 위의 언덕'이라는 글귀에 딱 들어맞았던 산마루 등반 등등. 그중 한 산마루에서는 바필드가 기념으로 돌무더기를 만들고서 소네트를 암송하기도 했다. 이 여행의 방문지는 우턴 코트니Wootton Courtenay의 한 마을인 던커리비콘Dunkery Beacon(루이스가 성경 구절을 읽은 곳), 클라우츠햄Cloutsham이라는 이름의 농장, 던스터의 '아름다운' 마을, 크로이든힐Croydon Hill, 럭스버러Luxborough와 브리지타운Bridgetown, 윈스퍼드Winsford(이곳에서 하룻밤을 묵었다)의 마을들, 그리고 애빌 강River Avill 계곡에 있는 팀버스콤Timberscombe(이곳에는 라이언 인Lion Inn이라는 오래된 마차 보관소가 있다) 등이었다.

이 편지에는 어느 날 저녁에 '텔링 어 스토리telling a story'를 하면서 '멋진' 시간을 보냈다는 내용도 쓰여 있었다. 이것은 그들이 도보 여행을 하면서 기분전환으로 한 오래된 놀이인데 각자 돌아가며 청크chunk(하나의 단위로 묶을 수 있는 어구, 말 모듬 - 역주)를 고안해내는 것이었다. 그는 편지에 '각자 새로운 인물과 복잡한 상황을 만들어서 다음 사람에게 '갓 나온 아기를 떠넘기는 식'이니까 재미있지. 알고 보니 다이슨이 이 놀이의 전문가더라고.'라고 썼다. 비록 잉클링스 중에서 루이스, 바필드, 다이슨만 함께한 여행이기는 하지만 이 서클 특유의 우정을 만끽하는 방식을 엿보기에는 모자람이 없다. 루이스가 이렇게 편지를 길게 쓴 것은 십중팔구 멀리 있는 형이 편지를 읽으면서 함께 즐거움을 누리기를 바라서였을 것이다.

돌아오는 길에 루이스는 바필드와 함께 기차를 탔다(런던행 기차를 타고 리딩대학교 역까지 동행했다). 루이스가 히틀러가 덴마크를 침공했다는 충격적인 소식을 신문에서 읽은 것은 옥스퍼드에 도착해서였다. 나치가 폴란드에 이어 두 번째로 다른 나라를 강탈했던 것이다.

잉클링스 모임 좀 더 들여다보기

찰스 윌리엄스가 합류한 지 두 달이 채 되지 않았던 1939년 11월 9일 목요일에 잉클링스의 모임이 있었다. 이날의 모임을 보면 전쟁 시기에 잉클링스 회동이 어떤 정취와 분위기를 띠었는지 짐작해볼 수 있다. 적어도 문학적인 분위기는 확연히 드러난다.

모임은 멤버들이 즐겨 찾던 옥스퍼드의 이스트게이트호텔에서 저녁을 먹은 후에 낭독회로 이어졌다. 톨킨이 《반지의 제왕》('새로운 호빗')으로 나올 책의 첫 권을 읽어주었고,[13] 윌리엄스는 성탄극의 한 대목을, 그리고 루이스는 고통의 문제에 대해 쓰던 책의 한 장章을 읽었다. 루이스가 모임에 참석하지 못한 형에게 보낸 편지를 보면 이날의 다이슨은 '으르렁대는 난센스의 홍수'로 표현될 정도로 말이 많았다. 당시 톨킨은 절대 반지의 속성과 아라곤(얼마 전까지 '트로터Trotter'라 불리는 호빗이었다)의 정체성에 중요한 변화를 주고 있었으므로 이날 읽은 것은 수정본이었을 것이다. 나중에 루이스가 와니에게 보낸 편지에서 그날 저녁 낭독한 글들이 주제 면에서 '논리적인 연속성을 갖춘 셈'이었다고 묘사한 것으로 보아 톨킨이 읽은 대목이 어디였든지 악의 본성에 관한 것이었을 가능성이 높다. 아닌 게 아니라 루이스 자신이 읽은 《고통의 문제The Problem of Pain》 역시 이 주제에 대해 자세히 설명하는 내용이었다. 윌리엄스의 운문극 《마구간 옆집The House by the Stable》은 아예 인간의 영혼이 악에 대하여 승리하는 전투를 다루면서 지옥에 대한 역전된 시각을 보여주었다. 《마구간 옆집》에는 두 명의 우화적인 인물이 등장한다. 아름다운 여성의 모습으로 형상화된 프라이드Pride와 그녀의 남동생 헬Hell이 그들이다. 두 사람은 맨Man의 가슴에서 영혼의 소중한 보석을 끄집어내려 하다가 밤에 쉴 곳을 찾고 있던 조셉Joseph과 메리

Mary라는 인물들에게 방해를 받게 되며, 조셉과 메리는 이 일로 역사에 신성한 개입을 하게 된다.

그로부터 두 달 반 뒤인 1월 25일 목요일에 또 다른 잉클링스 회동이 있었다. 이들의 '평범한 파티'의 레퍼토리는 추운 저녁을 덥혀 줄 럼주와 따스한 물을 마시면서 톨킨이 새 원고를 낭독하는 소리를 듣는 것이었다. 이날 톨킨이 읽은 부분은 추후 《반지원정대》가 될 부분이었다. 추측하건대 '평범한 파티'에 참석한 사람들은 다이슨, 찰스 윌리엄스, 애덤 폭스 목사, 그리고 루이스였을 것이다. 하버드는 '다양한 사고들(얼음이 언 상태에서 흔히 발생하는[14])'로 병원 진료가 밀려 참석할 수 없었을 테니 말이다. 와니는 여전히 프랑스에 있었고, 코그힐의 참석은 점점 일정치 않았으며, 바필드는 워낙 참석 자체가 쉽지 않았다. 그 저녁의 나머지 시간은 이야기를 하면서 보냈다고 알려져 있을 뿐, 유감스럽게도 자세한 대화는 기록되어 있지 않다.

다행히 1940년 2월 1일 목요일의 잉클링스 모임에는 험프리 하버드도 참석할 수 있었다. 루이스는 이번에도 멀리 있는 형에게 편

---

13 《반지의 제왕》은 여섯 권으로 나뉘어 있었다. 처음에는 각각 2책으로 구성된 세 권으로 출간되었다. 재정적으로는 한 권짜리로 내는 게 더 적절했을 수도 있지만 1950년대의 출판 기술로는 작업 자체가 불가능했다.

14 루이스는 와니에게 보낸 편지에 이틀 전 스웨터를 입고 침대에 담요를 잔뜩 가져다 덮었는데도 추위 때문에 잠을 깼다는 내용을 쓴다. 침대 머리맡에 둔 컵의 물도 얼어서 마실 수 없을 정도였다.

지를 썼다. '반갑게도 하버드가 합류해서 평소대로 유쾌한 자리가 되었어.' 하버드는 의사답게 고통의 임상 경험에 대한 짧은 글을 읽었는데, 루이스의 책《고통의 문제》에 전체적으로 혹은 부분적으로 부록으로 이용하기 위해 준비해온 것이었다. 루이스는 편지에 이런 글을 덧붙였다. '우리는 떠들썩함, 경건함, 문학이 거의 같은 비율로 혼합된 저녁을 보냈어.' 그는 따뜻한 물과 함께 럼주를 마셨다는 내용과, 이제는 대부분의 잉클링이[15] '직업 형편'이 매우 좋아졌다는 것을 깨닫게 되었다는 글도 덧붙여 적었다. '폭스는 목사, 형은 군인, 바필드는 변호사, 하버드는 의사니까 말이야. 이제 부족한 것은 빵과 구두, 혹은 오두막 같은 생활필수품을 실제로 만들 수 있는 사람 정도더군.'

이날에서 얼마 지나지 않은 2월 15일 목요일에는 오웬 바필드가 런던에서 내려와 있다가 모임에 참석해 루이스를 크게 기쁘게 했다. 그러나 그 다음 주인 2월 22일의 모임에서는 일대 폭풍이 몰아쳤다. 루이스는 와니에게 매주 보내는 편지에 '우리는 화장火葬에 대한 격렬한 논쟁을 벌였어.'라고 썼다. 루이스는 '교황이 그 관습을 싫어한다는 것'을 그때까지 알지 못했다는 점을 인정하면서, 톨킨과 하버드가 보인 감정적 반응에 많이 놀랐다고 했다. 로마가톨릭 교도인 두 사람은 아무리 무신론자들이 화장을 지지한다 해도 일개 송장이 되어 생명이 없는 몸도 '성령의 사원'이라는 것은 틀림없는 '사실'이라고 확언했다. 루이스는 '그렇다 해도 빈 사원이겠지.'라고 맞받아쳤다. 이어 그런 식이면 '공산주의자들이 불경을 저지를까 봐' 교회 건물을 부수는 게 합리적인 선택이기는 하겠다고 한마디 덧붙였지만 반응이 좋지는 않았다.

그로부터 꼭 1주일 후인 1940년 2월 29일 목요일 저녁에는 리딩대학교의 휴고 다이슨이 참석한 가운데 워렌 루이스와 오웬 바필드만 빠진 잉클링스 모임이 열렸다. 이날 애덤 폭스는 겨울철의 블레넘 공원Blenheim Park에 관한 시를 읽었다. 이 외에 다른 낭독에 관한 기록은 남아 있지 않지만 전쟁 동안 잉클링들의 글쓰기가 활발하게 이루어졌으므로 추가적인 낭독이 있었을 가능성은 크다. 이날 대화의 안줏거리는 옥스퍼드 영문학부에서 찰스 윌리엄스가 한 강연이었다. 강연에서 윌리엄스는 밀턴의 책《코머스Comus(그리스신화에서 향연을 주관하는 젊은 신을 가리킴 - 역주)》에 나타난 순결과 처녀성의 교훈을 기렸는데, 이 말을 듣자마자 다이슨은 윌리엄스가 '순결 선동가가 되어간다'고 했다.

당시에도 나치는 계속 진군하고 있었으므로 루이스는 프랑스에 있는 형의 부재를 의식하지 않을 수 없었다. 다행히 앞서 언급한 것처럼 와니는 됭케르크에 주둔했던 영국군의 주력이 후퇴하기 전인

---

15 루이스는 잉클링스를 단수로 지칭하는 경향이 있었다. 아마 잉클링스를 단순히 뒤죽박죽인 친구들의 모임이 아니라 명확한 특성을 지닌 존재로 여긴다는 의미였을 것이다 (11장 참조).

1940년 5월 초에 안전하게 철수했다. 형제는 와니가 카디프^{Cardiff}에 있던 웬보^{Wenvoe} 캠프에 합류하기 전 며칠을 함께 보냈다. 그달 말에 루이스가 형에게 보낸 긴 편지에는 킬른스에서의 생활이 이렇게 묘사되어 있다. '무거운 낫을 들고 넓은 땅의 곡식을 수확하느라 안간힘을 썼더니 팔이 떨려서 글씨를 알아보기 어려울 수도 있어(실제로 이날 루이스가 한 일은 '닭장 옆의 쐐기풀과 이웃 농장의 풀과 잡초를 베어내는 것'이었다).' 이어 루이스는 와니에게 그립다고 했고 네덜란드 소식에 통탄스럽다고도 썼다. 적의 군대가 중립국까지 밀고 들어가는 바람에 네덜란드 여왕 빌헬미나^{Wilhelmina}가 영국으로 피신하지 않을 수 없었으며, 거센 방어에도 결국 5월 15일에 이 나라가 점령군의 손에 떨어졌던 것이다. 그는 개별 지도하던 학생 중의 한 명이 매우 우울해하고 있다고 덧붙였다. 그 학생은 유대계 독일인이었고, 부모가 네덜란드에 있었다.

이 편지에는 5월 16일 목요일에 열린 평상적인 잉클링스 회동에 대한 글도 쓰여 있다. 루이스는 모들린칼리지에 있는 숙소의 북쪽 방에 앉아서 산사나무가 우거진 숲을 바라보며 다른 잉클링들이 도착하기를 기다렸다. 그는 형이 '감각 대상이 아니라 심상^{心象,} $_{mental\ picture}$의 상태가 되어 있다'는 사실을 매우 유감스러워했다. 이윽고 험프리 하버드 박사가 첫 번째로 도착했고, 이어서 찰스 윌리엄스, 그리고 톨킨이 도착했다. 루이스는 친구들을 데리고 남쪽 방(이곳에서 대학부속수도원과 그레이트타워 쪽으로 뺀은 잔디밭이 내다보였다)

으로 이동했다. 남쪽 방에는 '등나무의 우아한 냄새'가 감돌고 있었다. 저녁에 찰스 렌이 뒤늦게 합류하자 모두 나서서 칼리지 주변의 널따란 마당을 산책했다. 누구 할 것 없이 와니의 소식을 물었고, 그가 프랑스에서 무사히 돌아왔다는 사실에 안도를 표했다. 루이스는 낭독이나 대화에 관해 더 이상의 세세한 내용을 덧붙이지는 않았다.

1940년 후반에 와니 루이스가 제대해서 영구히 옥스퍼드와 킬른스로 돌아오자 우리에게 정보 제공 역할을 톡톡히 한 루이스의 편지도 끊겼다. 대신 전쟁의 후반에 톨킨이 아들 크리스토퍼에게 보낸 편지에 잉클링스 모임의 이모저모가 담겨 있다. 이 편지들 중에 1944년 4월 13일 목요일 모임에 대한 기록이 있다. 톨킨은 삽화를 그리듯이 묘사한 편지 글에서 자기가 그날 밤 모들린칼리지로 향하고 있었다고 털어놓았다. 그는 내심 루이스 형제와 찰스 윌리엄스, 데이비드 세실 경 그리고 아마도 하버드 박사(그는 군복무를 마치고 돌아온 후에도 '여전히 턱수염을 기르고 제복 차림으로' 다녔다)가 참석하지 않겠느냐고 생각하고 있었다. 이어 톨킨은 루이스 '소령'이 책을 한 권 쓰고 있다면서, 글을 쓰는 것이 쉽사리 '옆 사람에게로 옮는 행위'라고 덧붙였다. 아니나 다를까 데이비드 세실 경을 제외하고 예상한 인원이 모두 모였으며, 모임은 한밤중까지 이어졌다. 톨킨이 생각하기에 그날 모임에서 가장 좋았던 것은 와니가 루이 14세의 법정을 주제로 쓴 글을 낭독한 것이었다. 반면에 루이스의

《대 결별The Great Divorce》의 마무리 장은 썩 좋지는 않았다.

편지뿐만 아니라 세월이 흐른 뒤에 쓰인 회고록에도 잉클링스 모임을 엿볼 수 있는 대목들이 있는데, 험프리 하버드의 회고록도 그중 하나다.

> 음료수를 마시고 사소한 이야깃거리를 나눈 후에는 팔걸이 의자에 몸을 묻고서 누군가가 최근에 쓴 원고를 읽는 소리를 듣는 것이 일상적인 순서였다. 읽기가 끝나면 모두 한마디씩 논평했는데, 주로 루이스가 먼저 시작했다. 우리들의 비평은 솔직하면서도 다정했다. 대단히 지적인 청중들이다 보니 때로는 지나치거나 세세한 비평이 쏟아져 나오기도 했다. 우리 모임에서 발언자들이 흔히 했던 불평은 모두가 너무 이야기를 많이 해서 자기가 끼어들 틈이 없다는 것이었다. 실제로도 그룹의 성격 자체가 '격식 없음'이었기 때문에 여러 사람이 한꺼번에 말하는 경우가 적지 않았다. 유일하게 문학을 하지 않았고 강단에도 서지 않는 멤버였던 나의 주된 임무는 듣는 것이었다. 이야기는 훌륭하고, 재기발랄하고, 지적이었고, 고매하고 또한 매우 흥미진진했다.
> 이런 방식으로 《스크루테이프의 편지Screwtape Letters》의 초기 원고가 첫선을 보였다. 모두 이 글을 떠들썩하게 환영했다. 이어서 우리는 루이스의 시 몇 편 그리고 《고통의 문제》와 《기적》 중 몇 장을 들었다.

톨킨의 '새로운 호빗'은 10년 내내 잉클링스에서 낭독되었다. 루이스 혼자서 들을 때도 있었고, 두세 명의 멤버들이 잉클링스 회합과는 별개로 모여서 듣기도 했다. 1944년 5월 29일 루이스와 가진 월요일 아침 회동에서 톨킨은 《반지의 제왕》의 가장 최신 장章인 '셸롭Shelob(이 책에 등장하는 거대한 거미 괴물의 일종 – 역주)의 은신처'와 '샘 와이즈의 선택'을 읽었다. 톨킨에 따르면 루이스는 평소보다 더 열렬히 좋아했고, 두 번째 장에서는 감동해서 눈물까지 흘렸다고 한다.

진행 중인 작품을 공유하여 혜택을 입은 사람 중에는 찰스 윌리엄스도 있다. 특히 마지막 소설 《만성절 전야》는 한동안 잉클링스에서 특별대우를 받았다. 1943년 10월 28일 목요일 루이스의 방에서 윌리엄스가 이 원고를 읽자 루이스의 입에서 감탄사가 터져 나올 정도였는데, 그것은 루이스가 보여준 최고의 찬사였다. 몇 달 후 찰스 윌리엄스는 자신의 아내 미첼Michal에게 보낸 편지에 이렇게 적었다. '모들린(잉클링스를 가리킴)은 멜로드라마풍의 공포물 중에서 그나마 그 작품이 '부드럽고 명랑한 편'이라고 생각한다오.' 나중에 톨킨은 이 작품에 대해 이렇게 기억했다. '나 역시 《만성절 전야》가 탄생하는 데 산파 역할을 하지 않았나 싶다. 집필 중에 큰소리로 낭독하는 걸 몇 번이나 들었으니 말이다. 하지만 만약 그 작품이 큰 변화를 거쳐 다듬어졌다면 그건 C.S. 루이스의 공이었다.'

찰스 윌리엄스는 잉클링스의 역동적이면서 복잡한 속성을 보여주는 인물이다. 그는 목요일뿐 아니라 때로 금요일 저녁에도 자신이 '모들린 일당' 혹은 간단히 '모들린'이라고 부른 모임에 참여하곤 했다. 이러한 모임에서 그는 루이스만 만나거나 루이스와 톨킨을 함께 만나거나 그도 아니면 루이스의 형 와니를 따로 만나기도 했다. 잉클링스가 그리스도교 교회 같은 느낌을 주는 것은 이처럼 두 명이든 세 명이든 모이면 그룹이 생기는 점 때문일지도 모른다. 루이스는 1944년의 어느 날 윌리엄스가 아서왕의 전설에 대한 연구를 자신과 톨킨에게 읽어주었던 일을 생생하게 기억했다. 그러나 윌리엄스의 낭독은 그의 갑작스러운 죽음으로 더 이상 이어지지 못했다.

떠올려 보시라… 방학을 맞은 모들린칼리지의 햇살이 비치는 월요일 아침 10시 무렵, 북쪽으로 '숲'이 바라보이는 창문들이 있는 위층 거실 풍경을. 교수와 나, 우리 둘은 파이프 담배에 불을 붙이고 커다란 체스터필드 소파에 다리를 쭉 펴고 앉아 있다. 윌리엄스는 반대편 안락의자에 앉아 있다가 담배를 벽난로에 던져 버리고는 지나치게 작은 데다 재질마저 푸석푸석한 종이 파일 하나를 집어 든다. 그게 그가 늘 글을 쓰는 파일이다. 아마 값싼 메모지가 아니었을까 싶다. 그가 글을 읽기 시작했다. …

한동안 잉클링스의 일원이었던 존 웨인은 소설가의 눈으로 이 그룹과 루이스의 칼리지룸에서 열린 저녁 모임들을 추억했다.

> 나는 지금도 그 방을 아주 선명히 떠올릴 수 있다. 눅눅한 공기 속으로 열기를 내뿜는 전기난로, 더 매서워진 찬바람을 막아주는 빛바랜 가리개, 테이블 위에 놓인 법랑 맥주 주전자, 보기 좋게 해진 소파와 안락의자들. 남자들은 외투와 모자를 구석진 아무 데나 두고서 의자를 찾아 앉기 전에 손부터 덥히기 위해 난로 앞을 서성거리곤 했다. 정해진 에티켓 같은 것은 없었지만, 어느 정도는 루이스가, 또 어느 정도는 그의 형이 자아내는 기본적인 존중의 분위기가 배어 있었다. W.H. 루이스는 내가 만난 사람 중 가장 예의가 바른 사람이었다.

"잉클링스는 결코 전과 같지 않을 것이다"

찰스 윌리엄스가 옥스퍼드로 철수해서 잉클링스에 참여하면서 루이스에 대한 그의 영향력이 커진 것은 어쩌면 당연한 일일 것이다. 루이스의 사후에 톨킨은 이 친구가 윌리엄스의 '주문'에 걸려 있었다고 표현하기도 했다. 그가 보기에 루이스가 '감수성이 너무 예민해서'였다. 그는 윌리엄스의 오컬트 취향을 넌지시 암시하면서, 그 때문에 후반기의 잉클링스는 루이스의 교령회交靈會처럼 되어버렸다고 했다. 나중에 나온 이러한 기억들은 윌리엄스가 입회

할 당시에 톨킨이 보인 환영과는 아주 대조적이다. 전쟁 동안 톨킨이 남긴 짧은 글들을 보면 그가 윌리엄스와의 우정에서 힘을 얻었으며, 윌리엄스가 《반지의 제왕》 낭독에 보내준 긍정적이고 통찰력 있는 반응들에 격려를 받은 것은 분명한데도 말이다.

1945년 5월 8일 화요일, 유럽의 종전일 다음 날 찰스 윌리엄스는 옥스퍼드대학출판부의 임시 사무실에 홀로 앉아 업무의 마지막이 될 날을 마무리하고 있었다. 저녁에는 앤 스폴딩Ann Spalding(그의 하숙집 주인)과 함께 옥스퍼드의 거리를 걸었다. 거리 곳곳에 승리의 모닥불이 타오르고 있었다. 흥겨움에 들뜬 사람들이 점차 거친 행동을 하기 시작하자 뭔가 종말의 느낌도 풍겼다. 다음 날 윌리엄스는 일하러 갈 수 없었다. 고통이 그를 사로잡았기 때문이다. 결국 그는 그 주 후반에 우드스톤로드 근처에 있던 래드클리프Radcliffe 병원으로 실려 갔다. 소식을 전해들은 플로렌스 윌리엄스가 급히 런던에서 기차로 와서 옥스퍼드에 머물렀다.

그다음 주에 윌리엄스는 오랫동안 그를 괴롭혀 온 질환에 대한 수술을 했지만, 다시는 의식을 온전히 회복하지 못했다. 루이스는 윌리엄스가 작은 수술에 들어간다는 말만 전해 들었다. 윌리엄스가 수술대 위에 누운 날 저녁에 루이스는 소크라테스클럽Socratic Club에서 '부활'에 관해 이야기했다. 죽은 후에 육체가 부활할 수 있다는 희망은 그가 믿은 그리스도교의 중심 교리였다. 이튿날인 5월 15일 화요일, 루이스는 윌리엄스에게 빌려주고 싶었던 책을 한 권

가지고 래드클리프 병원으로 향했다. 그런 후에 평소처럼 몇 분 거리에 있는 '새와 아기'에 들러 다른 이들과 합류할 생각이었다. 그런데 그에게 큰 친구였던 윌리엄스의 죽음이 전해졌다. 그는 멍한 정신으로 발길을 재촉했고 세인트길스의 이글스앤드차일드 술집에 도착할 때까지도 충격은 가시지 않았다. 이윽고 그곳에 모여 있던 잉클링들에게도 뜻밖의 소식이 전해졌다.

루이스의 칼리지룸에서 프랑스 역사에 관한 책을 쓰고 있던 와니 루이스는 12시 50분에 '미스터 찰스 윌리엄스가 오늘 아침 애클랜드Acland에서 운명하셨다'는 전화를 받았다. 그날 와니는 이 예상치 못한 죽음에 대해 일기에 이렇게 썼다. '운 좋게도 만날 수 있었던 사람 중 최고이자 가장 멋진 사람이 사라졌다. 신이 영원한 행복으로 그를 인도하시길!' 그리고 이렇게 덧붙였다. '잉클링스는 결코 전과 같지 않을 것이다.' 와니는 모임이 끝나면 으레 주고받던 인사를 떠올리며 일기를 마무리했다. "그럼 찰스, 잘 들어가시고, 화요일에 봅시다.'… 그는 등불이 켜진 거리를 지나, 영원히 당신의 삶에서 나가버렸다.'

찰스 윌리엄스는 케네스 그레엄의 무덤에서 멀지 않은 옥스퍼드의 세인트크로스 교회 부속묘지 홀리웰Holywell에 묻혔다. 나중에 미셸 윌리엄스가 이곳에 함께 묻히게 되며, 휴고 다이슨의 유해도 근처에 묻히게 된다. 도로시 L. 세이어스의 탐정 소설《버스맨의 허니문Busman's Honeymoon》에서 로드 피터 윔지Lord Peter Wimsey와 해리엇

베인Harriet Vane이 행복한 결혼식을 올리는 곳이 바로 세인트크로스 교회다.

우중충한 전쟁의 시절이 끝난 후 잉클링들이 '빅토리 잉클링스Victory Inklings'를 한 번 열어보자고 계획한 적이 있었다. 이것은 시간을 완전히 잊어버린 채로 이야기와 맥주 그리고 책으로만 일주일을 보내기로 한 이벤트의 명칭이었다. 그러나 찰스 윌리엄스의 죽음을 겪고 1945년 12월 중순에 열린 이벤트는 예상보다 많이 축소된 모습이었다. 몇 명 안 되는 잉클링들이 하나둘씩 코츠월드힐스Cotswold Hills의 약속 장소에 모였다. 바필드는 아파서 오지 못했고, 루이스 형제와 톨킨, 그리고 늦게 합류한 험프리 하버드가 파티에 참석한 전부였다. 때는 가을 학기가 막 끝난 후였다. 이 소규모 그룹은 템스 강 서쪽 콜른 강River Coln 기슭의 작은 마을 페어퍼드Fairford에서 시장 옆의 소박한 술집 '더불The Bull'에 자리를 잡았다.

기념 파티는 나흘 동안 이어졌다. 이 나흘은 그들이 업무와 가족에 대한 책임, 이런저런 약속들을 미뤄 놓고 어렵사리 낸 시간이었다. 첫날에는 다른 사람들보다 먼저 도착해 있던 와니와 톨킨이 함께 산책했다. 와니는 툭하면 들꽃을 본다고 발걸음을 멈추는 톨킨에게 최대한의 참을성을 발휘했다. 사실 톨킨은 들꽃뿐 아니라 관심을 끄는 게 있으면 그때마다 멈추곤 했다. 늘 그랬듯이 이날도 와니는 일기에 하루의 일을 기록했다. 그에게는 이 그룹의 조용한 독서와 활동들이 전부 흥미로운 관찰거리였다. 오래전부터 계획했던 잉클링스 빅토리 행사는 과거에 안주하지 않고 미래를 꿈꿀 수 있는 더 많은 기회를 누린다는 의미가 있었다. 전쟁이 끝나고 평화와 가능성의 시기가 앞에 펼쳐져 있었다. '더불'에서 쓴 와니의 일기에는 이렇게 적혀 있다.

> 저녁에 우리는 개인 휴게실에서 아주 편하게 앉아 있었다. 나는 콜링우드S. D. Collingwood가 쓴 《루이스 캐럴Lewis Carroll의 인생》을 읽었고 톨러스는 내가 가져간 존 브라운 박사Dr. John Brown의 《편지Letters》를 읽었다. 수요일 아침 9시 35분에 잭이 도착했다. 바필드가 아파서 혼자서 왔다고 했다. 점심때 험프리(하버드)가 차를 타고 나타났다. 나는 인생 최고의 겨울 산책을 끝낸 참이었다… 목요일에는… 오후에 호코트Horcott와 웰퍼드Whelford를 걸었다… 웰퍼드는 특별할 것 없는 작은 마을이었는데, 그곳의 소박한 교회에서 우리는 신이 함께하심을 느꼈다. '볼 것'이라고는 없는 교회 안에서, 놀랍고 기쁘게도 톨러스가 기도를 읊었다. 강을 따라 내려가자 멋진 방앗간이 나왔다. 우리는 그곳이 잉클링스의 집이 되는 상상을 하며 즐거워했다…

그리고 또 하루는 '꿈의 마을'이라 불리는 콜른세인트올드윈Coln St Aldwyn을 방문했다. 그곳에서 일행은 피그앤드휘슬Pig and Whistle이라는 특이한 이름을 지닌 술집에 들러 맥주를 마셨다. 마침내 옥스퍼드로 돌아온 날 와니의 일기에는 가장 젊은 잉클링스 중 한 명과 (물론 루이스도 함께) 로열옥스퍼드호텔에서 저녁 식사를 했다는 글이 적혔다. 그는 남아프리카에서 귀환한 스물여섯 살의 크리스토퍼 톨킨이었다. 잉클링스의 꿈은 죽지 않았던 것이다.

Chapter 8

황금기의 종결

 The Oxford Inklings

전쟁 이후 잉클링스의 부피가 커졌다. 이따금 초대를 받아 참석하곤 했던 이들이 새로운 세대의 멤버들을 구성하게 된 것이다. 파일럿의 날개를 달고서 RAF 복무를 마치고 돌아온 크리스토퍼 톨킨, 시인이자 소설가 겸 비평가(그리고 미래의 옥스퍼드 시문학부 교수인)인 존 웨인도 새로 영입되었다. 1946년에 세인트 존스칼리지를 졸업한 웨인의 경우 지도 교수였던 루이스가 초대한 것이다. 이 시기의 잉클링스를 구성하고 있던 사람들은 루이스, 톨킨, 와니, 휴고 다이슨, 험프리 하버드, 오웬 바필드(여전히 런던에서 가끔 찾아오는), 찰스 렌, 로드 데이비드 세실 경 등의 기존 인물들과, 새로운 인물로서 콜린 하디와 저베이스 매튜Gervase Mathew, 맥콜럼R. B. McCallum, 조 베넷[J.A.W. ('Jaw') Bennett], 제임스 던다스 그랜트James Dundas-Grant, 톰 스티븐스C.E. Tom Stevens 등이었다. 하디는 모들린칼리지의 고전학자로서 단테에 관심이 많았고, 매튜는 중세연구가이자 저술가였으며, 맥콜럼은 펨브로크 역사학부의 명예교수, 베넷은 루이스와 똑같이 모들린 영문학부의 명예교수 겸 지도교수를 맡고 있었다. 또 던다스 그랜트는 옥스퍼드의 로마가톨릭 학생 기숙사의 책임자였으며, 스티븐스는 모들린에서 고대 역사의 명예교수 겸 지도교수로 있었다.

단 이들 모두가 목요일 문학의 밤에 초대받았던 것은 아니었고 현 멤버와 동행하는 것은 환영이었다. 아닌 게 아니라 화요일 아침 모임에만 참석하는 이들도 있었고, 오히려 외부 손님들이 초대를 받아 참석하는 경우도 더러 있었다. 목요일 저녁 모임에 참석한 것으로 알려진 초대 손님 중에 케임브리지대학의 스탠리 베넷Stanley Bennett은 후에 모들린칼리지의 중세·르네상스 문학부 학과장 자리에 루이스를 추천한 사람 중 한 명이다. 애버리스트위스Aberystwyth의 영문학부 교수 그와인 존스Gwynne Jones는 톨킨과 함께 1947년 4월 24일에 잉클링스를 방문한 또 다른 손님이었다. 워렌 루이스의 이날 일기에는 그가 '직접 쓴 웨일스 지방 이야기'를 낭독했는데 '외설적이고 익살스러운 스토리에 감칠맛과 세련된 스타일'을 지녔더라고 기록되었다. 처음에는 톨킨이 존스 교수를 데려온 것을 못마땅해하던 사람들도 이내 따뜻하게 그를 대했다.

존 웨인에 따르면 찰스 윌리엄스의 죽음 이후 낭독의 밤을 주도하는 인물은 다시 톨킨과 루이스 두 명이 되었다. 그러나 두 사람의 행보는 사뭇 달라서, 'C.S 루이스가 방송, 대중신학서, 동화, 로맨스, 논쟁적인 문학비평 등의 광범위한 영역에서 전 방위적 활동을 벌인 데 반해 톨킨은 대작《반지의 제왕》3부작을 쓰는데 집중했다'고 한다. 그는 '《반지의 제왕》은 로맨스가 전체 이야기 구조의 축이었기 때문에 다음 이야기가 낭독될 때면 늘 반응이 열렬했다.'고 썼다. 그런데 루이스는 웨인의 시각에 불편함을 드러냈다. 웨인이 잉클링스를 파벌이나 비밀결사처럼 보이게 한다고 느낀 것이다. 루이스는 〈인카운터Encounter〉 저널에 웨인의 글을 실은 것에 대해 항의의 편지를 써 보냈다. 그만큼 그는 자신들의 그룹이 전략에 따라 움직이는 호전적인 무리처럼 보인다는 점에 적잖이 당황했던 것이다. 늘 그랬듯이 루이스는 잉클링스가 자유롭게 선택된 벗들의 모임이라는 사실에 최고의 의미를 두었다.

그런가 하면 다이슨은 대화가 그룹의 중심 역할을 한다는 사실을 더 의미 있게 생각했다. 집필 중인 작품의 낭독을 듣는 것보다 대화를 나누는 것을 선호하는 그의 취향은 1945년에 리딩대학을 떠나 머튼칼리지의 교수가 된 이후로 더 뚜렷해졌다. 어느 날 루이스는 말하기를 좋아하고 집필은 하지 않는 다이슨의 성향을(동시에 다소 악명 높았던 톨킨의 우물거리는 말투에 대해서도) 유희거리로 삼아 놀렸다. 1950년 가을 어느 화요일의 일이었다. 참석자는 루이스 형제와 톨킨, 제임스 던다스-그랜트, 콜린 하디였다. 이날 저녁의 에피소드는 와니의 일기에 이렇게 기록되었다. '잭이 정말 의도치 않게 결례를 저질렀다. 톨러스의 발성과 휴고의 손글씨 중 어느 쪽이 친구들을 더 괴롭히느냐고 물은 뒤 자문자답하듯이 이렇게 말한 것이다. "아무래도 휴고의 필적이 낫지. 얼마 없으니까."

다이슨의 성향과 관련된 가장 큰 사건은 톨킨이 《반지의 제왕》을 더 이상 낭독하지 못하게 거부권을 행사한 일일 것이다. 이 일로 그는 친구들 사이에서 다소 평판을 잃었다. 문제의 날 와니의 일기에는 톨킨과 크리스토퍼, 자신과 루이스, 험프리 하버드와 저베이스 매튜가 '새로운 호빗'의 한 회분 낭독을 듣기 위해 자리 잡고 앉았다고 쓰여 있다. '바로 그때 휴고 다이슨이 마치 시작 시각에 맞춘 것처럼 들어서서는 거부권을 행사―대단히 부당하다고 여겨지는―하는 바람에 낭독이 중지되어 버렸다.' 아이러니한 것은 머튼에 임용되고 얼마 되지 않았을 이 무렵에 다이슨은 잉클링스 모임에 자주 나오지도 않고 있었다는 것이다. 그것도 다른 이유가 아니라 신경을 안 써서 또는 단순히 잊어버려서 그런 것이었다.

휴고 다이슨의 《반지의 제왕》 낭독 거부권은 주요 멤버가 집필에 정진하도록 격려해주기는커녕 의기소침하게 만든 행위로 잉클링스의 핵심적인 특질에 반하는 것이었다. 이렇듯 다이슨이 낭독보다는 말하는 것을 과하게 좋아해서 작은 소동을 벌이기는 했지만(게다가 술집에서 열리는 잉클링스 모임과 더 잘 맞는 것으로 추측되기도 한다), 그가 적극적으로 활동하는 소중한 멤버인 것은 변하지 않았다. 그리고 그가 쓴 작품들은(수는 적었지만) 한결같이 신고전주의와 낭만주의 문학의 본보기가 되는 글들이었다. 게다가 앞서 보았듯이 1931년에 그는 루이스와의 대화에서 신화와 이야기가 사실이 될 수 있다는 톨킨의 주장을 강력하게 지원해주기도 했다. 그런 그가 톨킨의 낭독에 이례적으로 불쾌감을 표시한 것은 《반지의 제왕》 낭독의 규모와 시간 때문이 아니었을까 싶다. 아닌 게 아니라 루이스가 《스크루테이프의 편지》를 읽었을 때는 다이슨도 여러 차례나 포복절도를 했다고 하니 말이다. 게다가 수많은 발췌와 긴 내용으로 이루어진 톨킨의 책 《노션 클럽 페이퍼스 Notion Club Papers》를 포함하여 다른 책들에는 다이슨이 낭독 거부권을 행사했다는 기록이 남아 있지 않다.

노션 클럽

톨킨의 소설에 나오는 가상 인물 중에는 부분적으로 다이슨을 모델로 한 인물이 있다. 그의 다른 소설에는 C.S 루이스, 닥터 하버드, 심지어 톨킨 본인을 본뜬 인물도 등장한다. 미래소설이라 할 《노션스 클럽 페이퍼스》 역시 잉클링스를 희화화하는 방식으로 등장시키며 시작한다. 그러나 시작 부분을 제외하면 소설이 다루는 주된 내용은 언어가 신화를 실어 나르는 방식에 대한 진지하고도 강렬한 탐구다. 이는 톨킨의 학문과 소설에 등장하는 주요 관심사 중 하나이기도 했다. 1946년 8월 22일 목요일 와니 루이스의 일기에는 '톨러스가 노션 클럽 페이퍼스를 완결 짓는 굉장한 신화를 읽었다'고 적혀 있다. 와니가 말한 신화는 아마 한참 뒤에 《아나두네의 몰락The Drowning of Anadûnê》으로 출간되는 누메노르Númenor(톨킨이 아틀란티스 신화를 재해석하여 만든 허구적 공간)의 비극적인 결말에 대한 이야기가 아니었을까 싶다. 1946년 7월에 톨킨이 출판업자인 스탠리 언윈에게 보낸 편지를 보면 노션 클럽은 세 부분으로 구성되어 있으며, 미완결 상태로 있던 《잃어버린 길》의 소재를 가져다 완전히 다른 구성과 배경으로 바꿔 다시 쓴 것이었다. 즉 《잃어버린 길》과 마찬가지로 《노션 클럽》 역시 시간여행을 제재로 하여 누메노르의 이야기들을 소개하려는 목적으로 쓰였다는 뜻이다. 소설 속 잉클링스 회합은 규모가 크면서 격식이 없는 문학 그룹의 모습을 예증해주고 있다. 때는 대략 21세기 초반, 모종의 문서가 발견되었는데, 폭풍의 서막이 열린 1986년과 1987년 사이(뒤에 나오는 것처럼 작중에서 이 시기에 세계를 파멸로 이끄는 거대한 폭풍이 몰아친다 – 역주)에 옥스퍼드에서 노션 클럽에 대해 토론한 기록들이었다. (이에 따르면) 톨킨은 1945년과 1946년 사이에 미완결된 소설을 하나 썼다. 앞서 나왔지만 톨킨은 루이스와 시간 또는 우주여행에 관한 이야기를 써보자고 약속한 바가 있었다. 이 소설은 그에 대한 응답으로서 두 번째로 시도한(《잃어버린 길》이 첫 번째 시도였다) 결과물이었다. 이전에 루이스는 우주여행을 제재로 한 《침묵의 행성 밖으로》를 써서 톨킨의 감탄을 자아낸 바 있었다.

《노션 클럽 페이퍼스》는 잉클링스를 형상화했지만 그룹 내의 인물들을 암시하는 정도였고, 소설 속 학자들과 실제 잉클링들은 중요한 면에서 달랐다. 그럼에도 대화와 생각의 융합을 대단히 중시하는 노션 클럽의 정신 자체는 잉클링스의 정신에 맞닿아 있었다. 발견된 문서의 내용은 언어에 유난히 민감한, 즉 언어학적으로 깨어 있는 사람들에게 실마리를 제공하는 낯선 어휘들을 통해 누메노르의 잃어버린 세계에 대한 단서를 발견한다는 것이다. 이를 위해서는 그룹 또는 사람들의 공동체가 함께 상상력의 힘으로 과거의 그림을 건설해 나가야 하는데, 이를 통찰해서 얻은 지식 역시 역사적 사실 못지않은 객관성을 지닌다고 했다. 지식의 획득 방식이 다를 뿐이라는 것이다. 이 객관성은 소설 속에서 아주 오래전 가운데땅이 생겨난 초기에 누메노르에 닥쳐왔던 재앙이 20세기 후반 옥스퍼드에 몰아친 거대한 폭풍으로 되살아나면서 극적으로 증명된다. 누메노르의 세계, 특히 이 세계의 끔찍한 파멸이 1987년 여름에 미래의 서방세계에 몰아닥친다는 것이다. 놀라운 점은 실제로 이 당시 영국에 엄청난 허리케인이 일어 무시무시한 파괴적 영향력을 행사했다는 것이다. 톨킨이 묘사한 폭풍과 시기적으로 겨우 몇 달 차이였다!

노션 클럽에서는 언어뿐만 아니라 잉클링스와 닮은꼴로 토론 역시 활발하게 이루어지는데, 이 토론들도 꿈의 상태 및 꿈을 통한 시공간 여행과 관련이 있었다. 소설의 뒷부분은 상상이 오로지 내적 세계에 국한되어 있다는 관점에 저항과, 상상이 실제의 객관적 현실로 연결될 수 있는 공간에 대한 흥미진진한 탐구로 이루어진다.

'아무도 나타나지 않다'

잉클링스의 저녁 모임은 톨킨이 《반지의 제왕》을 완결 지은 1949년 가을까지는 계속되었다. 그 이후에 대해서는 10월 27일 목요일 와니 루이스의 일기로 가늠해볼 수 있다. '칼리지에서 잭과 식사했다… 저녁을 먹고 난 후에도 아무도 나타나지 않았다.' 이 말은 정기적으로 저녁에 모이는 일이 끝났다는 뜻이다. 이날 이후의 모임에 관한 기록에서는 낭독했다는 대목을 찾아볼 수가 없다. 잉클링들이 '햄 서퍼^{ham suppers}'라고 이름 붙인 식사 모임이 있었다는 기록이 남아 있을 뿐이다. 햄 서퍼는 루이스의 칼리지룸에서 미국인 지지자—유명한 외과의사 워필드 M. 파이러^{Warfield M. Firor}를 가리킴— 한 사람이 전후 시기의 내핍 생활을 돕기 위해 보내준 햄과 몇 가지 음식을 함께 먹으며 즐기는 식사 자리였다.

와니 루이스의 회고록을 보자.

> 잉클링스의 의식은 변하지 않았다. 6명 정도 도착하면 차를 끓이고, 파이프에 불을 붙인 뒤 잭이 "자, 읽을 만한 걸 가져온 분 있으신가?"라고 말하는 것이다. 원고가 나오면 우리들은 편한 자세로 품평을 했다. 편견 없는 진솔한 평이었다. 우리는 서로 치켜세워주기 위해 모인 사람들이 아니었으므로 좋은 작품에 대해서는 칭찬을 아끼지 않았지만 나쁘거나 별로라고 여겨지는 작품에 대해서는 대놓고 비난하기도 했다. 그래서 잉클링들 앞에서 작품을 읽는 것은 매우 혹독한 심판을 받는 것이나 마찬가지였다. 나는 아직도 내 첫 책의 첫 장을 읽었을 때의 두려움을 고스란히 간직하고 있다. 처음으로 환영의 말을 들었을 때의 기쁨도.

다음 장에서도 살펴보겠지만, 대화그룹이자 낭독그룹으로서 잉클링스의 특성이 흐지부지되었다고 해서 끝을 의미하는 것은 아니었다. 루이스나 톨킨의 방에서 서로 작품을 읽어주는 익숙한 관례는 사라졌지만 낭독이 완전히 사라진 것 또한 아니었다. 그렇기는 해도 이제 어느 모로 보나 모임의 중심은 토론이었다. 1944년(4월 12일 수요일) 술집 화이트호스White Horse에서 열린 낭독모임에 대한 기록을 보면 유감스럽게도 이 모임의 명성이 상당 부분 사라졌다는 것을 눈으로 확인할 수 있다. 낭독회가 계속 잘 유지되었더라면 톨킨이 베린과 루시엔 등 4개의 위대한 이야기들을 비롯해 가운데 땅의 태초와 초기에 관해 복잡하게 얽어 놓은 《실마릴리온》을 어느 정도 완결하도록 격려해줄 수 있었을지도 모른다.

그러나 잉클링스가 1949년에 뚜렷한 모임의 형태를 잃고 토론그룹으로만 기능했다고 해서 이후의 14년을 대단치 않은 것으로 간과해서는 안 된다. 오웬 바필드는 누구보다 잉클링스의 토론을 대단히 중요하게 여겼다. 실제로 그의 《세계 분리. 60년대의 대화Worlds Apart. A Dialogue of the Sixties》는 플라톤의 대화를 20세기를 배경으로 재구성한 형식으로 되어 있다. 톨킨도 예외는 아니어서 앞서 살펴본 《노션 클럽 페이퍼스》의 대부분이 대화로 구성되어 있다. 이쯤 되면 험프리 카펜터가 잉클링스 저녁 모임의 대화를 재구성—비록 한 잉클링은 이를 완전히 허위라고 생각했지만—하여 책을 내고, 이 책을 읽은 사람 모두가 이들의 대화를 기억하게 된 것이 우연은 아니라고 할 수 있다. 카펜터의 책 이름은 《더 잉클링스The Inklings》이다. 그는 현존하는 잉클링들의 기억을 독특한 방식으로 끌어낸 다음 그들이 대화를 나누는 모임의 광경을 창조해냈다. 이처럼 잉클링스에서 중요한 요소를 이루었던 대화 문화는 이전의 비슷한 문학 또는 예술그룹과 평행을 이루었다. 블룸버리그룹(그리고 비슷한 성격을 지닌 레이디 오토라인 모렐Lady Ottoline Morrell의 문학 파티), 라파엘전파Pre-Raphaelite Brotherhood, 윌리엄 워즈워스와 새뮤얼 테일러 콜리지의 우정(그리고 콜리지의 대화체 시들), 존슨 박사Dr Johnson의 더클럽The Club, 블루스타킹스소사이어티Blue Stockings Society(18세기 영국 여성들의 사회, 교육 운동 단체 - 역주) 등이 그 예다.

황금기에 잉클링들의 삶에 점점 더 큰 영향을 미쳤던 중요한 요인 중 하나는 그리스도교(혹은 종교적으로 완전히 일치하지 않았음을 감안하면 그리스도교에 대한 반응)였다. 대학교 동료들이 '열렬한 복음'—그의 대중적인 평신도신학을 가리킴—이라고 했던 루이스의 종교적 성향은 톨킨의 기분을 불쾌하게 만들었다. 그들이 뿌리 깊은 친구 관계를 유지하고 서로의 우정이 소중하다는 점을 인정한 것과는 별개로 이는 결국 두 사람의 관계가 점차 소원해지는 계기로 작용하게 된다. 이 외에도 톨킨이 이상한 사람이라고 생각했던 찰스 윌리엄스에게 루이스가 몰입한 일이라든지 나중에 루이스가 이혼녀인 조이 데이비드맨과 결혼한 일도 둘 사이의 유대관계를 시험에 들게 했다. 톨킨과 루이스가 성인을 위한 대중소설을 쓰겠다고 결심한 동기 중의 하나가 두 사람의 공통된 신앙이었다는 점을 감안하면 아이러니한 일이기는 하다. 톨킨은 끝내 대중신학서 저술에 관심을 두지 않았다.

잉클링스, 대중과 만나다

황금기를 맞이한 잉클링스를 제외하고 당시 옥스퍼드의 여타 서클들은 '구두장이는 구두를 만들어야 한다'는 덕목을 굳게 지키고 있었다. 강단에 서는 사람들이 전문분야를 벗어난 글을 쓰는 것, 특히 대중적인 저술을 하는 것은 옥스퍼드에 흐르는 분위기를 거스르는 일이었다. 이는 소설도 해당되었다. 단 교수들이 쓴 범죄와 탐정 소설들은 그나마 용인되었는데, 이는 교수들 사이에서도 재미있게 읽혔기 때문이다. 그러나 판타지를 쓰는 것은 별개의 문제였다(어린이용이 아닐 때는). 그리고 공상과학소설과 관련된 신출내기 장르는 싸구려 통속소설 정도로 치부되었다. 잉클링들 중에서도 톨킨과 루이스가 유난히 동료 교수들의 비판에 취약했다. 톨킨은 《반지의 제왕》 때문에, 루이스는 평신도신학자로서 쓴 글과 대중 연설 때문에 떠들썩하게 도마 위에 올랐다.

톨킨은 개연성 있는 지리, 언어, 역사를 세우고 그 위에 신들과 엘프, 인간들의 이야기를 짜 넣어 가운데땅의 세상을 세심하게 창조하면서도 이것을 한동안 외부에 공개하지 않았다. 그의 창작은 C.S 루이스 같은 가까운 이들 또는 지극히 제한된 외부인들과만 공유하는 사적인 취미의 영역에 머물고 있었다. 그러다가 여전히 소극적이긴 해도 《호빗》이 의도치 않게, 집필 초기부터 좀 더 넓은 세상(즉 잉클링스)에 읽히면서 '취미'를 공개하는 계기를 맞게 되었다. 또한 그 뒤 성인 독자들을 위한 후속편을 집필하면서는 좀 더 적극적으로 작품을 대중에게 선보이게 되었다. 톨킨은 이 과정에서 루이스의 독려가 없었다면 긴 작업을 결코 마무리할 수 없었을 것이라고 했다. 그는 1954년 《반지의 제왕》 제1권의 초판을 잉클링스에 헌정했을 정도로 창작에 자양분을 제공해준 클럽 멤버들에게 감사를 표했다.

루이스와 톨킨은 1936년에 ―자신들이 즐겨 읽던 장르인― 시간여행 혹은 우주여행에 관한 책을 쓰자고 한 약속을 지켜 성인들을 위한 소설을 쓰는 일에 전념했다. 그들은 인간을 육체를 넘어서는 존재로 만들어주는 경험과 감각을 포착하여 물질 너머의 세상을 소환하는 '로맨스' 소설이 다시 일어나기를 바랐다.

루이스가 평신도신학에 대한 글쓰기에 매진하기 시작한 것은 전쟁 기간 중이었다. 이것이 계속되자 종교가 다른 두 사람 사이에 심각한 분열이 생기기 시작했다. 톨킨은 기본적으로 그리스도교의 가르침은 신학 교육을 받은 교단의 권위자들에게 맡기는 것이 옳다고 생각했다. 다만 이 문제에 관한 그의 태도가 이성적이기보다는 다소 감정적이었던지, 그 역시도 전 세기의 위대한 평신도신학자 중 한 명이며, 로마가톨릭으로 개종한 G.K. 체스터턴을 예찬하는가 하면, 1947년에 찰스 윌리엄스를 기리는 잉클링스의 헌정집에 실린 에세이, '동화에 관해'의 개정판에서는 톨킨 자신의 강력한 평신도신학을 피력하기도 했다.

아무튼 톨킨은 동료들이 신학을 침범하는 것을 불쾌하게 여겼고, 그러한 경향은 서서히 커져갔다. 루이스의 《침묵의 행성 밖으로》에도 강력한 신학이 깔려 있었지만 이때까지는 용인할 수 있을 정도로 삼가는 느낌이 있었다. 그래서 그는 이 책이 출간될 수 있도록 힘껏 출판사를 물색해주었다. 그런데 전쟁 후 선과 악, 삶의 덧없음과 가치에 대해 수많은 신학적 쟁점들이 제기되면서 옥스퍼드 영문학과 교수인 루이스에게 고통의 문제에 대한 대중서를 써 달라는 요청이 들어오자 문제가 불거졌다. 크리스천 챌린지 시리즈Christian Challenge Series 출판사의 애슐리 샘슨Ashley Sampson이 훌륭한 신학자들을 다 제쳐두고 하필 루이스를 찾아간 것이다.

이 작은 책자는 폭넓은 영역을 다루고 있다. 루이스는 분명한 논리와 풍부한 상상을 결합한 특유의 어조로 고통은 물론 신의 선함, 인간의 사악함, 인간과 동물의 고통, 천국과 지옥 등 모든 인간사에 미치는 신의 힘에 대해 논했다. 이 책 역시 집필 중에 잉클링스에서 읽혔다. 복잡한 생각들을 효율적으로 정리해가며 독자층에 매력적으로 다가가는 루이스 특유의 소통방식은 그 자리에 참석해 있던 사람 중 한 명을 단박에 사로잡았다. 바로 BBC의 종교 프로그램 담당자인 제임스 웰치James Welch였다. 그는 곧 루이스에게 방송 출연을 요청하는 초대장을 써 보냈다.

오래 지나지 않아 C.S. 루이스는 영국인이면 누구나 아는 이름이 되었다. 그리스도교 라디오 대담 시리즈에 몇 차례 출연하면서 수천 명의 청취자가 그의 목소리에 익숙해졌다. 나중에 이 모든 대화 내용들이 모여 하나의 책으로 엮여 나왔을 때, 그는 이 책에 《순전한 기독교Mere Christianity》라는 이름을 붙였다. 루이스의 매우 대중적인 평신도신학 운동은 톨킨의 우려를 심화시키고 많은 옥스퍼드의 동료들의 반감을 샀다. 복음 전도자로서의 루이스와 영문학부의 충직한 일꾼으로서의 루이스는 병립할 수 없었다. 더구나 이전에 톨킨의 영문학 교수요목 개정을 지지하고 나섰던 일을 여전히 용서하지 않는 사람들도 많았다.

BBC 대담은 1941년 8월부터 1944년 4월 사이에 이루어졌다. 평신도신학자로서의 루이스를 부정적으로 생각하는 사람들에게 더 나쁜 소식이 전해졌다. RAF가 루이스를 초청하여 조종사들, 특히 폭격부대 소속 군인들(기대 수명이 대단히 짧은)에게 그리스도교에 대한 강연을 해달라고 요청한 사실이 대학 전체에 파다하게 퍼진 것이다. 이는 사실 거의 알려지지 않았던 일로 1941년에 옥스퍼드목회관Oxford Pastorate에서 목회 일을 하던 30대의 여성에게서 초청받은 것이 계기가 되었다. 그를 초정한 사람은 스텔라 올드윈클 Stella Aldwinckle이라는 여자였다. 옥스퍼드목회관은 세인트올데이츠 St Aldate's 영국 국교회 회당의 부속기관이었지만 독립적으로 운영되고 있었다. 그녀는 언제 어디에서든 논쟁을 마다하지 않는 소크라테스의 원칙을 받아들여, 그리스도교도들과 신앙이 없는 사람들이 자유롭게 토론할 수 있는 클럽을 만들어 보고자 했다. 루이스는 소크라테스 원칙을 '특정한 주제 즉 그리스도교의 찬반 의견'에만 적용하자고 제의했다. 이 클럽은 곧 옥스퍼드에서 가장 유명하고 활발하게 움직이는 학부생 클럽 중 하나가 되었다. 루이스는 회장이 되어 달라는 요청에도 응했다. 스텔라는 의장이었다.

스텔라 올드윈클은 1941년에서 1966년까지 여학생회의 목회자로 지내면서 많은 이들에게 사랑받았다. 그녀의 팬 중에는 소머빌Somervile칼리지를 다녔던 철학자 겸 소설가 아이리스 머독Iris Murdoch도 있었다.

> 내 기억으로는 (나 자신을 포함한) 당시 마르크스주의자들은 당연히 '개종'하지는 않았지만 그녀를 호의적으로 보았고, 속속들이 진정으로 가득한 순수한 영혼의 소유자, 최소한 우리와 비슷한 이상을 지닌 사상가라고 생각했다. 스텔라는 존재 자체, 태도, 신앙과 관심사를 통해 가르침을 주었다. 또한 그녀는 가는 곳마다 논쟁을 장려했다. … 나는 1942년, 소크라테스클럽이 창설된 직후 옥스퍼드를 떠났다가 1948년에 다시 돌아왔는데, 그 사이 클럽은 무척 번성하고 유명해져 있었다. 또한 스텔라는 여전히 자신의 '교구'에서 구석구석 신앙을 전파하느라 바빴다. 소크라테스클럽은

강한 카리스마로 다양한 관점을 펼쳐 보이는 강연자들을 보유하고 있어서 옥스퍼드의 소사이어티 가운데에서 굉장히 독특한 위치를 차지했다. 이 클럽의 선구적인 토론들은 철학적이고 신학적인 쟁점들을 제기했으며 쟁점들은 점점 더 선명해졌다.

옥스퍼드 소크라테스클럽은 그리스도교 신앙을 지적인 면에서 받아들이기 어려워하는 사람들에게 초점을 맞추었기 때문에 잉클링 중 몇몇은 물론 오스틴 파러Austin Farrer 목사와 같은 일부 그리스도교인 잉클링들도 지지했다. 특히 옥스퍼드에서 가장 유망한 신학자 중 한 명이었던 파러는 루이스에게 중요한 영향을 미치게 된다. 그리고 한때 클럽의 논쟁에 가담했던 또 다른 그리스도교인 친구가 있었으니, 바로 도로시 L. 세이어즈였다.

이 클럽의 첫 모임은 1942년 1월 26일 월요일, 소머빌칼리지의 동부학부학생휴게실East Junior Common Room에서 열렸다. 강연자는 험프리 하버드 박사였으며, 주제는 '인류가 과학과 현대 이데올로기에 맞서 그리스도교를 버리지 않을 수 있을까'였다. 이날의 의사록을 보면 이 첫 번째 모임에 대한 소개의 말에서 스텔라가 이렇게 설명했다고 적혀 있다. '소크라테스클럽의 강연자들은 주의 깊게 연구한 주제들을 소개하고 관련 질문에 기꺼이 대답해 줄 수 있는 의지와 역량을 지닌 분들로 선정되었습니다.'

하버드 박사의 강연은 이 클럽의 저널인 〈소크라틱다이제스트

Socratic Digest〉에 그대로 실리지는 않았지만 전체를 요약한 내용이 소개되어 있다. 이 글을 보면 하버드가 의학 연구에서 많은 경험을 쌓아 왔으며, '여러 해 동안 과학의 발전을 접하는 과정에서 그리스도교 신앙을 저버린 사실'을 공개하는 것으로 강연을 시작했다는 사실을 알 수 있다. 그는 신앙을 믿지 않던 시기에 '관점이 변한 이유'에 대해 이야기했다. 자신이 윤리적인 면에서는 그리스도교를 계속해 찬양했지만, 과학자의 입장에서는 자연의 불변성을 '절대원리'로 오해하여 그리스도교의 초자연적인 요소들에서 등을 돌리게 되었다는 것이었다. 그러다가 다시 관점이 바뀐 것은 로마가톨릭교회의 신앙을 공부하고 나서였다. 그는 신약복음서에 기록된 사건들을 전통적인 그리스도교의 시각으로 해석하지 않으면 오히려 더 많은 지적 문제들을 일으킨다는 것을 알게 되었다.

이 클럽의 강연자 중에는 알려진 무신론자 혹은 불가지론자들이 꽤 있었다. 이들은 한때 무신론자였던 C.S. 루이스가 자신들의 강연에 어떤 반응을 보였는지 듣고 싶어 했다. 그 영향인지 클럽의 강연을 주도했던 많은 철학자들 가운데 유명한 무신론자였던 앤터니 플루Antony Flew는 결국 유신론자가 되었다. 당시에 학생이었던 헬런 타이렐 휠러Helen Tyrrel Wheeler는 클럽 초창기에 열린 어느 날의 모임에 대해 이렇게 회상했다. '그 시절의 저녁 모임들은 강한 시각적 기억으로 남아 있다. 칠흑같이 어두운 바깥과 대조적으로 등불이 밝혀진 넓고 편안한 방, 사람들은 바닥에 앉거나 커다란 구식 팔걸이 의자에 앉아 있었고, C.S. 루이스는 자기 방에 있다가 허겁지겁 모들린브리지를 건너와 모임을 주재했다. 그는 늘 대단히 친절한(불특정 다수를 향한 것이기는 했지만) 태도를 유지했고, 반짝이는 눈빛과 불그스레한 농부의 뺨을 하고 있어서인지 얌전한 학자풍의 검은 옷을 입고 있어도 중세의 삽화에서나 볼 법한 불의 천사처럼 보였다.'

찰스 윌리엄스도 기꺼이 소크라테스클럽의 강연을 맡았다. 로맨틱 러브를 기반으로 하는 신학적 세계관을 가진 그가 전시 상황에 놓인 학생들에게 들려주기에 알맞은 주제, 즉 '자유로운 사랑을 반대할 타당성이 존재하는가?'로 강연하게 된 것은 매우 잘된 일이었다. 그의 강연은 하버드 박사의 강연이 있고 몇 주일 후인 3월 2일 월요일에 열렸다. 홀 안은 사람들로 가득 찼다. 윌리엄스의 강연 내용이 고스란히 기록된 자료는 역시 남아 있지 않고, 〈소크라틱다이제스트〉에 요약한 내용만 실렸다. 윌리엄스는 자유와 사랑 양쪽 모두에 의미를 부여하기 위해 '양식pattern(그리스도교적인 것에 국한된 것이 아닌)'이 필요하다고 주장했는데, 저널의 요약 노트에는 이 부분을 이렇게 기록해 놓았다. "(양식이 갖추어진 사랑의) 순간들이 없이, 혹은 그 순간이 의지에 따라 용인되거나 거부될 수 있다면 사랑에 있어서 '어른'이 된다는 것은 불가능했다. 상대에 대한 충절은 이런 의지력의 표시인 셈이다. 사랑은 일정한 조건을 갖춰야만 의미가 있으며, 그렇지 않으면 사랑에 관련된 모든 것들은 존재의 의의를 상실할 것이다. 만약 '자유로운 사랑'에서의 '자유'가 순간의 감정에 의해 지배되는 것이라면 '사랑'은 윌리엄스 씨가 강조했듯이 '자유'도 '사랑'도 아닌 의식적인 행복의 의식적인 추구를 의미하게 된다."

늘 그랬듯이 강연이 끝나고 토론이 있었다. 그런데 그날 저녁의 토론은 장황하고 갈피가 없어서 의장석에 있던 루이스가 나서서 마무리를 지어버렸다. 그런 뒤 루이스는 제자인 데릭 브루어Derek Brewer와 두어 명을 더 방으로 초대해 찰스 윌리엄스와 함께 술을 한잔했다. 나중에 브루어가 적은 글에 따르면 이날 윌리엄스는 아주 낡은 파란색 양복을 입고 있었고, 이야기하는 태도가 활기찼다. '이야기하는 동안 내내 궐련 재를 힘껏 떨어대는 바람에 그의 조끼는 오랫동안 괴롭힘을 견뎌야 했다.' 대화를 나누는 동안 루이스와 윌리엄스는 인생에서 즐거움을 피하는 것이 고통을 피하는 것만큼이나 어렵다는 것에 의견 일치를 보았다. 루이스는 책꽂이를 뒤져 윌리엄스의《로그레스를 지나는 탈리에신》을 가져와서 책 속에 실린 시를 직접 읽어달라고 청했다. 윌리엄스는 자신의 시를 품격 있게 낭독했다. 루이스는 찰스 윌리엄스의 아서왕에 관한 시를 잘 음미할 수 있는 비결이, 큰 소리로 낭독하거나 남이 읽어주는 소리를 듣는 것이라는 사실을 알고 있었던 것이다.

잉클링스 멤버로서 이 클럽에서 강연한 인물 중에는 저베이스 매튜도 있었다. 그는 찰스 윌리엄스가 사망하고 몇 주 후인

1945년 6월 4일 월요일에 '그리스도교와 비 그리스도교의 신비주의'라는 주제로 강연을 했다. 그의 강연 역시 〈소크라틱다이제스트〉에 전체가 실리지는 않았지만 이번에는 매우 세부적으로 재구성한 내용이 포함되어 있었다. 매튜의 강연은 폭넓은 영역에 걸쳐 있었다. 전통적인 그리스도교에서 신비적 요소들의 중요성, 중세의 신비론과 교리에 대한 세밀한 탐구, 이런 이론과 교리들이 그리스도교 밖에서 어떻게 적용되는지(수피즘과 '힌두교의 신비적 경향'을 포함하여), 그리고 마지막으로 신비주의 소설들이 문학 집회나 '병리적 요인'에서 유래한다고 보는, 앞서 다룬 주제들과 매우 반대되는 관점까지 모두 다루었다. 뿐만 아니라 그는 '우정을 통한 지식'에 대해서도 이야기했는데, 그가 잉클링스의 멤버라는 점을 고려하면 이 매력적인 강연 중에서도 특히 이 부분을 눈여겨보지 않을 수 없다. 〈소크라틱다이제스트〉에 재구성 형식으로 실린 글을 살펴보자.

> 신비적 경험은 우정을 통해 얻어지는 앎이었다. 이는 '코그니티오 페르 모둠 아모리스cognitio per modum amoris(사랑하는 방법을 통한 앎) 또는 '페르 모둠 콤파시오니스per modum compassionis(측은지심의 결실)라는 말로 바꾸어 표현할 수 있다. 이 교리를 이해하려면 우정에 대한 중세적 접근방식을 알아야 한다. '아미키티아amicitia(우정)'는 서로를 알기 위해 추론이나 지리멸렬한 이유를 댈 필요가 없는, 서로서로 잘 아는 관계 속에 존재하는 자기희생이며 서로를 직관적

으로 이해하는 두 영혼의 합체다. 만일 이러한 직관적인 앎이 사람들 간에 가능하다면, 인간과 신 사이에서도 가능할 것인가? 이는 그리스도가 신성과 인간의 합일로서 현현한 것으로 대답을 가름할 수 있다. 인간은 은총을 통해 그분의 신비한 몸의 일부로서 신성한 생명을 공유할 수 있다. 은총이 인간과 신 사이의 우정을 가능케 하는 것이다. 구휼은 사실 '아미키티아', 즉 인간과 신 사이의 우정에서 비롯된 사랑에 다름없으며, 이는 오로지 그리스도의 현현에서 내려진 은총에서 나온다.

이렇게 그리스도의 생명을 공유하는 것은 구휼, 즉 '카리타스caritas'와 함께 자라난다. 이것은 우리를 향한 그리스도의 사랑을 신께로 돌리는 것, 그리고 만인에 대한 그리스도의 사랑을 다른 이들에게 되돌리는 것이다.

이렇게 신성한 사랑을 통해 신과 우정을 맺는 것과 비슷한 우정에 대한 글이, 루이스가 인생의 말년에 쓴 책《네 가지 사랑》에 실려 있다. 이러한 통찰은 특히 잉클링스라는 그룹으로 묶인 친구들과 교우하면서 오랜 경험에 의해 풍성해진 우정에 대한 생각이 바탕이 되어 쌓인 것이다. 어쩌면 루이스는 친구이자 동료 잉클링인 저베이스 매튜의 강연을 들으면서 미래에 쓰게 될 이 책의 씨앗을 더 크게 키워갔을 수도 있다.

살펴본 것처럼, 소크라테스클럽은 루이스의 활동 방향을 바꿔주는 촉매제의 역할을 했다. 이때부터 그는 상상적인 소설의 집필에 주력하면서 톨킨과 흡사한 경향의 소설을 쓰게 되었다. 그런데 아이러니하게도 이 시기에 두 사람의 관계가 소원해지고 있었으므로 톨킨은 루이스가 그리스도교 작가로서 전략을 바꿔 나가고 있다는 걸 몰랐을 가능성이 크다. 결국 이러한 상황 변화는 오해로 이어졌고, 루이스가 인기에 영합하기 위해 어설픈 어린이용 소설을 쓴다는 통념까지 낳게 되었다.

루이스의 노정은 그리스도교 신앙의 옹호를 위한 길이었을까?

1947년에 루이스는 초자연주의(무신론자로서의 그가 고수했던 자연주의나 물질주의에 반해)를 옹호하는 책《기적》을 출간한다. 이 책에서는 기적이 일어날 가능성을 배제하지 않는다는 말로 초자연주의를 정의하면서, 그렇다고 해서 무조건적, 무비판적으로 기적을 인정하겠다는 의미는 아니라고 이야기한다. 그런데 그 이듬해에 철학자인 엘리자베스 안스콤Elizabeth anscombe이 책의 3장에서 루이스가 자연주의에 대해 제언한 기본적인 주장에 이의를 제기하고 나섰다. 그가 '유물론자들의 견해는 인간의 생각 그 자체의 타당성을 훼손할 수 있기 때문에 자기논박적'이라고 한 부분이었다. 안스콤은 로마 가톨릭 신자이면서 소크라테스클럽의 멤버였다. 나중에 걸출한 철학자이자 그녀가 케임브리지의 연구생 시절 가르침을 받았던 루드

비히 비트겐슈타인Ludwig Wittgenstein(1889~1951)의 책을 번역, 편집하게 되는 인물이기도 하다. 오늘날 그녀는 그리스도교 신앙의 지적 옹호자인 루이스에게 패배를 안긴 인물, 루이스로 하여금 자신의 접근방식 전체에 대해 심각한 회의를 하게 만든 인물로 알려져 있는데 사실은 그렇지 않았다. 안스콤이 글을 썼던 것은 루이스가 《기적》에서 펼친 주장 가운데 일부 혼란스러운 것들을 끄집어내어 명확성을 기하기 위해서였다.

안스콤 박사는 루이스가 불명확하거나 무비판적으로 사용한 어휘와 문구들을 여럿 지적했다. 예를 들면 원인의 '타당성', '비합리성', 추론의 '이유', '인과성', '설명' 같은 것들이었다. 나중에 루이스는 논점이 불명확했다는 점은 인정했지만, 루이스 자신은 물론 안스콤도 그의 주장이 근본적으로는 탄탄하다고 생각했다. 아무튼 루이스는 논란에 대응해 개정판에서 3장의 내용을 고쳐 썼다.

엘리자베스 안스콤은 루이스의 추종자들 일부가 이 논란에 보이는 반응을 흥미롭게 관찰했다. 그들은 루이스가 완전히 패배했다고 생각해서 그가 내용을 수정한 것이 패배감에서 비롯된 행동이라고 해석했다. 그러나 안스콤에게는 이런 반응들이 일종의 심리적 투사(자신들 스스로의 두려움과 불확실성을 루이스에게 투사한 것)로 보였다. 그러나 루이스가 궐련을 피우는 어린 여성과의 싸움에서 호되게 패배했다고 보는 이런 식의 시선은 후에 전기 작가인 A.N. 윌슨처럼 루이스를 연구하는 사람들에게까지 계속 이어졌다. 그리고 급기야 루이스가 앤스콤의 논리적 반박에 쫓긴 나머지 그리스도교 옹호자의 역할을 버려둔 채 종교서적을 탐독하거나 어린이용 이야기를 쓰는 데 매달린다는 소문까지 돌았다. 여기서 말하는 어린이용 이야기가 바로 《나니아 연대기》다.

이것 역시 사실과 맞지 않는다. 그 첫 번째 증거는 루이스가 이후로도 소크라테스클럽―남들이 보기에는 참패의 현장이라 할―의 고위직인 대표직을 케임브리지대학으로 옮기기 전까지 7년 동안 더 맡았다는 것이다. 또 《나니아 연대기》를 쓴 것 역시 《침묵의 행성 밖으로》를 계기로 상상을 통해 그리스도교를 옹호하고자 한 접근 방식이 자연스럽게 발전해 가는 과정에서 나타난 결과일 뿐이었다. 더욱이 이런 책들에 보인 사람들의 열광적인 반응 때문에 창작의 중요성은 커질 수밖에 없었다. 물론 그가 분석철학 운동의 선도적인 사상가가 될 어떤 여성과 조우하고, 그것이 그가 글을 쓰는 방향을 의식적으로 바꾸는 견인차가 되었다는 것도 어느 정도는 맞는 말이다. 그러나 더 상상적인 글을 쓰기로 한 이상 그에게 차선의 선택은 없었다.*

따라서 루이스가 자신감이 꺾여서 그리스도교를 위한 지적 변호를 할 수 없게 되었다는 것은 사실이 아니다. 이 사건이 루이스에게 남긴 것은 철학이 점점 더 전문화되고 분석적으로 바뀌고 있다는 깨달음이었다. 그는 분석철학에 반대하지는 않았지만, 그런 식으로 교양을 갖춘 사람들만을 대상으로 하면 소통할 수 있는 청자의 범위가 더 줄어들 수밖에 없으리라고 생각했다. 새로운 분석철학이 논리적 실증주의(안스콤이 만든 조합은 아니다)와 결합하면 영향력이 지나치게 커졌다. 덕분에 옥스퍼드에서 형성된 철학적 이상주의를 기반으로 한 루이스의 지적 세계는 사실상 와해된 셈이었다.[16]

이렇게 해서 탁월한 재능을 지닌 철학자였던 엘리자베스 안스콤의 비평은 강한 영향력을 얻게 되었다. 그녀는 그 힘을 건설적으로 쓰고 싶어 했다. 그녀는 루이스가 《기적》의 3장을 대폭 수정(1960년의 페이퍼백 판에서)한 것은 정직하고 진지한 방식으로 반응을 보여준 것이라고 생각했다. 결국 그녀가 루이스와 벌였던 논쟁은 지엽적인 것을 따지고 든 것이 아니라 인간 사고의 타당성을 고민하는 진지한 철학자라면 당연히 할 만한 도전이었던 것이다.

이 논쟁은 루이스의 사후에 다시 한 번 재개되었다. 엘리자베스 안스콤이 재차 이 문제를 제기했고, 철학자인 존 루카스John Lucas가 이에 장황하게 대응한 것이 시발점이었다. 옥스퍼드의 철학자 바질 미첼Basil Mitchell(루이스의 후임으로 소크라테스클럽의 대표를 맡았다)은 이 논쟁에서 루카스가 루이스의 의견에 힘을 실어주었다고 했다. 즉 루이스의 주장에 철학적인 바탕이 없었던 것이 아니라 전쟁을 막

---

[16] 톨킨의 글쓰기에서도 언어를 매개로 하는 신화 탐구의 중심이 학문적인 것에서 허구적 창작물로 옮겨가는 평행 이동이 있었다. 콜린 뒤리에즈, 《J.R.R. 톨킨: 전설의 형성J.R.R. Tolkien: The Making of a Legend》 참조.

끝낸 시기에 대두된 분석적 접근의 기법을 구사할 준비가 안 되어 있었던 것뿐이라는 말이다. 어쩌면 루카스는 철학자로서 자신이 1920년대에 가르쳤던 것들이 재단 당하는 것을 보고 있기가 힘들었을 수도 있다. 아무튼 그 논쟁 이후 60년 넘는 세월이 흐른 지금은 철학의 목적이 언어를 분석하는 것보다는 더 광범위하다는 루이스의 의견이 새롭게 힘을 얻어가고 있다.

이 부분에 흥미로운 주석을 다는 셈 치고, 문제의 논쟁이 벌어지고 2년 후쯤에 루이스가 스텔라 올드윈클에게 보낸 편지 하나를 소개한다. 내용은 장차 소크라테스클럽의 프로그램을 어떻게 운영해 나갈 것인가 하는 것이었다. 편지에서 그는 안스콤을 클럽의 강연자로 영입하자는 의견을 냈다. '내가 신을 믿는 이유'라는 주제까지 정해서 강력하게 제의했다. 그러면서 반 농담으로 이렇게 덧붙였다. '이 여성은 자신이 나쁜 유신론이라고 생각하는 것을 꽤 정확히 논파하고 있어요. 그러나 본인도 그리스도교인이면서 좋은 유신론을 찾아내야겠다는 의무감은 없어 보이지요. 나를 밀어냈으니 그녀가 다음 옹호자로 나서야 하지 않겠어요?'

루이스는 전쟁기간에 방송 활동을 한 것에 일반 대중이 어떤 반응을 보여주었는지 잘 알고 있었고, 이는 《스크루테이프의 편지》나 《대 결별》 같은 책의 판매량이 급증한 것에서도 나타났다. 그는 자신의 소명이 더 넓은 독자층을 모으는 것에 있다고 생각하게 되었다. 그는 강연이나 방송 등 그리스도교에 관해 직접적으로 소통하는 것을 대폭 줄였다. 그러나 이는 전략적으로 충분히 고려된 움직임이었을 뿐 물러서기 위한 것이 아니었다. 루이스는 톨킨의 정신을 받아들여 글을 썼지만 글을 쓰는 방식은 달랐다. 톨킨은《반지의 제왕》에서 신에 대해 한마디도 언급하지 않고 신의 섭리와 여러 신학적인 요소들을 두루 담아낸 것에 만족해했다. 반면에 루이스는 엘리자베스 안스콤과 논쟁을 벌인 후 1948년부터 쓰기 시작한《사자와 마녀와 옷장》및 이어지는 나니아 이야기들에서 알레고리화를 의식적으로 배제하고 거의 일대일로 그리스도교 교리와 일치시켰다. 이렇게 비유적으로 드러내는 방식은 루이스가 뒤이어 쓰게 될 평신도신학서《네 가지 사랑(1960)》,《개인기도. 말콤에게 보내는 편지Letters to Malcolm. Chiefly on Prayer(2007년 홍성사 간) (그의 사후 1964년에 출간됨)》같은 책에도 다양한 층위로 적용되었다.

Chapter 9

마지막 시기

 The Oxford Inklings

C.S 루이스는 잉클링스의 황금기와 1950년대에 모들린칼리지 영문학부에서 명예교수 겸 강사 일을 계속했다. 그것은 그가 1925년부터 해온 일이었다. 그는 승진하진 못했지만 책임감을 가지고 학생들을 지도했고, 대학 전체 학생들을 대상으로 감명 깊은 강의를 할 수 있게 늘 신경을 썼다.

앞서 이야기한 것처럼 J.R.R. 톨킨 역시 루이스와 같은 해부터 옥스퍼드 강단에 섰다. 톨킨의 첫 직책은 롤린슨앤드보스워스의 앵글로색슨 학과장과 펨브로크칼리지의 명예교수였다. 1945년 그는 새로 머튼의 영어영문학 교수 겸 학과장을 맡았으며 1959년 은퇴할 때까지 그 자리를 지켰다. 그 시절의 그의 학문적 성과물 몇 가지는 은퇴 이후까지도 출간되지 않았다. 그는 성실하게 대학원생들을 지도했으나 좋지 않은 발음 탓에 알아듣기가 어려웠다. 이 점이 나중에 일부 학생들 사이에서 유명세를 타기도 했다. 대신에 그는 텍스트를 번역하는 작업에 최선을 다했으며, 《베오울프》와 초서의 《캔터베리 이야기Canterbury Tales》 중 일부는 생명을 불어넣은 것처럼 되살려 놓았다.

찰스 윌리엄스는 전쟁이 발발하면서 옥스퍼드로 옮겨왔다. 그는 옥스퍼드 대학출판부 런던지부에서 편집 차장으로 있다가 톨킨('인맥의 제왕')과 루이스가 애쓴 결과 옥스퍼드 영문학부의 강의 몇 개를 맡게 되고 이후 명예 문학석사 학위도 받았다. 친구들은 그가 영구 임용될 수 있기를 바랐지만 그는 1945년 이른 죽음을 맞이했으며, 결국 아서왕에 관한 3부작 시 중 최종 부분은 세상에 나오지 못했다. 그가 생전에 출간한 마지막 소설 《만성절 전야》―잉클링스에서 낭독하여 호평을 받은―의 중심인물들만이 죽어서 황혼에 물든 런던의 거리를 걸어 다녔다. 산 자와 죽은 자 모두를 아우르는 선과 악의 대결에 말려든 채로.

오웬 바필드는 1930년대와 1940년대 그리고 1950년대의 대부분을 자진해서 런던에서 보내며 지루함을 참고 가족사업인 법률사무를 보았다. 그렇다 보니 글을 쓸 수 있는 시간이 많지 않았고, 어쩌다 글을 쓸 때도 인지학적 교리와 관련된 것들이 주를 이루었다. 그런 와중에 건져낸 문학적인 글은 몇몇 소설과 시 그리고 운문극 《오르페우스Orpheus》(이 작품은 1948년 9월 셰필드Sheffield의 리틀시어터Little Theatre에서 무대에 올려졌다) 정도였다. 그런가 하면 C.S. 루이스가 잘 몰라서 생각지도 않았던 엄청난 금액의 세금을 내게 될 상황에 부닥쳤을 때 전문가로서 실력 발휘에 나서 고객인 루이스를 파산 위험에서 구해낸 일도 있었다. 루이스가 인심 좋게도 점점 더 인기가 높아지고 있던 자신의 책들, 이를테면 《스크루테이프의 편지》 같은 책들의 인세를 다 남에게 넘겨버려서 벌어진 일이었다.[17] 루이스는 케임브리지대학의 학장으로 가게 됐을 때 바필드에게 모들린칼리지에서 자신의 후임을 맡기고 싶어 했지만 여의치 않았다. 바필드는 1959년이 되어서야 법률회사 일에서 손을 뗄 수 있었다.

바필드는 그제야 비로소 학문적인 글과 상상적인 글쓰기를 통해 놀라운 인생 2막을 시작했다. 광대한 영역의 강의를 시작한 것도 이때부터였다. 그중 많은 강의들이 미국에서 한 것들이었다.

1965년, 데임 헬렌 가드너는 영국학사원British Academy에 C.S. 루이스의 사망 관련 기사를 써 보냈다. 거기에는 루이스가 옥스퍼드에서 강한 존재감을 드러냈다는 내용과 더불어 대학 기득권층에게 타박 당한 내용도 실려 있었다.

> 1940년대 초에 강사로 임용되어 옥스퍼드에 돌아갔을 무렵 루이스는 영문학부 교직원들 중에서 가장 인상적이고 흥미를 끄는 사람이었다. 그는 문학사 연구에 열과 성을 다하고 있었다. 가능한 한 가장 큰 강의실을 확보하여 좌석을 가득 채운 학생들 앞에서 강의했으며, 자신이 설립을 주도한 소크라테스클럽에서 종교적, 철학적인 문제들에 관한 자유 토론을 이끌었고, 이 클럽을 가장 활발하고 영향력 있는 학부 재학생들의 모임으로 성장시켰다. 이런 활약에도 1946년 머튼 영문학과 교수 자리에 공석이 났을 때 인선단은 그를 탈락시켰다…

---

17 바필드는 가족 법률 사무소에서의 경험을 바탕으로 창조성과 평범한 의무 사이의 갈등에 관한 유머러스한 소설을 썼다. 월터 드 라 메어Walter de la Mare(19세기 조지시대의 시인 – 역주)가 칭찬해 마지않은 《이 지극히 다양한 한 쌍This Ever Diverse Pair》이 그 소설이다.

이에 대해 헬렌 가드너는 이렇게 설명했다.

> 대다수라고는 할 수 없었지만 루이스를 지지한 교수진들도 많았다. 문제는 루이스가 소위 '열렬한 복음'이라고 하는 활동에 심하게 몰두해 있다 보니 대단히 큰 조직으로 성장한 학과에서 필요로 하는 일들을 소화해낼 시간이 부족할 것이라는 점, 또한 영문학과의 연구생들이 급격히 증가한 데 따른 조직과 관리의 문제를 해결하기에 역부족일 거라는 우려가 제기된 것이다. 게다가 구두장이는 구두를 만들어야 한다는 생각이 여전히 팽배했기 때문에 영문학 교수가 아마추어 신학자로 명성을 얻는 것에 대한 반감도 원인이 되었다…

그때 케임브리지대학에서 구원의 손길을 뻗어왔다. 이 책의 서문에서 자세히 설명한 것처럼 1954년에 케임브리지는 일부러 루이스를 위해 만든 것처럼 그에게 딱 들어맞는 과목인 중세 및 르네상스 문학과의 새 학장 자리를 제안했다. 와니도 찬성하는 쪽이었고, 무엇보다 톨킨이 적극적으로 설득에 나서서 루이스의 승낙을 이끌어냈다. 톨킨 자신은 케임브리지 부총장의 제안을 두 차례나 거절했으면서 말이다. 사실 루이스는 사람들에게서 옥스퍼드와 떼려야 뗄 수 없는 인물로 각인되어 있었다. 그는 유니버시티칼리지에서 학부 과정을 마쳤고, 거의 30년 동안 모들린칼리지의 명예교수였으며, 톨킨과 함께 옥스퍼드 영문학 우등과정 커리큘럼의 틀을 만든 사람이었다. 그러나 이때부터 시작된 케임브리지와의 인연도 만만치는 않았다. 그는 1954년 말부터 재직하기 시작하여 1963년에 건강 문제로 조기 은퇴할 때까지 8년 넘게 케임브리지에 몸담았다. 학기 중에는 킬른스에 살면서도 주중에는 아예 대학 내에서 지내곤 했다. 이 기간 동안 그는 《단어 연구Studies in Words》, 《비평 실험An Experiment in Criticism》, 《버려진 이미지The Discarded Image》 등 몇 권의 중요한 문학 관련 책들을 썼다.

옥스퍼드에서는 루이스를 폄하하는 여론이 지배적이었지만 대중들 사이에서는 평신도신학에 대한 그의 글들, 특히 《스크루테이프의 편지》나 《대 결별》 같은 신학적인 소설에 대한 반응이 자못 열렬했다. 1947년 미국의 《타임》 지에서는 《스크루테이프의 편지》의 주제에서 따온 '교수 대 악마Don v. Devil'라는 제목으로 C.S. 루이스에 대한 특집 기사를 발행했고, 덕분에 미국 내 그의 인기는 더 높아졌다. 이것은 사람들이 그를 그리스도교 신앙의 대중적 소통자로 인식한다는 증거였다. 반대로 평신도신학자로서, 또 자신의 전공인 문학과 동떨어진 책의 저자로서 성공할수록 동료들 사이에서의 반감은 더 커졌다. 앞서도 보았듯이 심지어 친한 친구인 톨킨마저도 루이스가 대학 내 승진 심사에서 마땅히 통과되어야 한다는 부분에서는 편을 들고 나섰지만 그가 대중 앞에 나서서 그리스도교 신앙을 외치는 것에 대해서는 언짢아했을 정도였다. 그나마 잉클링스의 친구들 일부는 소크라테스클럽 강연에 적극적으로 참여하면서 평신도신학자로서 루이스가 벌이는 대외적 활동에 조용한 지지를 보냈다.

루이스는 개인적인 삶에서 큰 기쁨을 누렸고 이후로도 저술한 책들에 대한 반응이 점점 더 크고 넓어지면서 말년으로 갈수록 만족스러운 나날을 보냈지만, 1950년대는 어떤 면에서 그에게 시험과 고난의 시간이었다. 루이스는 그해 초에 이글스앤드차일드 술집에서 잉클링들에게 품평을 받고, 같은 해 10월 16일에 《사자, 마녀 그리고 옷장》을 출간했다. 이내 영국과 미국을 비롯한 여러 나라의 어린이들이 루이스의 독자층으로 영입되었는데, 그중에는 루이스에게 편지를 써 보내는 아이들이 많았다. 그리고 편지를 쓴 독자들은 한 명도 빠짐없이 개별 답장을 받았다.

사실 그 무렵 루이스는 톨킨과 사이가 멀어진 데다 잉클링스의 정례 낭독회도 흐지부지된 상황이라서 쓰고 있던 작품들을 읽고 평해줄 사람들이 아쉬웠다. 이때 나타난 사람이 젊은 작가 로저 랜슬린 그린Roger Lancelyn Green이었다. 그린이 미발간된 자신의 동화를 루이스에게 빌려준 것이 그가 《사자, 마녀 그리고 옷장》의 영감을 떠올리는 데 적잖은 도움이 되었다. 곧이어 루이스는 급성장하고 있던 나니아의 이야기들을 그린에게 읽어주거나 원고를 건네주어 읽어보게 했다. 시리즈의 제목인 《나니아 연대기》라는 제목을 생각해낸 사람도 그린이었다. 루이스는 그린에게 자신의 전기를 써보는 게 어떻겠느냐는 제안까지 했다.

루이스의 1950년대는 점점 부담스러워져 가던 '양어머니' 제니 무어에 대한 부양 의무가 사라지는 것으로 시작되었다. 서서히 노쇠해가던 제니 무어가 1951년 1월에 사망한 것이다. 루이스는 이미 그전부터 시인 루스 피터Ruth Pitter같은 여자 친구들과의 교제를 즐기기 시작하면서 사적인 생활을 누리기 시작한 터였다. 뿐만 아니라 재치 있는 여성 조이 데이비드맨 그레셤Joy Davidman Gresham과 펜팔도 하고 있었다. 뉴욕 주에 살았던 조이는 1950년 초부터 루이스에게 편지를 보냈으며, 대서양을 건너 루이스를 찾아온 세 번째 미국인 숭배자가 되었다(채드 월시와 후원자를 자처한 닥터 워필드 M. 파이러에 이어).

조이 데이비드맨은 마르크스주의자에서 그리스도교로 개종한 시인이자 소설가였다. 그녀의 개종에는 루이스의 책을 읽은 것이 적잖은 영향을 미쳤다. 그녀는 루이스와 사귀고 얼마 지나지 않아 아들들을 데리고 영국으로 건너와 살게 되었다. 자못 드라마틱한 이주였다. 그녀와 루이스는 점차 더 가까워지게 되었다. 조이는 주로 남자와의 우정에 익숙했던 루이스에게 새로운 차원의 동료애를 가져다주었을 뿐만 아니라 그가 작품을 쓰는 데도 중요한 협력자가 되어주었다. 그중 가장 대표적인 것이 소설《우리가 얼굴을 가질 때까지Till We Have Faces》이다. 또한 조이는 그에게 비극을 안겨 주기도 했다. 둘 사이의 우정이 점차 사랑으로 변한 순간 그녀가 불치의 암에 걸린 사실을 알게 되었던 것이다. 제니 무어 때도 그랬던 것처럼 루이스는 큰 어려움에 처한 여성을 외면할 수 없는 사람이었다. 이번에 루이스가 내민 도움의 손길은 그녀와 결혼하는 것이었다. 처음에는 조이와 그녀의 두 아들을 보호하고 영국 국적을 취득하게 해주겠다는 명목으로 세속 예식을 올렸는데(1956년), 이것은 곧 상호간의 사랑에 기초한 완전한 결혼이 되었다. 두 사람은 암에 대해 알게 되고서 거의 1년만인 1957년 3월 21일에 침대 옆에서 그리스도교의 관례에 따른 결혼 예식을 다시 올렸다.

루이스의 목사 친구가 이 그리스도교 예식을 주재해주면서 그녀의 치유를 위한 기도를 올려주었다. 그 덕분인지 조이는 기대하지 않던 시간적 유예를 가지게 되었다. 의학적인 예상과는 달리 그녀가 다시 기운을 차렸던 것이다. 루이스는 이것을 기적이라고 불렀다. 그 해 7월까지도 조이는 자유롭게 외출하면서 건강하게 지냈다. 아쉽게도 그녀의 두 아들 데이비드와 더글러스는 기숙학교에 있어서 어머니의 건강한 시절을 함께 하지 못했다.

그 이듬해에 루이스는 고향 아일랜드에서 조이와 2주간의 휴가를 보냈다. 그 후에도 그녀와의 휴가는 간간이 이어졌다. 네빌 코그힐은 루이스가 나직한 목소리로 자신에게 들려주었던 말을 기억하고 있었다. "나는 20대에 놓쳐버렸던 행복을 60대에 가질 수 있으리라고는 상상도 하지 못했네." 1960년 봄, 조이가 다시금 암으로 고통받기 전에 부부는 짧지만 기억할 만한 그리스 여행을 다녀왔다. 로저 랜슬린 그린과 그의 아내 준^(June)이 함께 지내면서 조이를 보살펴주었다.

루이스의 삶에서 너무 늦게 찾아온 행복 뒤에는 가슴 아픈 사별이 뒤따랐다. 루이스는 회고록 《슬픈 목격^(A Grief Observed)》에 이때의 심경을 표현해 놓았다. 조이는 1960년 7월 13일에 세상을 떠났다. 폐허가 된 유적 위로 옛 신화가 떠다니는 그리스에서 와인과 올리브 나무들을 만끽하고 돌아온 두 달 후의 일이었다. 그는 그녀를 이렇게 그렸다. '그녀의 마음은 표범처럼 유연하고 민첩하며 강했다. 그러나 열정과 온화함, 고통 그 어느 것도 죽음을 어쩌지 못했다. 죽음은 처음에 위선적인 말이나 우는 소리 정도만 할 것 같은 냄새를 풍기다가, 다음 순간 갑자기 튀어나와 무슨 일인지 알아차리기도 전에 쓰러뜨린다.'

잉클링스의 저녁 낭독 모임이 해체되고 난 후 여러 해 동안 루이스는 또 다른 사람을 돌보는 책무를 져야 했다. 바로 와니가 알코올 중독에 빠져 고통받고 있었던 것이다. 와니는 중독이 깊어지면서 필사적으로 술을 마시지 않으려고 노력했다. 그러나 알코올중독자협회^(Alcoholics Anonymous)에는 가입하지 않겠다고 하는 등 충분한 의지를 보여주지는 못했다. 루이스는 툭하면 긴급 전화를 받고 와니가 '휴가차' 입원해 있던 아일랜드 드로에다^(Drogheda)의 병원으로 달려가야 했다.

루르드의 성모마리아 코벤트병원^(Convent Hospital of Our Lady) 수녀님들은 심한 알코올 중독환자들을 돌보는 데 최선을 다했다. 그곳에서 지내면서 와니는 프로테스탄트적인 시선으로 로마가톨릭에서 세운 기관을 판단했던 기존의 편견을 버릴 수 있었다. 와니가 알코올 중독에 걸린 원인은 해외 군복무와 그 지겨움을 달래기 위해 자주 들른 장교 식당에서의 음주가 원인이었을 것으로 짐작된다. 와니의 알코올 중독은 1954년 루이스가 선뜻 케임브리지대학의 학장직을 받아들이지 못하게 한 주요한 장애물이었다. 그러나 톨킨은 임용을 수락하고서도 형을 충분히 보살필 수 있다면서 사려 깊게 루이스를 안심시켰다.

작은 방에서

잉클링스의 말기 기록 역시 초창기와 마찬가지로 몇 안 되며 그나마도 제한적이다. 단 적어도 1949년 가을에 저녁 낭독 모임이 중지되면서 이 그룹이 사실상의 끝을 보았다는 의견에는 설득력이 없다. 화요일마다(루이스가 케임브리지에 다니기 시작한 이후부터는 매주 월요일에) 이글스앤드차일드에 모이는 사람들의 수는 저녁 독서 모임보다 더 많을 때도 종종 있었고, 대화 자체도 광범위하면서 높은 지적 수준을 유지하고 있었던 것으로 보이기 때문이다. 잉클링스의 모임 장소는 황금기와 마찬가지로 '래빗룸The Rabbit Room'이라고 불린 술집 뒤편의 아늑하고 폐쇄적인 방이었다. 루이스는 아플 때를 제외하면(그 자신 및 조이가) 죽을 때까지 모임에 참석했다. 당연한 말이겠지만 어쩌다 그가 참석하지 않는 시기에는 모임 자체가 시들해졌다. 제임스 던다스 그랜트는 아내가 세상을 떠날 무렵 루이스가 얼마간 참석하지 않았을 때를 이렇게 묘사했다. '참석률이 떨어졌고 별이 반짝거리기를 멈추었다. 적어도 나한테는 그랬다. 마침내 그가 오래전의 모습으로 돌아오자 우리들의 정신도 솟구쳐 올랐고, 참석률도 다시 솟았다.'

이 기간에 꾸준히, 자주, 혹은 때때로 참석한 기록이 남아 있는 사람들은 루이스, 톨킨, 크리스토퍼 톨킨, 워렌 루이스, 험프리 하버드 박사, 로드 데이비드 세실, 오웬 바필드, R.B. 맥컬럼, J.A.W. 베넷, 콜린 하디, 찰스 렌, 저베이스 매튜, 휴고 다이슨, 제임스 던다스 그랜트, 그리고 C.E. '톰' 스티븐스 등이다. 1950년 이후 체셔Cheshire의 풀턴홀Poulton Hall에 있는 조상 전래의 집에서 살게 된 로저 랜슬린 그린은 아주 가끔 들르곤 했다.

이 중에는 목요일 저녁 모임에서처럼 초대 손님으로 멤버와 동행하여 참석한 사람도 있었다. 던다스 그랜트가 그런 경우였는데, 하버드 박사가 던다스의 친구였으므로 루이스는 그에게 'D.G'를 이글스앤드차일드의 화요 모임에 초대해도 될지 의견을 물었다. 던다스 그랜트가 모임에 초대되어 루이스와 친구가 된 데에는 이런 식으로 하버드의 지지가 큰 역할을 했다. 던다스 그랜트의 회고를 보자.

우리는 매주 화요일 맥주 한 잔을 앞에 놓고 만났다. 그의 형 와니가 있었고, 펨브로크칼리지의 맥컬럼, 블랙 프라이어스Black friars(도미니크 수도회)의 신부 저베이스 매튜와, 머튼칼리지의 톨킨 그리고 하버드가 있었다. 그 외에도 몇몇이 더 오고갔다. 겨울에는 석탄 난로가 있는 작은 뒷방에 모여 앉았다. 이런저런 대화가 흐르곤 했다. 라틴어들이 여기저기서 튀어 나왔고, 누군가는 자신의 주장을 뒷받침하기 위해 원전 호머를 인용하기도 했다. 톨킨은 흥분해서 펄쩍펄쩍 뛰어가며 앵글로색슨 어로 열변을 토했다. 모임이 해산하고 난 뒤에도 여름이면 이따금 하버드가 잭과 나를 차에 태워 갓스토우에 있는 더트라우트 여관으로 데려가곤 했다. 우리는 담장 위에 올라앉아 아래로 흐르는 이시스Isis강을 바라보면서 치즈와 프랑스빵을 우적우적 씹어 먹었다.

이런 식으로, 지금 남아 있는 1950년대의 회합에 대한 메모나 회고들은 이들이 나눈 폭넓은 대화의 주제를 엿볼 수 있게는 하지만 구체적인 내용을 담고 있지는 않다. 따라서 이 시기에 잉클링스에서 오고간 대화에서 루이스가 어떤 역할을 했는지를 알려면 그가 주고받은 편지를 살펴보는 것이 가장 효과적일 것이다. 월터 후퍼Walter Hooper가 루이스의 편지들을 모아서 세 권의 두꺼운 책으로 펴낸 것이 있는데, 아닌 게 아니라 여기에 담긴 유려한 편지들은 우리를 잉클링스의 대화에 다가갈 수 있게 하는 가장 좋은 자료가 되어주고 있다. 편지 외에 루이스의 수필도 그만의 목소리를 담아내고 있어 좋은 자료의 역할을 한다. 그는 편지에서 수신인과 대화를 나누는 것처럼 수필에서도 독자들을 대화 속으로 끌어들인다. 그가 쓴 수필 설교 '영광의 무게The Weight of Glory'에서 천국에 관해서 쓴 인상적인 대목이 대표적인 예다.

1950년 6월 22일 목요일에 이글스앤드차일드에서 가진 모임에서는 곧 출간될《사자, 마녀 그리고 옷장》에 대한 이야기가 오고갔던 것으로 보인다. 루이스는 참석한 잉클링들에게 이 책의 교정쇄를 나눠주었다. 만약 톨킨이 그 자리에 있었다면(그 무렵 톨킨은 가끔만 모습을 드러냈다) 부정적인 의견을 내놓지 않았을까 싶다. 톨킨은 그 전해에 이미, 적어도 앞의 몇 장章 정도는 루이스가 이 책을 읽는 것을 들었거나 직접 읽어보았으며, 마음에 들지 않는다고 이야기를 해놓은 상태였다. 나중에 톨킨은 루이스가 로저 랜슬린 그린에게 이 원고를 읽어보라고 넘겨주었다는 말을 듣고는 그린에게 이렇게 말했다. "그렇게 쓰면 안 되는 거였어요, 아시겠소? 이 책은 제목을《님프와 그들의 길, 목신의 애정 생활Nymphs and their Ways, the Love-Life of a Faun》이라고 해야 마땅한 책이란 말입니다. 그는 자신이 무슨 말을 하는지 모른답니까?' 이날의 모임이 평소처럼 화요일이 아니라 목요일에 열린 이유가 무엇이었는지는 기록에 남아 있지 않다.

로저 랜슬린은 자주 루이스와 만나 아직 원고 상태로 있는 나니아 이야기에 관해 토론했다. 그는 서사구조와 세부사항들에 대해 신중하게 논평했고, 루이스는 기꺼이 그의 의견을 수용했다.《마법사의 조카The Magician's Nephew》의 완결을 늦추고 중요한 구조적 변화를 준 것도 그린의 의견을 받아들인 결과였다. 그린은 상황이 허락되는 대로 화요 모임에 참석하려고 애썼다. 루이스가 옥스퍼드 시문학 교수직에 응모하고서 얼마 되지 않은 1951년 2월 13일 화요일 모임에 대해 그린이 쓴 일기는 이런 그의 노력 덕분에 남은 귀중한 자료이다. 'C.S.L을 만나기 위해 이글스앤드차일드에 갔다. 많이 모였다. 톨킨, 맥컬럼, 루이스 소령 워렌, 하디, 저베이스 매튜, 존 웨인 그리고 이름을 모르는 사람들까지. C. 데이 루이스(그 전주에 19표를 얻어 C.S.L.을 물리치고 시문학 교수로 선출되었다)에 대한 품평이 있었다. 루이스는 그의《게오르기카Georgics(농경시 - 역주)》는 좋지만 비평은 볼만한 게 없다고 했다.' 아쉽게도 그린은 더 이상의 대화 내용을 기록하지 않았다. 아마 이후의 대화는 루이스의 패배에 대한 이야기가 주가 되지 않았을까 싶다.

로저 랜슬린 그린은 이글스앤드차일드의 잉클링스 모임에 또 한 차례 방문한 후에도 몇 가지 대화 주제를 일기에 남겼다. 이번 것은 1954년 10월 9일 화요일에 관한 것이었다. 7월에 잉클링스에 헌정한다는 글이 적힌《반지의 제왕》의 첫 권이 출간된 후라서 그 이야기가 다루어진 듯하지만, 그로부터 이틀 후에《두 개의 탑》이 나올 예정이었기 때문에 어느 것을 위주로 이야기했는지는 확실치 않다. '비앤드비B and B('Bird and Baby'를 줄여서 쓴 표현으로 이글스앤드차일드를 가리킨다 - 역주)에서 루이스를 만남. 그의 형, 맥컬럼, 톨킨, 저베이스 M도 참석. 톨킨의 책, 공포 만화, 각 나라에서 가장 영향력 있는 주요 인물들에 대한 이야기 등을 주제로 멋진 대화를 나눔. 아일랜드에서는 버크Burke, 스코틀랜드는 스콧Scott, 잉글랜드는 셰익스피어로 정할 참이었는데, 피트Pitt와 웰링턴Wellington이 거론되자 결정하기가 어려워짐.'

그린은 후퍼와 공동 저술한 전기에서도 이날 거론된 '그 책'을 그저 《반지의 제왕》이라고만 썼다. 아무튼 첫 《반지의 제왕》에서 톨킨은 자신의 아들들과 딸 그리고 '나의 잉클링스 친구들'에게 애정 어린 헌사를 바쳤다. '그들이 인내를 가지고 또한 정말로 흥미롭게 들어 주어서 혹시 그들의 훌륭한 혈통에 호빗의 피가 섞여 있는 것이 아닌지 고민이 될 정도였다. 나의 아들들과 딸 역시 마찬가지 이유로, 더하여 창작의 수고로움에 온갖 도움을 주었으므로 이 책을 그들에게 바친다.'

50년대 후반에 C.S. 루이스는 네이슨 컴포트 스타Nathan Comfort Starr에게서 받은 편지에 답장을 하면서 잉클링스 그룹에 대해 언급했다. 네이슨이 11년 전인 1948년에 이글스앤드차일드에서 열린 화요일 모임에 한 차례 참석한 적이 있다면서 다시 영국을 방문하게 되어 모임에 가 보고 싶다고 한 것에 대해 루이스가 답한 것이다. '여전히 새와 아기에서 주마다 모임이 열립니다. 다만 술집 주인도 바뀌었고, 찰스 윌리엄스는 세상을 떠났으며, 톨킨이 전혀 참석하지 않으니 당신 말대로 올드그룹Old Group이라고 부를 수 있을지 어떨지는 거의 형이상학적 문제일 겁니다. 아무튼 그 자리에 오시면 이 문제에 관해 토론을 해볼 수는 있겠지요.' 이 글을 보면 루이스 역시 그룹의 정체성에 대한 철학적인 수수께끼를 품고 있었던 것 같다. 흐르는 강물을 바라보고 서 있을 때, 눈앞의 물이 달라졌다고 해도 강은 여전히 존재하는 것(그리스의 철학자 헤라클레이투스는 이것과 반대되는 이야기를 했다. '같은 강물에 두 번 발을 담글 수 없다. 왜냐하면 새로운 물들이 계속해 흘러들기 때문이다.')처럼 몸의 세포들이 몇 년마다 새것으로 교체된다 해도 그 사람의 자아 또는 '나'는 변하지 않으므로 잉클링스도 구성원들에 있어서나 다른 변화가 있어도 여전히 잉클링스라는 생각을 한 것이 아닐까?[18] 이글스앤드차일드의 '새 주인'은 건물을 수리하면서 방을 없애버렸다. 잉클링스는 마지못해 길 건너의 램앤드플래그Lamb and Flag로 자리를 옮겼다. 이곳에서는 그나마 구석에 있는 개인실을 쓸 수 있었기 때문이다. 1963년 7월 17일 월요일, 그린이 참석한 모임 장소도 이곳이었다. 그의 일기에는 이렇게 기록되었다. "12시쯤에 '램앤드플래그'로 갔으며, 잭과 합류. 몇몇 다른 사람들, 즉 저베이스 매튜, 험프리 하버드, 콜린 하디, 그리고 젊은 미국인 월터 후퍼가 있었다. 후퍼는 잭에 관한 책 또는 논문을 쓰고 있다고 했다." 대화의 주제들은 알 수 없지만 시기적으로 와니의 폭음으로 인한 부재를 후퍼가 메꿔 주기 시작한 직후임이 드러나는 글이다. 후퍼는 이런 인연으로 루이스의 사후에도 오랜 기간 그의 글들을 편집하고 출간하는 일을 했으며, 세 권짜리 두꺼운 서간집의 발행인이 되었다.

1963년 8월 19일과 24일 사이 어느 날, 존 톨킨 신부Father John Tolkien가 아버지를 모시고 킬른스로 C.S. 루이스를 방문했다. 당시 루이스는 건강 악화로 케임브리지에서 사직하고 자택에서 요양 중이었다. 이날의 방문은 톨킨이 아들에게 친구를 보고 싶다고 해서 성사된 것이다. 존 톨킨은 이날을 이렇게 기억했다. '킬른스까지 운전하고 가서 한 시간가량 있었는데, 정말 좋은 시간이었다. 대화는 주로 《아서왕의 죽음Morted' Arthur(15세기에 토머스 멜러리Thomas Malory가 쓴 시적 산문 - 역주)》과 뜰의 나무들이 죽었는지 어떤지 하는 것들이었다.'

루이스는 세상을 떠나기 며칠 전에도 편지에서 에둘러 잉클링스를 언급했다. '일주일에 한번은 옥스퍼드의 술집 어디선가 열리는 옛 친구들의 단합모임에 참석합니다(고맙게도 맥주는 나를 부인하는 것들의 목록에 들어 있지 않습니다).' 잉클링스가 그에게 남긴 것은 우정의 영

---

18 네이슨 컴포트 스타에게 쓴 편지, 1959년 4월 22일, 월터 후퍼 편, 《C.S. 루이스: 서간문집, 제3권C.S. Lewis: Collected Letters, Vol. Three》. 톨킨이 잉클링스의 아침 모임에 참석하는 것을 완전히 그만둔 때에 관한 기록은 없다. 그러나 그가 1953년에 샌드필드로드로 이사한 것이 어느 정도 원인이 되었을 가능성이 있다. 헤딩턴 방향으로 좀 외곽이어서 읍내에서 더 멀어졌기 때문이다. 물론 루이스와의 우정이 냉각된 탓도 있을 것이고, 모임에서 작품을 읽지 않게 되면서 점점 더 흥미가 떨어진 것도 원인으로 작용했을 것이다.

원한 중심, 다름에서 오는 역동성과 관점을 공유하는 방식이었다. 루이스가 언젠가 쓴 것처럼 '뭐라고? 자네도?'라는 바로 그 부분이었다.

친구들은 루이스 없이도 모임을 유지해보려고 애썼지만 별로 성공적이지는 못했다. 사실상 루이스의 죽음과 함께 그룹 역시 생을 마감한 것이나 마찬가지였다. 톨킨은 루이스의 장례식에 다녀와 딸 프리실라Priscilla에게 쓴 편지에서 이렇게 고백했다. '지금까지 나는 내 나이의 사람이 일반적으로 지니는 느낌을 지녀왔다. 늙은 나무가 하나하나 잎을 잃어 가는 느낌 말이다. 그런데 이번에는 뿌리 근처를 도끼로 내려친 것 같은 느낌이구나. 지난 몇 년간 우리가 그렇게 서로 멀어져 지낸 것이 매우 슬프구나. 그렇지만 우리가 가까이 소통했던 시간들은 둘 모두의 기억 속에 간직되어 있단다. 나는 오늘 아침 미사를 올리고 그곳에 다녀왔다. 하버드와 던다스 그랜트도 왔더구나.'

그러므로 루이스와 톨킨 사이의 우정이 식은 것을 너무 강조하는 것은 실수를 범하는 것일 수 있다. 두 사람 사이의 유대는 끊긴 적이 없었다. 톨킨이 만년에 지난 시간을 되돌아보면서 쓴 글들을 보면 알 수 있듯이 그의 인식에 부정적 영향을 미친 일들이 분명히 있기는 했다. 찰스 윌리엄스에 대한 시각이 대표적인 예였다. 그러나 톨킨이 윌리엄스를 알게 되었던 전쟁 시기의 문서들을 보면 그 시절 그는 누가 뭐래도 윌리엄스를 깊이 인정하고 있었다. 특히 윌리엄스가《반지의 제왕》의 낭독을 듣고 따뜻하고 이해심 있는 반응을 보여주었을 때는 더 그러했다. 그러나 그것과는 별개로 톨킨의 입장에서는 윌리엄스의 글들에 있는 모호함이 불만스럽지 않을 수는 없었으며, 그가 오컬트나 마법적인 상징들을 사용하는 것이 톨킨 같은 민감한 감식력을 지닌 사람들에게 불쾌할 수 있다는 것 또한 부인할 수는 없다. 그가 쓴 최고의 소설《만성절 전야》가 잉클링스의 논평에 힘입어, 특히 톨킨이 말했듯이 루이스의 비평을 수용하여 예술적으로 의미심장한 발전을 했다는 것 역시 마찬가지다. 어쩌면 톨킨은 어떤 면에서 루이스의 관심을 앗아간 윌리엄스를 질투했을 수도 있다. 게다가《그 무시무시한 힘(1945)》의 출간 이후 루이스의 글에 윌리엄스가 미치는 영향력이 커지면서 둘의 관계가 더 악화되었을 것이다.

톨킨과 루이스 사이의 우정이 어느 정도 냉각되었는가 하는 부분은 저녁 낭독의 관례가 깨어지고 난 이후 잉클링스의 마지막 시기 동안 그들 사이의 관계나 잉클링스와의 관계를 통해 우리가 짐작한 대로이다. 살펴본 것처럼 이 시기에 톨킨은《반지의 제왕》을 그룹에 헌정했으며, 1954년에는 루이스가 케임브리지에 임용될 수 있게 매우 적극적으로 나섰는가 하면 만난 횟수에 버금가는 편지를 서로 주고받았다. 게다가 톨킨이 루이스나 잉클링스 친구들과 만난 것을 기록해둔 문서들도 더러 있는데, 이에 따르면 톨킨은 1950년 9월 19일 루이스와 다른 잉클링들을 이글스앤드차일드 술집에서 만났고, 1951년 2월 13일에는 역시 이글스앤드차일드에서 잉클링 친구들을 만난 후 루이스, 와니와 함께 식사를 했다. 또한 1952년 2월 7일에는 잉클링스의 햄 서퍼에 참석했으며, 1953년 3월 28일에는 당시 루이스의 추천을 받는 것이 세간에 부정적으로 비춰질 수 있음에도 불구하고 이 친구에게 《반지의 제왕》의 추천글을 부탁했다. 루이스 역시 이에 호응하여 《반지 원정대》에 대한 열렬한 지지의 글을 썼다. 마지막으로, 이 시기에 톨킨이 루이스의 건강을 염려하는 글을 쓴 것도 발견되고 있다.

풍성한 책들

《반지의 제왕》은 마지막 시기에 잉클링들이 출간한 여러 중요한 책들 가운데 하나였다. 윌리엄스가 뜻밖의 죽음을 맞이하면서 아서왕의 시들이 영원히 완결되지 못하게 되자, 루이스는 남아 있는 시들에 대해 강의하고 연구논문을 발간하면서 자신이 할 수 있는 것들을 했다. 1948년에 그가 쓴 책 《아서왕 토르소 Arthurian Torso》 역시 아서왕의 전설에 대해 윌리엄스가 끝내지 못한 부분을 다루고 있다.

오웬 바필드는 1959년까지도 변호사로서의 직무에 매여 있었지만, 1957년에 관념의 역사에 관한 책으로서 중요하게 평가되는 《현상계의 구제 Saving the Appearances》를 출간했다. C.S. 루이스의 찬사를 얻은 이 책은 과학과 종교의 관계를 탐구하고 있다. 이 책에서 그는 근대 과학의 등장과 관련하여 관념의 전통적인 역사보다는 인간 의식의 진화에 관심을 두었다(바필드의 생각이 어떻게 발전해나가는지를 다룬 3장을 참고하기 바란다). 그는 자연 탐구의 방법이 변화해 온 것과 우리의 의식의 변화가 서로 조응하고 있다고 했다. 오늘날의 우리는 우상 숭배의 결과로서 스스로와 자연 사이에 생긴 소외의 소산들이며, 같은 이유로 지금은 인간의 의식과 과학자의 마음이 통탄할 만큼 심하게 불일치를 겪고 있다는 것이다. 바필드는 역사적 과정으로서의 자연에 인간이 참여한 주요한 이슈들에 관심을 두고, 이 분리의 시대에 우리 자신들이 신 그리고 자연과 합체할 수 있기 위해 필요한 것은 최종적인 참여라고 했다.

바필드는 6년 후《현상계의 구제》의 속편이라 할《세계 분리》를 출간했다. 이 책에서는 바필드를 연상시키는 서술자와 로켓 연구 엔지니어, 신학자, 은퇴한 교사, 그리고 물리학자가 등장하여 다면적인 대화를 나누면서 전편에 이어 같은 테마를 탐구해 나간다. 책 속의 토론자들은 지적인 학문 간의 분열을 해결해보고자 주말 내내 대화를 해나간다. 서술자로 등장하는 버전Burgeon은 변호사이고, 또 다른 인물인 헌터Hunter는 역사신학과 윤리학 교수인데, 헌터는 (바필드가 한 친구에게 보낸 편지에 따르면) '4분의 3 정도는 C.S. 루이스'였다. 루이스는 생의 거의 마지막 무렵에 이 책의 원고에 논평을 써 바필드에게 보내면서 자신이 헌터와 관련되어 있다는 것을 분명히 알겠더라면서 즐거운 독서였다고 적었다.

《나니아 연대기》도 이 기간 동안에 나온 책이었다. 나니아 이야기는 1950년에서 1956년 사이에 매년 한 권씩 나온 셈이었다. 톨킨은 나니아의 앞부분을 읽고 매우 부정적인 태도를 보였지만, 사실 모두가 알듯이 톨킨 자신이 이 책들의 탄생에 지대한 공헌을 했다. 나니아의 판타지 세계를 만들어낼 때 채용한, 창조물이 자신보다 하위의 창조물을 만들어낸다는 아이디어가 다름 아닌 톨킨의 방식이었던 것은 물론 중세와 그리스도교 이전의 신화에서 영감을 끌어낸 것 역시 마찬가지였다.《반지의 제왕》과 마찬가지로《나니아 연대기》역시 여러 나라의 언어로 번역되었고, 오디오 드라마와 몇몇 영화로 각색되기에 이르렀다. 이 두 명의 명성 높은 작가들이 나란히 가운데땅과 나니아를 창조한 방식이 잉클링스 친구들이 찬탄해 마지않았던 종류의 이야기에서 핵심을 잡아낸 것이었음은 두말할 필요가 없다. 톨킨은 말년에 접어들면서 나니아 이야기에 대한 태도를 많이 누그러뜨렸다. 게다가 그전에도 일부 사람들이 생각하는 것만큼 이 책들을 싫어하지는 않았던 것 같다. 한번은 집에 다니러 온 손녀 조애너 톨킨Joanna Tolkien에게 읽을 책을 권해주면서 책장에서 꺼낸 책이《나니아 연대기》였다고 하니 말이다!

나니아에 관한 마지막 이야기가 세상에 나온 그 해에 C.S. 루이스의 최고 역작 중 하나가 같이 출간되었다. 바로《우리가 얼굴을 가질 때까지》이다. 이 책은 오랫동안 루이스가 천착한 그리스신화의 큐피드와 프시케 이야기를 재해석한 이야기였다. 앞서 보았듯이 루이스는 조이 데이비드맨과 결혼하기 전부터 그녀와 공동 작업으로 이 이야기를 쓰고 있었다. 그 과정에서 소설가로서의 그녀의 글쓰기 기법에서 적지 않은 도움을 받았는데, 특히 서사에 여성의 시각을 접목할 수 있게 해준 것은 그녀의 공이었다.

《우리가 얼굴을 가질 때까지》에는 잉클링들이 신화에 가졌던 흥미(문학적, 철학적인 의미에서)가 반영되어 있다. 그들은 신화가 역사적인 배경 속에서 상상의 힘으로 진실을 포착해주는 역할을 한다고 생각했다. 이를 통해 추상적인 관념이 실재적이며 구체적인 것으로 구현되는 것이다. 이때 배경이 되는 역사는 실제이든 혹은 만들어진 것이든 상관이 없다. 이것이 바로 톨킨이 《반지의 제왕》에서 가운데땅의 역사와 지리를 창조해내려고 애쓴 본질이었다. 루이스의 경우에는 고대 그리스를 닮은 세상에 상상의 왕국을 설정해 두고 이야기를 엮어 나갔는데, 매우 교육을 잘 받은 그리스 노예를 중심인물 중 하나로 등장시켰다. 아이러니하게도 톨킨이 나니아에 나타난 모든 것에 명백한 반감을 표시했는데도 오히려 이 소설은 톨킨의 창작 기법과 대단히 많은 유사점을 지니고 있었다. 예를 들면 그리스도교 이전의 세계를 그 배경으로 하고 있는 것이나, 두 사람(그리고 대부분의 잉클링들)이 가장 위대한 이야기라고 생각한 복음의 서사들이 모호한 형태로만 감지되게 안배된 것들이 모두 그랬다. 이들 세계에서는 다 같이 신화가 가장 완전하게 그리고 명확하게 사실이 되었다.

루이스의《우리가 얼굴을 가질 때까지》는 전쟁 시기에 그가 성인들을 위해서 쓴 최고의 소설 중 하나인《페렐란드라》와 여러모로 비슷한 구조를 지니고 있다.《페렐란드라》는 그의 두 번째 공상과학소설로서, 존 밀턴의《실락원》을 꾸준히 연구해온 자신의 학문적 성과에 찰스 윌리엄스가 밀턴의 시들을 파악하는 방식을 결합하여 쓴 작품이다. 또한 신화가 거짓이 아니라 진리와 사실을 상상의 방식으로 포착하는 것이라는 이야기를 새롭게 들려주는 첫 번째 시도였다. 소설은 창세기를 배경으로 에덴동산에서 행해진 최초의 유혹을 변형하여 파라다이스와 유사한 행성 페렐란드라(금성)에서의 최초의 인간들을 유혹하는 장면으로 시작한다.《페렐란드라》나《우리가 얼굴을 가질 때까지》는 1936년에 톨킨과 루이스가 성인들이 읽을 책을 자신들(그리고 그들의 잉클링스 친구들)이 좋아하는 장르로 써보자고 약속한 일의 아름다운 산물이었다. 물론《페렐란드라》만 공상과학소설이고,《우리가 얼굴을 가질 때까지》는 문학소설이며, 그의 공상과학소설과 신학소설《스크루테이프의 편지》와《대 결별》이 한 번도 성공을 구가한 적이 없었다고 할지라도 말이다. 게다가《반지의 제왕》을 시간여행소설로 받아들이려면 생각할 시간이 좀 필요하기는 하다!

잉클링스의 마지막 기간은 루이스에게는 특별한 결실의 기간이기도 해서, 1954년에도 그의 대표작 하나가 세상에 나왔다.《옥스퍼드 영문학사》를 위해 쓴 《극문학을 제외한 16세기의 영문학》(일명 《오, 지옥 Oh Hell》. 쓰는 데 너무 오랜 시간이 걸려서 루이스가 이렇게 부른 것이다)이 그것이었다. 또한 1955년에는 성 아우구스티누스의 《고백록 Confessions》이나 존 번연의 《죄인의 괴수에게 넘치는 은혜》처럼 그리스도교적인 고백 및 회심에 관한 책으로서 위대한 작품들과 함께 거론되는 책 하나를 내놓기도 했다. 이 책은 무신론과 다양한 형태의 불신앙에서 그리스도교로 개종하기까지의 자신의 삶을 되돌아보는 회고록이었으며, 제목이 《예기치 못한 기쁨: 내 유년의 모습》이었다. 여기서 기쁨, 즉 '조이 Joy'는 그가 인간의 경험 속에서는 충족될 수 없는 다함없는 갈망의 뜻으로 쓰는 특수한 용어이다. 그렇지만 잉클링스 친구들 중 몇몇은 이 말이 지닌 이중적인 의미를 알아챘다. 친구들이 '조이 데이비드맨'이라는 이름을 '예기치 않은 조이 데이비드맨'으로 바꿔 부르곤 했던 것은 그런 이유였다. 사실 이 책은 그녀에게 헌정된 것이었다.

Chapter 10

잉클링스 이후

The Oxford Inklings

―

1963년까지 톨킨은 상당 기간 잉클링스 모임에 나가지 않았다. 그 기간이 얼마나 길어질지는 아무도 몰랐다. 톨킨이 1954년에《반지 원정대》서문에서 이 그룹에 감사를 표했던 마음이 빛바랜 것은 아니었고, 그저 톨킨과 그 부인 이디스가 나이에 따른 필연적인 노쇠를 겪고 있었기 때문이다.

은퇴하면서 톨킨은 머튼에 있던 교수연구실을 비워주어야 했다. 그러자 책을 어디에 둘 것인가가 문제가 되었는데, 샌드필드로드Sandfield Road의 집 차고를 치워서 산만하나마 서재로 바꾸어 해결했다. 〈선데이타임즈The Sunday Times〉 인터뷰를 하러 톨킨을 찾아간 필립 노먼Philip Norman은 그의 집이 교회의 사제관 같다고 했는데, 사실은 옥스퍼드유나이티드풋볼클럽Oxford United Football Club의 운동장이 지척에 있어서 경기가 있을 때마다 집 앞 거리에 서포터들로 왁자지껄하기 일쑤였으니 사제관 운운은 한참을 잘 못 본 것이었다(톨킨이 이 집을 샀을 당시에 부동산 중개인이 이런 이야기를 해주었는지는 확실하지 않다). 아무튼 노먼은 차고 안에 꾸며진 서재에 깊은 인상을 받아서 '책들과 기품 있는 먼지 냄새로 가득했다'고 썼다.

붉은 장정으로 된 세 권의《반지의 제왕》이 계속해서 잘 팔린 덕분에 톨킨 부부는 안락한 삶을 영위할 수 있었다. 그들은 내키는 대로 휴가를 떠났고, 본머스Bournemouth의 미라바 호텔Mirabar Hotel에 자주 묵었다. 그러다 마지막에는 옥스퍼드 생활을 싫어하고 건강 악화로 힘들어하는 이디스를 위해 큼직한 방갈로(넓은 베란다가 딸린 단층 주택 - 역주)를 사서 그리로 이사했다. 그런 중에도 톨킨은 은퇴 후에 늘 했던 식으로, 《반지의 제왕》에서 벌어지는 사건들의 배경을 맛깔스럽게 뒷받침해줄 가운데땅의 옛이야기와 역사 등을 담은 숱한 원고들을 써 내려갔다(물론 속도는 더뎠다).

이른바 '톨킨 현상'이 진짜로 시작된 것은 60년대 중반이었다. 미국 저작권법의 허점을 이용한 《반지의 제왕》 무단 복제 보급판 책들이 미국 전역에서 출판된 것이 애초에 톨킨 현상을 일으킨 중요한 요소였다. 톨킨의 독자와 팬들 사이에서는 저자에게 정당하게 인세가 돌아갈 수 있게 정식 출판을 해야 한다는 요구가 일었다. 그만큼 《반지의 제왕》을 판매하는 것은 당시 모든 출판사의 꿈이었다. 톨킨은 1960년대의 J.K. 롤링 J.K. Rowling(《해리포터》 시리즈의 작가 - 역주)이었다. 톨킨이 쓴 호빗과 요정의 신화는 일약 주류문화가 되었으며, 레드 제플린 같은 밴드들에 의해 언급되는가 하면, 비틀즈는 자기들이 주연을 맡아 《반지의 제왕》을 영화로 만드는 일까지 생각했다. 톨킨은 급작스럽게 유명인사가 된 것에 당황해하면서도 커다란 편지 자루에 가득 담겨서 배달되어오는 독자들의 편지에 많은 시간을 들여 공들인 답을 해주었고, 급기야 쇄도하는 편지를 처리하기 위해 비서를 고용하기까지 했다. 그러나 가운데땅의 옛 시대에 관해 50년 동안 써 모아온 자료들을 짜 맞추어 완성하는 작업은 좀처럼 진척이 없었다. 《실마릴리온》을 출판하는 꿈을 이루기에는 기력이 너무 딸렸다. 그는 꿈을 이루지 못하고 말 것이라는 두려움을 생전에 출간한 마지막 작품《우튼 메이저의 대장장이Smith of Wootton Major》라는 아름다운 이야기 속에 담았다. 톨킨이 '어느 노인의 책, 사별의 암시로 가득하다.'라고 표현한 그 작품이었다.

그러나 톨킨은 의지를 꺾지 않았다. 톨킨을 비롯해 다른 잉클링들의 작품에도 큰 도움을 주곤 했던 클라이드 S. 킬비Clyde S. Kilby가 《실마릴리온》편찬을 함께하는 데 여름휴가를 쓰겠다고 하자 톨킨은 기꺼이 그 제안을 받아들였다. 그리하여 킬비는 1966년의 여름을 꼬박 실마릴리온에 관한 자료에 몰두하며 보냈고, 톨킨이 무얼 이루고 싶어 하는지에 대해 깊이 이해하게 되었다. 그러나 그도 작업을 진척시키는 데는 실패했다. 다행인 것은 가운데땅에 대한 배경자료들이 그저 톨킨의 취미생활로 전락하는 것을 막아줄 특별한 위치에 있는 사람이 한 명 더 있었다는 것이다. 잉클링스의 또 다른 멤버였던 그의 아들 크리스토퍼 톨킨이 장본인이었다. 톨킨이 옛 가운데땅의 이야기와 연대기, 인물들 그리고 지리에 대한 것들을 다른 누구보다도 더 깊이 공유한 바로 그 사람이었다.

이디스 톨킨은 1971년에 세상을 떠났고, 톨킨은 1973에 영면했다. 그 후 2년이 채 못 돼서, 막 쉰을 넘긴 크리스토퍼는 아버지가 끝내지 못한 자료의 편집을 완수하여 출간할 수 있는 형태로 바꾸는 데 전념하기로 하고 옥스퍼드의 교수직을 사임했다. 그리고 젊은 판타지 작가인 가이 가브리엘 케이Guy Gavriel Kay의 도움으로 자료를 간결한 버전으로 만드는 데 성공했다. 그는 지체 없이 《실마릴리온》(1977년)을 출간했다. 크리스토퍼가 편집한 《실마릴리온》은 톨킨의 시선을 충실히 반영하여 이야기와, 연대기, 전설, 다른 관련된 요소들이 서로 긴밀히 연결된 해설서의 형태로 나왔다. 그래서 《실마릴리온》은 이후에 나온 《끝나지 않은 이야기Unfinished Tales》와 12권짜리 《가운데땅의 역사》 같은 책들에 서사적인 지도 또는 열쇠를 제공하는 역할을 했다. 그 자신도 고대와 중세영어 학자였던 크리스토퍼는 편집은 물론 전문적인 주석을 다는 형태로 아버지가 중세의 서사시를 번역해놓은 《거웨인 경과 녹색의 기사 그리고 베오울프》 같은 작품까지 내처 편집해 출간했다.

앞에서 봤던 것처럼 C.S. 루이스의 미출간 작품들 역시 능력 있고 헌신적인 편집자와 인연을 맺게 되었다. 바로 루이스가 말년에 만난 젊은 미국인 월터 후퍼Walter Hooper였다. 후퍼는 C.S. 루이스 사후에 출간된 최소 20권의 책들을 파악하는 작업부터 시작했다. 대부분 편지와 에세이들의 모음이었지만, 일기와 시 모음도 있었다. 결국 후퍼는 2000년에서 2006년 사이에 루이스의 편지들을 모은 세 권짜리의 두꺼운 책을 출간함으로써 C.S. 루이스가 20세기의 가장 위대한 서간문 작가라는 사실을 증명해냈다.

오웬 바필드는 1963년 겨울 초입, 루이스의 장례식에 참석한 많은 친구들 중 하나였다. 그는 북미 전역에서의 초청을 받는 강연자였고, 문학 및 지식서클에서 그의 책을 읽는 독자들이 늘어나면서 작가로서도 두 번째 인생을 구가하고 있었다. 그 전까지는 전문가나 소수의 관심 독자들을 상대로만 발간되곤 했던 그의 소설은 현대에 환경문제가 그런 것처럼 당대의 주류 토픽으로 다루어지기 시작했다. 톨킨처럼 바필드도 루이스의 죽음으로 자신이 무엇을 잃었는지 알고 있었다. 루이스가 세상을 떠나고 1년이 채 못 되었을 때 일리노이 주 위튼칼리지의 강연에서 그는 이렇게 말했다.

> 다른 사람은 어떤지 모르겠지만, 여러분도 알다시피 C.S. 루이스는 내게 대단히 많은 의미를 지닌 사람이었습니다. 내게 다른 누구보다 우선시되는 사람이었고, 40년 넘도록 가깝게 지낸 친구였으며, 주변사람이라기보다는 내 존재의 일부와도 같은 친구였습니다.

위튼에서 강연할 당시는 바필드가 북미에서 열렬한 환영을 받고 있던 시기였다. 그 전까지 바필드는 소설만이라도 쉽게 쓰려고 노력했지만 한 번도 대중적인 인기를 끌어본 적이 없었다. 그러다가 1964년의 이 강연을 계기로 그는 뉴저지 주 드류대학교Drew University의 초청교수 자리를 제안받았는데, 이것이 그가 여든 살에 접어든 1980년대까지 북미 대학들에서 거듭해 초청을 받게 된 시작점이었다. 이 기간에 그가 쓴 많은 책 중 《연사의 의미Speaker's

Meaning(1967)》는 보스턴 인근의 브랜다이스대학교Brandeis University에서 했던 강의를 엮은 것이었다. 또 그로부터 십여 년 후 발간된 독창적인 저서 《역사, 죄와 습관History, Guilt and Habit(1979)》 역시 밴쿠버의 브리티시컬럼비아대학에서 한 강의가 모체였다.

생의 말년을 바라보면서 바필드는 미국을 오가며 풍부한 결실을 맺었던 10년 남짓의 세월을 회고하는 글을 썼다. 그는 와니 루이스를 제외하고는 잉클링스의 주요 인물들 중에서 신세계에 발을 디딘 유일한 사람이었다.

> 1964년에 처음으로 미국에 갔다. … 상당히 많은 일들이 일어났다. 새로운 인생이 시작되는 것 같았다. 영국에서는 딱히 평판이랄 것이 없었는데 미국 학계, 적어도 영문학에서는 꽤 많은 사람들이… '이미' 내 책들에 관심이 있었다. 그건 마치 '미운 오리 새끼'가 된 것 같은 신기한 경험이었다. 내 책들에 대해 "물론 읽었죠."와 같은 말들을 듣게 되다니. 이런 반응들은 당연히 경제적인 부분에서도 도움이 되었다. 그들은 정말 후한 보수를 지급해주었다. 더구나 나는 가르치는 것 외에는 다른 책임을 지지 않았다. 그런 식으로 1974~1975년까지 지냈다. … 마지막으로 강단에 선 것은 SUNY(뉴욕주립대학State University of New York)에서였다… 10년이 넘도록 그렇게 지냈다. 나는 꽤 정기적으로 미국에 다녔던 셈이다.

페이퍼백 책들의 출간과 함께 톨킨 현상이 일어난 것과 바필드의 타이밍은 정확히 맞아떨어졌다. 60년대의 반체제 지식인들 그리고 서양문화가 향하고 있는 방향에 깊은 관심을 가진 지식인들은 모더니즘(바필드가 말한 '유물론적 패러다임'과 루이스가 명명한 '기계의 시대')을 대체할 새로운 사상을 찾고 있었다. 이미 포스트모더니즘이 도래해 있었고, 그것은 바필드가 숨 쉴 수 있는 공기나 마찬가지였다. 바필드는 나란히 평판이 높아지고 있던 루이스, 톨킨과 마찬가지로 근대 '이전'의 관념을 지닌 사람이었다. 그들은 중세나 고전시대 같은 근대이전 문화의 생각과 이미지들 속에서 상상력으로 삶을 영위했으며, 자신들의 통찰력과 비전을 동원해 동시대인들이 근대 세계를 우상 숭배하듯이 바라보지 않을 수 있게(바필드의 표현을 빌리자면) 도왔다. 덕분에 근대인들은 1920년대에 바필드의 영향을 받은 루이스가 '연대기적 속물근성'이라고 표현한 관념에서 벗어날 수 있었다.

루이스의 형 와니는 알코올중독과 싸우며 동생보다 10년 더 살았다. 와니 루이스는 중간중간 자신의 편지를 섞어 넣은 C.S 루이스의 전기를 준비해놓았는데, 지금 그 원본은 미출간인 채로 일리노이 주 위튼칼리지에 있는 매리언 E. 웨이드센터The Marion E. Wade Center에 보관되어 있다. 실제로 출간된 책은 그가 손으로 쓴 원고 부분이 출판사의 편집자에 의해 대폭 축소된 형태였다. 그가 쓴 전기 부분은 축소되어 회고록이라는 이름으로 첫 부분에 실렸고, 일부는 전체 편지에 각각 해설로 붙여서 《C.S 루이스의 편지The Letters of C.S. Lewis》로 출간되었다. 와니는 원래 원고에서 전기 부분과 동생이 쓴 편지를 한데 결합해놓았는데, 그것을 동생과 함께 모험을 벌이는 것쯤으로 여기고 싶었던 것이 아닐까 한다. 그로서는 그것이 세상을 떠난 동생을 좀 더 가깝게 느끼는 방법이었을 것이다. 그는 잭과 나눈 대화를 더 많이 기록해놓지 않았던 것을 후회하기는 했지만 계속해 일기를 써나갔다.[19]

와니의 일기에, 1969년 7월 29일 화요일에 오웬 바필드가 찾아왔던 일이 기록되어 있다. 이 은퇴한 변호사는 남부 캘리포니아에서 잉클링스에 대해 강연을 한 직후에 와니를 찾아와 함께 저녁을 먹고 하룻밤을 지냈다. 와니는 다시금 바필드와 '긴 잡담'을 주고받는 것이 얼마나 즐거운지 새삼 느꼈다. 바필드는 여전히 분별력 있는 정신적 기민함을 지니고 있었지만, '조금 아는 정도의 지인들'에 대해서는 이름을 기억하지 못하고 좀 전에 만난 사람인지 그렇지 않은지 잊어버린다며 투덜댔다. 두 사람은 곧 더 깊은 이야기로 들어갔다.

> 그런데 이야기를 나누다 보니 그가 환생을 믿는 신자라는 당황스러운 사실이 드러나게 되었다. 나는 그 생각에 반대했다. 만일 환생이 있다면 본질로서의 나, 즉 WHL(Warren Hamilton Lewis - 역주)이 죽는다는 것이고, 죽음은 모든 것을 끝낸다는 무신론적 믿음에

이르게 되기 때문이다. 그도 매번의 인생에서 시초가 된 기본적인 자신 위에다 새로운 뭔가를 얹어간다는 생각을 견지하지는 않을 텐데 말이다. 그는 자신과 피로 연결된 선조들의 끝없는 윤회에 대해서는 어떻게 생각하는 것일까? 아무튼 우리 두 사람이 서로를 이해했는지는 의문이지만 흥미진진한 저녁이었다.

와니는 이제 바필드가 밤에 위스키와 뜨거운 물을 마신다는 것을 알게 되었다. 와니는 술을 삼가고 있었지만 바필드가 술을 한다고 해서 '만일의 경우를 위해 접대용 술 반병'을 사다 놓았다.

---

19 1966년 1월 1일에 그는 이렇게 썼다. '아, 동생이 먼저 세상을 떠날 것을 제때에 알았더라면 보즈웰처럼 그를 기릴 수 있었을 텐데!' 제임스 보즈웰James Boswell은 존슨 박사Dr Johnson의 벗으로서 친구 존슨의 전기를 쓴 사람이다. 저널리스트로서의 경험을 발휘해 존슨의 현명함과 재치 있는 대화를 되살려냈다는 평가를 받는다.

Chapter 11

단지 친구들의 그룹인가?

The Oxford Inklings

―

잉클링스에 '단체 의식'이라는 것이 있었을까? 그들은 그저 일개 무리였던 것일까 아니면 그저 루이스의 친구 모임에 지나지 않았던 것일까? 혹은 문화와 문학의 변화를 주도한 단체였던 걸까? 그들은 블룸스버리그룹 혹은 클래펌파 Clapham Sect(1790~1830년경의 영국의 성공회 복음주의의 집단 - 역주)나 블루스타킹소사이어티, 라파엘전파 등과 나란히 지적, 문화적, 예술적인 그룹들로 기억될 수 있을까? 아니면 머지않아 대수롭지 않은 모임으로 잊히고 말까?

필자의 결론은, 문학 클럽을 단순히 친구들의 모임으로 보는 것과 공통의 목적으로 잘 정의된 교조적인 집단으로 간주하는 것 모두 실수라는 것이다. 겉으로 보기에 무작위적이며 혼돈스럽다고 하여 우리 눈에 보이는 잣대로 이 그룹의 생애를 정리한다고 해서 그들이 소기의 목적을 지닌 집단으로 깔끔하게 규명되지는 않는다. 다만 다각도에서 접근해 파악해보려는 노력을 기울이다 보면 ―이것이 이 책의 목적이다― 그룹의 정체성과 관련된 무언가가 떠오를 수는 있지 않겠나 하는 것이다. 대단히 중요한 멤버였던 오웬 바필드는 잉클링스가 어떤 모임인가에 관해 깊이 생각해본 사람 중 한 명이었다. 1969년의 캘리포니아 강연에서 그는 잉클링스의 심장부에 있는 무언가 혹은 본질에 대해 이야기를 했는데, 그것은 잉클링스가 낭만주의 운동의 역사에서 뚜렷한 흔적을 기록한 것이 아닌가 하는 부분이었다. 이 이야기는 아래에서 다시 하기로 하겠다.

문제는 잉클링스에 관해 공통의 목표를 찾겠다고 하다 보면 특정한 꼬리표를 붙여버리게 될 위험이 있다는 것이다. 1966년 와니 루이스는 찰스 무어맨Charles Moorman의 저서인 《지복至福의 지구地區, 옥스퍼드 크리스천의 아우구스티누스 도시The Precincts of Felicity: The Augustinian City of the Oxford Christians》에서 '옥스퍼드 크리스천'이라고 표현한 부분에 대해 이런 의견을 표했다. '옥스퍼드 크리스천이라고 명명하면 마치 그리스도교의 전파를 위해 의도적으로 구성된 집단이라는 느낌을 주게 되므로 잘못된 표현이라고 생각한다. 다만 가장 축어적인 의미에서 보면 틀린 제목은 아니다. 우리들 대부분은 옥스퍼드에서 살았고 모두 신앙인들이었으니 말이다.'

잉클링스에 그리스도교의 옹호자들이라는 이름을 붙이면 '옥스퍼드 크리스천'이라는 부제목과는 어느 정도 서로 어울린다. 그러나 이는 잉클링스가 한 번도 가져보지 않았던 어젠더나 격식을 강제하는 결과가 되어버리기 쉽다. 굳이 꼬리표를 붙이자면 차라리 '올스웨스트'의 가치를 수호하기 위해 존재한 그룹이라고 하는 편이 본질에 더 가까울 수 있다(이와 관련해서는 서문을 참고하기 바란다). 아니면 그저 루이스와 공룡 무리, 즉 지나간 시대의 가치를 간직한 유물들이라고 하거나.

잉클링스와 '낭만적 종교'

1969년의 강연에서 바필드는 더는 유행하지 않는 꼬리표인 '옥스퍼드 크리스천'에 대한 이야기로 말문을 열었다. 그즈음 이 말은 잉클링스의 중심 역할을 했던 사상가들 즉 바필드 자신과 톨킨, C.S. 루이스 그리고 찰스 윌리엄스를 가리키는 말로 이따금 사용되고 있었다. 바필드는 자신이 그처럼 불규칙적으로 모임에 참석했음에도 핵심 멤버로 여겨진다는 것에 놀랐다고 했다. 루이스가 세상을 떠난 지 6년이 지나 있었다. 이 무렵 바필드는 낭만주의 시인이자 사상가인 새뮤얼 테일러 콜리지에 대한 정밀한 연구를 진행하고 있었기 때문에 낭만주의 운동과 관련하여 잉클링스의 역사적 맥락에 대해 생각이 많았다.

> 여기 미국에 와서 2년 지내는 동안 여기저기서 '옥스퍼드 크리스천'이니 '낭만주의 신학', '낭만주의적 종파' 등등의 타이틀 아래 루이스, 찰스 윌리엄스, 톨킨 그리고 나까지 포함시켜서 잉클링스의 공인된 멤버로 묶는다는 걸 처음으로 알게 되었습니다. 처음 이런 이야기를 듣기 시작했을 때는 별생각 없이 즐거웠는데 사람들이 그걸로 논문도 쓴다는 걸 알게 되었지요. 그러자 궁금해지기 시작하더군요. 노골적으로 말해서 그 속에 아무것도 없는 건 아닌가 하는 생각이 들더라는 겁니다!

그는 계속했다.

질문은 이런 걸 겁니다. 이 그룹의 사람들과 그들이 쓴 글이 낭만적 충동Romantic Impulse의 전승 과정에 어떤 식으로든 영향을 주기는 한 걸까? 옥스퍼드 시절 이들의 정신이 낭만주의의 유산에 그리스도교의 세례를 내린 것 같은 변화를 준 것인가? 그전에는 분명히 존재하지 않았던 무언가가 일어나고 있었나? 이들 '옥스퍼드 크리스천'들과 함께?

이런 질문들에 대한 대답이 '그렇다'라고 한다면(바필드는 그렇다고 생각하는 듯했다), 그걸 보여주는 요소들은 기쁨 내지 낭만적 갈망(루이스와 관련하여), 인간이 지닌 신성의 확장 또는 내재성 그 자체(바필드의 관심 영역인), 남녀 간의 이상적인 사랑(윌리엄스의 관심 영역인), 그리고 유카타스트로피eucatastrophe(재앙 뒤에 찾아오는 행복 - 역주) 또는 비극과의 상반성(톨킨의 생각과 작품의 강력한 특징)들이다.

바필드는 사상과 작품 면에서 그룹의 리더 또는 틀을 잡은 사람들로 인정받는 네 작가에 대해 그들이 지닌 종교적 특질의 다양한 측면들을 네 개의 테마로 묶었다. 그리고 이 특질들을 워즈워스, 콜리지를 위시해 독일 낭만주의의 영향을 크게 받은 당대의 여러 시인에 기원을 둔 영문학의 낭만주의 운동과 연관 지었다. 이런 과정을 거쳐 '낭만주의적 종교'라는 시각이 가능해진 것이다. 사실 C.S.

루이스 역시 로맨스의 경험들이 신학적인 함의를 가지고 있다고 강하게 주장했었다. 루이스는 찰스 윌리엄스의 사망 후 그에 관해 쓴 글에서 '낭만적 신학자'라는 용어를 윌리엄스가 만들어냈다고 했다. 그는 이렇게 설명했다.

> 낭만적 신학자는 신학을 낭만적으로 보는 사람이 아니라 낭만에 대해 신학적인 사람, 즉 낭만적이라고 불리는 경험들의 신학적인 함의를 고찰하는 사람을 의미한다. 인간의 사랑이든 상상 문학이든 가장 진지하고 황홀한 경험들이 신학적 함의를 지닌다는 것, 또한 이런 함의들이 부지런히 고찰될 때만 건강하게 결실을 맺을 수 있다는 믿음이 그(윌리엄스)가 쓴 모든 작품의 바탕을 이루는 원칙인 것이다.

잉클링스 공통의 목적?

명시적인 의제나 무엇을 하겠다는 선언 같은 것이 없었던 잉클링스가 모종의 목적을 지니고 활동할 수 있었을까? 사실상 이 그룹이 예상치 않게 창조적이고 지속적인 창작성과를 낼 수 있었던 것은 단일화된 신념보다는 격식 없음이라고 하는 본질과 강한 친밀감의 공유 때문이 아니었을까 싶다. 또한 이들 사이에 존재했던 공유성은 시대를 막론하고(루이스와 톨킨의 전 세계적 인기에서 증명되듯이),

케임브리지의 취임 강연에서 루이스가 말한 '올드웨스턴'이라는 용어로 포괄할 수가 있다. 실제로 잉클링스가 공유했던 이 친밀감은 비유와 상징을 사용했던 전후의 작가들, 즉 윌리엄 골딩, 조지 오웰, T.H. 화이트T.H. White, 공상과학소설 작가인 아서 C. 클라크Arthur C. Clarke와 어슐러 르귄Ursula Le Guin 그리고 판타지 작가인 J.K. 롤링J.K. Rowling과 다이애너 윈 존스Diana Wynne Jones에게서도 공통으로 발견된다. 물론 작가마다 신앙은 다 달랐지만 말이다(이 작가들 중에서는 단 한 명만이 잉클링스의 핵심 멤버들과 같은 그리스도교도라고 직접 이야기했다).

잉클링스를 설립한 중심인물들은 정통 그리스도교도거나 그리스도교를 중요한 기준점으로 삼고 있는 사람들이었다. 그들이 그리스도교 안에서 이교도적 통찰을 실현하는 것에 관심을 두었기 때문에 클럽의 지적 분위기가 형성되었다고 볼 수 있다. 이런 분위기를 주도한 사람들은 루이스와 톨킨이었으며, 두 사람에게 영감과 통찰을 제공한 주요 인물은 바필드였다. 이 점은 톨킨의 에세이 '동화에 관해'와 루이스의 에세이 '신화는 사실이 되었다'를 보면 확연히 드러난다. 루이스와 톨킨이 가끔 '현대의 중세주의자'로 불리기도 하는 것 역시 마찬가지 맥락이다. 두 사람은 중세의 잃어버린 통찰을 회복하고자 했으며 그 결과물이 《반지의 제왕》과 《나니아 연대기》이다.*

잉클링스를 특별한 그룹으로 만든 요인을 살펴보려면 오웬 바필드의 식견과 더불어 또 다른 잉클링스, 즉 저명한 문학연구자이자 전기 작가인 로드 데이비드 세실의 생각을 들여다볼 필요가 있다. 세실은 자신이 그룹의 주요한 특징인 그리스도교적 신앙과는 무관하다고 생각했지만 그럼에도 이 그룹의 무언가에 매료되었음을 부인하지 않았다. 운 좋게도 그는 험프리 카펜터의 중요한 연구《더 잉클링스》를 평해달라는 부탁을 받아, 이 그룹과 그룹의 친구들에 대해 오랫동안 생각해온 것들을 풀어낼 기회를 가지게 되었다. 세실은 잉클링스의 구성원들이 다양한 문제들에 대해 매우 명확한 의견을 내놓곤 했으며 그 의견들이 저마다 달랐다는 점에 주목했다. 또한 이 의견 차이는 그리스도교적 실천과 신자로서의 태도를 결정하는 데서도 나타났다.[20]

세실은 이렇게 썼다. '때때로 잉클링스의 독특한 관점을 공유하지는 않지만 그 친구들과 함께 저녁 시간을 보내고 싶어 하는 사람들이 모임에 참석했다. 나 역시 그중 하나였다. 유쾌하고 자극이 되는 저녁 시간이라고 생각했기 때문이다. 무엇보다 잉클링스의 정신이 당시 내가 주로 참여했던 대부분의 옥스퍼드 서클들과는 달

---

[20] 콜린 뒤리에즈, '루이스와 톨킨 속의 판타지 신학', 1998년 2월《세멜리오스Themelios》지 23권 2호, 35~51쪽 참조. 콜린 뒤리에즈, '신화, 사실 그리고 현현', 에두아르도 세구라Eduardo Segura 및 토머스 호네거Thomas Honegger 편저,《신화와 마법: 잉클링스에 의한 예술Art According to the Inklings》중, 71~98쪽 참조. 마이클 워드Michael Ward의《플래닛 나니아Planet Narnia》중 나니아 연대기의 중세적 점성술의 토대에 관한 부분 참조. 알리스테어 파울러Alistair Fowler의 책《Spenser and the Numbers of Time》(런던: 라우틀리지 앤드 케건 폴Routledge and Kegan Paul, 1964)에 따르면 일곱 개의 점성술 세계의 비슷한 도식이 에드먼드 스펜서의《페어리퀸The Faerie Queene》에서도 발견된다고 한다.

라서 구미를 돋우었다.'

세실은 이 그룹이 어떤 부분에서 남달랐는지를 규명해보려고 했다.

> 그런데 잉클링스에 독특한 성격을 부여한 특질은 각자의 의견이 아니라 학문과 상상을 남다른 방식으로 통합하는 '문학에 대한 그들만의 느낌'이다. … 번역된 책으로만, 또는 역사적 배경에 대한 적절한 지식이 없이 뭔가를 연구한다는 것은 그들에게 생각도 할 수 없는 일이었다. 그들의 접근 방식은 지극히 학문적이었다. 그러나 그들이 다른 학자들과 다른 점이 있으니, 그것은 바로 '상상적인 독서'였다. 그들에게는 과거의 위대한 책들이 동시대의 작품들과 똑같은 방식으로 살아 숨 쉬었다. …

세실은 '다른 비평가들이 T.S 엘리어트나 D.H. 로렌스 같은 당대의 작가들에 관해 말할 때 루이스는 에드먼드 스펜스에 관해, 찰스 윌리엄스는 밀턴에 관해 이야기하곤 했다'고 설명했다. '그들은 유행하는 방식으로 책을 읽으려고 하지 않았다. 그들은 오로지 책이 쓰인 정신 속에서 책을 읽었다. 그리고 자신들이 느낀 책의 정신을 듣는 이들에게도 고스란히 전달했는데, 이것이 이들 위대한 책들이 생생하게 살아나 완전한 생명을 가지게 된 비결이었다. 당시의 옥스퍼드에서는 드문 성취였다.'

잉클링들이 오래된 책들 속으로 완전히 들어갈 수 있었던 그 방식이 그들의 상상적인 창작에도 적용되었다. 그리하여 고대 북구의 세계가 톨킨의 가운데땅에서 되살아났고, 중세적 세계의 장관은 나니아 이야기를 읽은 현대의 아이들을 매혹시켰다. 세실이 비평을 쓰면서 생각하고 있었던 것도 이런 부분이었을 것이다. '잉클링스의 상상력은 그들만의 순수하고 창조적인 글쓰기 속에서 더 자유롭게 펼쳐졌다…'

충직한 나니아인들, 그리스도교 친구들 그리고 공유

루이스는 1936년에 찰스 윌리엄스에게 잉클링스의 초창기 모습에 대해 설명해주면서 그룹의 공통 요소 중 하나가 그리스도교 신앙이라고 짚어주었다. 그는 멤버들이 공유하는 신앙을 가급적 많이 누리는 것이 클럽의 목적에 포함되어 있다고 믿었다. 루이스는 현대의 세계에 대항했다. 그에게 현대세계는 포스트크리스천 post-Christian(그리스도교의 신에 대해 비종교적인 시각을 견지하려는 사람 - 역주)의 특징을 표출하고 옹호하는 곳이었다. 《캐스피언 왕자 Prince Caspian》에 나오는 충성스러운 나니아인들이 아슬란과 옛 나니아에 대한 기억을 고스란히 간직한 것처럼 루이스와 잉클링스 친구들은 올드 웨스트의 미덕과 가치를 소중히 여겨 다시 되살리려 애썼다. 루이스가 이 그룹을 뭉치게 하는 요소라고 생각했던 그 우정과 동료애가 다름 아닌 옛 세계의 자취, 즉 그가 '올드웨스트'라고 부른 그것이었다.

루이스는 우정이 만들어지는 과정에서 '뭐라고? 자네도?'라는 부분을 중요하게 여겼다. 그는 《네 가지 사랑》에 쓴 것처럼 우정이 "한 사람이 다른 사람에게 '뭐라고! 자네도! 나만 그렇게 생각하는 줄 알았는데…'라고 말하는 순간에 생겨난다."고 생각했다. 그에게 잉클링스는 멤버들이 저마다의 다양성과 개성을 지니면서도 공통의 목적과 비전을 공유하는 곳이었다. 그러자면 그리스도교 신앙이 필수적이었다(반드시 정통 그리스도교여야 한다고는 생각하지 않았다). 그리스도교적인 믿음이 신화와 현실의 관계를 탐색하고, 상상을 통해 기쁨을 얻는 바탕이 되어줄 수 있었기 때문이다. 존 웨인은 잉클링스가 신화적 문학과 이를 위해 고안된 '훌륭한 플롯'을 매우 높게 취급했다고 말했다. 톨킨이 '하위 창조'라고 한 방식으로 창작된 작품이 특히 찬사를 얻은 것은 그런 이유이다. 가운데땅이나 말라칸드라 그리고 중세 유럽 등의 이차적인 세계들이 잉클링들이 즐겼던 이야기와 시의 배경이다. 상상으로 포착해 낼 수 있는 진실의 정도나 종류에 대한 접근 방식은 잉클링들끼리도 달랐다. 이를테면 바필드는 상상이 진리를 밝혀낸다고 생각했고, 루이스는 상상은 의미만을 포착하되 진리를 파악하기 위해 꼭 필요한 전제조건이라고 생각했다.

그들은 사물의 고유성과 단절되지 않고도 최고의 수준에서 역사적 사실을 일반화하는 힘이 신화에 깃들어 있다고 확신했다. 이것이 1931년 가을, 톨킨과 휴고 다이슨이 그리스도교 교리의 진실성을 루이스에게 이해시키기 위해 벌였던 토론의 중심내용이다. 인간은 이야기를 짓고 신화를 만들어 가는데, 실제 역사의 특정 시점에서 이야기 속에 담긴 무수한 예측들이 실현되는 순간 신화가 사실이 된다는 것이다. 이 스토리텔링과 신화의 작성이야말로 잉클링스의 문학 모임의 매우 중요한 의제였다. 이야기를 지어내지 못한 사람들(예를 들면 다이슨과 와니)은 그 일을 할 수 있는 사람들(루이스, 톨킨, 윌리엄스 그리고 바필드가 참석한 날에는 그를 포함)을 기꺼이 격려했다.

다이애너 글리어Diana Glyer는 잉클링스를 창작그룹의 측면에서 연구한 사람이다. 그녀는 공통점을 찾겠답시고 잉클링스 멤버들의 글에서 유사성을 단순 비교하는 것은 위험한 방법이라고 경고했다. 그러면서 비교하자면 '영향이 모방보다 더 중요하지만, 사실이 두 가지는 서로 대단히 독립적'이라고 했다. 그녀에 따르면 단순 비교는 창작 행위보다는 작품의 최종 결과물에 집중하지만 영향은 잉클링스 같은 창작그룹의 '쓰고, 편집하고, 고쳐 쓰고, 다시 쓰는' 실제 과정에 작용한다는 것이다.

그런 식으로 목요일 저녁 모임의 낭독이 다음번 술집에서 열리는 화요 모임에 영향을 미칠 수 있었다는 것이다(물론 두 모임에 모두 참석한 사람에 한해서). 1949년 이후 이글앤드차일드에서 열린 토론과 대화의 패턴은 그때그때 달랐다. 이 말은 더 자유로운 분위기에서 회합이 진행되었다는 뜻이다. 필자의 경우 잉클링스처럼 두 가지 형태의 모임을 역동적으로 병행한 그룹에 대해 나름대로 이해를 하게 된 덕분에 몇 년 전부터 참여한 창작 그룹-레이체스터 라이터스 클럽Leicester Writers' Club에 대한 구성원 의식이 깊어지는 계기가 되었다. 대개 저녁 7시에서 9시 사이에 모이는 팀은 원고 읽기를 주로 했는데, 기성 저자 또는 작가 지망생들이 각자 쓰고 있던 작품을 읽으면 멤버들이 즉석에서 비평을 해주는 식이었다(전원이 폭넓은 장르와 출판 경험자들이었다). 일차 모임이 끝나면 몇몇은 근처 호텔 바로 가서 격식 없는 자리를 가졌다. 이 이차 자리의 매개는 다른 무엇보다 우정이었다. 새로 만들어진 자리에서는 이런저런 일상적인 대화가 주로 오고갔지만 때로는 저녁 모임의 낭독을 주제로 한 대화가 다시 이어지기도 했다. 그룹의 구성원들 전체가 한 가지 대화에 참여하기도 하고, 몇 명씩 작은 무리가 만들어져 제각기 또는 두세 무리가 한 가지 주제를 놓고 이야기를 나누기도 했다.

위에서 이야기했듯이 다이애너 글리어는 완성된 텍스트의 유사성보다 영향을 훨씬 더 중요한 요소라고 보았다. '잉클링스는 도당도 아니고 응집력이 강한 문학운동단체도 아니며 단순한 친구 집단도 아니었다. 그들은 많은 공통점을 가지고 있었지만 한마음 한뜻으로 움직인 것은 또 아니었다. 말하자면 그들은 진행 중인 작품들을 토론하기 위해 지속적으로 만난 지적인 동료들, 그리고 작가들이었다. 서로에게 자기 작품을 큰 소리로 읽어 준 뒤 구체적이고 실질적인 제안을 주고받으면서 서로에게 인간적인 영향을 미쳤고, 서로의 글쓰기에도 영향을 미쳤다.'

'상호영향'은 잉클링스의 문학적 정체성의 핵심 열쇠이다. 다이애너는 캐런 르페브르Karen LeFevre(《사회적 행위로서의 창작Invention As a Social Act》이라는 책을 썼다 - 역주)를 인용하여 작가들이 사회적으로 상호작용할 때의 4가지 공통 역할을 편집자, 공명자, 협력자, 반대자로 정리했다. '작가들은 종종 다른 사람들의 참여를 통해 창작하기도 한다. 그 사람들은 편집자와 평가자로서 논평을 통해 창작의 진행을 지원하고, '공명자'로서 창작 당사자뿐 아니라 창작 자체에 자양분과 격려를 제공하며, 협력자로서 새로운 아이디어를 창조할 수 있게 상호작용한다. 또한 반대자 혹은 선의의 비판자로서 작품의 반대 입장에서 도전과 대안적인 관점을 제공한다.'

다이애너 글리어는 톨킨이 《실마릴리온》을 쓰는 과정에서 사회적 도움을 필요로 했던 일을 좋은 예로 들었다. 일리노이 주 위튼칼리지의 클라이드 킬비 박사가 도움을 주었을 때 톨킨은 이렇게 응답했다. '당신처럼 공감과 비판을 동시에 줄 수 있는 사람에게서 더 일찍 도움을 받았더라면 《실마릴리온》을) 어느 정도 출판할 만한 것으로 만들 수 있었을 것 같습니다. 이 책은 당신 같은 친구 겸 충고자의 존재를 절실히 필요로 하고 있어요.'

그러나 정작 톨킨의 사후 그가 미완인 채로 남겨놓은 방대한 자료들을 출판할 만한 것으로 만든 사람은 그의 아들이자 또 한 명의 잉클링스였던 크리스토퍼였다.

몇 가지 결론

무엇보다 중요한 것은 잉클링스가 매우 의미 있는 문학 그룹으로 기억되리라는 것이다. 작업 중인 작품의 낭독은 빙산의 일각이었을 뿐이다. 술집 모임이 핵심적인 역할을 한 것은 이 자리가 잉클링들이 격식 없이 문학적 영향을 지속적으로 주고받는 한편 친구들을 집합시키는 동력을 얻고 대화를 풍요롭게 키워나가는 매개 역할을 했기 때문이다. 이를 통해 이 멤버들은 주류의 20세기 문학에서 큰 역할을 한 문학 그룹을 형성하게 되었다. 잉클링스에는 상상 및 신화와 현실 사이의 유대관계를 이끌어주는 비전과, 이교도적 영성을 그리스도교와 그리스도교적 이야기가 도래할 것이라는 예시로 변화시켜 주는 그리스도교적 세계관이 있었다. 이런 점에서 톨킨이 쓴 '동화에 관해'라든지 루이스가 쓴 '신화는 사실이 되었다'는 그룹의 성격을 선언적으로 드러내는 대표 에세이들이라고 할 수 있다. 이 에세이들이 단순히 개별 작가로서의 루이스와 톨킨이 아닌 그룹의 대화들을 반영하고 있다는 것은 분명하다. 따라서 이 에세이들은 그 자체로 개인주의 혹은 독창성 및 새로움에 사로잡힌 현대성에 반박하는 역할을 한다.

얄궂은 것은 잉클링들, 특히 루이스와 톨킨 두 사람이 특유의 목소리를 문학에 더할 수 있었던 것은 공동체 내에서 작가로 존재할 때였다. 심지어 루이스와 로저 낸슬린 그린, 톨킨과 루이스의 경우처럼 단둘만이 창작을 공유했을 때조차도 이 공동체의 일원으로서 했다는 점에서는 변함이 없었다. 이들에게 공동체란 숙원이었던 '현대의 독자들을 대상으로 옛 세계를 부흥'시키고, 독자들이 현재와 미래를 위해 과거를 끌어안을 수 있게 해줌으로써 삶을 비옥하게 만드는 선택이었다.

우정의 양상

C.S. 루이스는 서로에게 마음을 터놓는 관계가 친구라고 믿었고 잉클링스에서 자신의 믿음이 실현되는 모습을 지켜보았다. 그의 이런 생각은 찰스 윌리엄스의 영향을 받은 것이었다. 특히 '상호 내재' 개념의 영향이 컸다. 잉클링스에서 중심 역할을 한 사람들과 상대적으로 활동이 적었던 사람들 모두가 똑같이 중요하다는 생각이 여기서 나오게 된다. 루이스는 《네 가지 사랑》 중 '우정'을 다룬 장에 이에 대한 인상적인 글을 남겼다. 아래의 발췌 글에서 '로널드Ronald'는 존 로널드 로웰 톨킨John Ronald Reuel Tolkien을 가리키며, 찰스는 찰스 윌리엄스이다. 이 글에서 루이스는 우정—그는 질투의 영향을 가장 덜 받는 사랑을 우정이라고 여겼다—이 확장되는 방

식에 대해 짚어냈다.

나의 친구들에게는 저마다 오직 한 친구만이 온전히 끌어낼 수 있는 무언가가 있다. 나 혼자는 누군가의 전인全人을 불러내어 활동하게 할 만큼 넉넉하지 않다. 그래서 나는 다른 이들이 환한 빛으로 내 친구들의 온갖 측면들을 드러내어 밝혀주기를 바란다. 찰스가 죽었기 때문에 이제 다시는 캐롤린에 대한 찰스의 농담Caroline joke에 로널드가 보여주곤 했던 반응을 기대할 수 없을 것이다. 이제 찰스가 없기 때문에 로널드를 더 많이 차지하거나 '나 혼자' 차지하는 것이 아니라 덜 가지게 된 것이다. 그러므로 참된 우정이란 가장 질투가 적은 사랑이다. 두 친구는 세 번째 친구가 생겨 함께하게 됨을 기뻐하고, 셋은 넷이 되는 것을 기뻐한다… 각자가 다른 모두에게서 가장 좋고, 지혜롭거나 가장 재미있는 것을 끌어내는 것이다.

이러한 우정의 양상은 잉클링들 사이의 상호 영향력을 촉진하는 원동력이 되었다. 영향력은 기본적으로 격려를 보내거나 낙담시키는 식의 형태로 표현되었다. 루이스는 톨킨이 《반지의 제왕》을 완성하도록 격려했지만, 다이슨은 톨킨이 써온 원고의 낭독을 듣지 않겠다고 거부권을 행사해 그를 낙담시킨 적이 있었다. 그런가 하면 톨킨은 《나니아 연대기》의 초반부를 마음에 들지 않는다고 하면서 루이스를 낙담시켰지만 《침묵의 행성 밖으로》에 대해서는 큰 격려를 보내기도 했다. 잉클링스의 멤버들이 서로를 얼마나 아꼈는가는 각자의 글에 다른 사람들을 등장시킨 방식에서도 알 수 있다. 루이스는 자신의 공상과학소설들에 잉클링스의 친구들에게서 캐릭터를 끌어낸 인물들을 등장시켰고, 톨킨 역시 미완이기는 했지만 《노션 클럽 페이퍼스》에 비슷한 방식으로 친구들을 등장시켰다. 또한 톨킨은 몇몇 친구들에 대한 운문을 쓰기도 했다. 바필드는 루이스를 소설화했으며, 루이스는 윌리엄스가 세상을 떠나기 이전에도, 이후에도 윌리엄스를 칭송해 마지않았다.

정말로 잉클링스는 단순히 루이스와 그 친구들의 모임이었던 걸까? 답은, 루이스의 친구들이 모인 서클인 것은 맞았지만 단지 그것만은 아니었다는 것이다. 루이스와 친구들에게는 우정 그 자체가 풍성하고도 복합적인 관계였고, 그 우정은 옛 세계에 뿌리를 두고 있어서 잘못 사용하지만 않으면 우리 인류가 가진 가장 좋은 것을 가능하게 하는 힘을 가지고 있었다. 우정은 어떠해야 하는가? 이것이 잉클링들의 저술과 관심사의 핵심부에 있는 질문이다. 비록 그들이 우정을 완벽하게 실천하고 구현해내지는 못했다 할지라도 말이다.

루이스와 톨킨의 판타지 문학클럽

펴낸날　초판 1쇄 2020년 4월 5일

지은이　콜린 듀리에즈
펴낸이　정현미
기획총괄　김현석

ISBN 979-11-87509-48-6 (03800)

이 도서의 국립중앙도서관 출판시도서목록(CIP)은 서지정보유통지원
시스템 홈페이지(http://seoji.nl.go.kr)와 국가자료공동목록시스템
(http://www.nl.go.kr/kolisnet)에서 이용하실 수 있습니다.
(CIP제어번호: CIP2020012490)

- 책값은 뒤표지에 표시되어 있습니다.
- 잘못된 책은 구입하신 서점에서 교환해 드립니다.

교정·교열　한영주
책임편집　서지영